顾　　　问：张伯海

主　　　编：石　峰

撰　稿　人：刘兰肖　吴永贵　范继忠　李　频　段艳文　钱俊龙

编委会主任：石　峰

编委会副主任：余昌祥

编委会成员：（按姓氏笔画排序）

石　峰　刘兰肖　刘建生　孙　琇　李　频　肖　宏　吴永贵　余昌祥

张友元　张伯海　范继忠　侯正新　段艳文　姜长喜　钱俊龙　章新民

编委会办公室：刘晓玲　章　红

特约审稿：张伯海　刘建生　章新民

国家出版基金项目
NATIONAL PUBLICATION FOUNDATION

HISTORY OF CHINESE PERIODICALS

中国期刊史

第三卷（1949—1978）

石　峰 主编　范继忠 著

人民出版社

目　录

CONTENTS

导　言

　　1949 年中华人民共和国的成立，是继晚清中国长达两千多年的帝制结束、中华民国建立之后中国现代社会转型的又一重大历史节点。中国共产党领导下社会主义革命的狂飙巨澜，使得中国政治制度和经济制度得以彻底变革，根除了中国近代半殖民地半封建社会的制度系统，旧民主主义革命时期在教育、科学技术、文化艺术、新闻出版等上层建筑领域的组织格局和发展定位全面更新。从中华人民共和国成立初到新时期改革开放之前，在社会主义公有制经济体制的全面改造完成、不同社会层面和性质的政治运动互相协同的基础上，中国社会遗留的旧体制、旧文化因素被全力改造和更新；伴随着这个波澜壮阔的文化重建和创新过程，中国共产党在意识形态领域对治国方针政策的强力推广、宣传和全面解读，成为这一时期各级机关和部门的政治生命线，而现代期刊作为兼具深度报道和实时发布功能的现代连续出版媒介，其地位在整体的新闻出版事业中开始凸显；同时，新中国对旧有新闻出版业本身的整合改造，使得期刊出版迅速呈现出全新的面貌，期刊的创刊、经营、管理，期刊的装帧形态、内容结构、文体风格的发展，都与"十七年"①　的社会主义建设和此起彼伏的政治、文化、教育、科技发展紧密交结在一起。

　　1966 年开始的"文化大革命"对新中国期刊业带来了灾难性的打击，正常的书刊出版活动基本停滞，大部分刊物被迫停刊。1965 年年底共有790 种刊物，到 1966 年底只有 191 种了，到 1969 年只剩下《红旗》等 20种刊物，这是中华人民共和国历史上刊物最少的年份。1971 年 3 月，周恩

---

　　①　笔者将 1949 年中华人民共和国成立至 1966 年"文化大革命"开始这一时期简称为"十七年"。本卷统用。

来总理主持召开了全国出版工作座谈会。同年 8 月国务院专门发布文件，对创办和恢复各类刊物做出指示，刊物开始有所增长。1972 年期刊种数恢复至 194 种，到 1976 年"文化大革命"结束，已经有 542 种期刊了。当然，由于"文化大革命"极左思潮的盛行，期刊的恢复、创办之路并不平坦，其中的艰难曲折，给那一代期刊人心中留下了抹不去的伤痕。

1976 年 10 月粉碎了"四人帮"，"文化大革命"宣告结束，我国的社会主义革命和建设重新回到正确的轨道，期刊业也获得了重生。"文化大革命"结束至 1978 年党的十一届三中全会胜利召开，是一个特殊的过渡时段。一方面要揭批"四人帮"，开展平反冤假错案；另一方面要开展真理标准问题讨论，纠正"两个凡是"的错误方针，为实现历史的伟大转折做思想舆论准备。期刊业在这个过程中，与全国各行各业一样，联系实际、拨乱反正，期刊出版活动逐步得到恢复和发展，1977 年有 86 种期刊恢复或创办，1978 年期刊种数达到 930 种，这两年期刊品种增加了 388 种。特别是通过肃清"四人帮"的极左思想影响和真理标准问题的大讨论，为党的十一届三中全会以后的期刊业大繁荣大发展打下了坚实的思想基础。

1949—1978 年中国期刊业形成的类群结构、空间格局和内在发展路径，奠定了我国改革开放后三十多年期刊快速衍化和繁荣的基础，也最大程度上显示出期刊媒介作为诞生于近代西方资本主义社会的连续出版物形态，在东方的社会主义制度环境中所能承当的媒介角色，以及自我演化特点。

第一章

新中国期刊业的转型特点与类群风格

基于与计划经济体制的紧密关系，中国期刊业在新中国成立到"文化大革命"结束前的总体发展脉络清晰可循。其发展特征可概括为：期刊出版由旧中国的多元化格局转向期刊管理高度行政化、期刊建制逐步严格化、期刊类群渐趋清晰化、期刊形态呈现多样化的出版格局。

第一节　期刊管理的高度行政化

期刊管理的高度行政化，即在整体的出版业形成出版、发行、印刷三大领域的计划经济模式过程中，期刊的编辑、定价、发行及印刷，与图书、报纸一同由出版行政机关代表国家权力进行严格管控，期刊出版被纳入社会主义计划经济的庞大体系，期刊媒介的传播属性与商品营利性基本完全剥离。

1949 年 2 月，中共中央在和平解放后的北平，开始全面接管民国时期旧出版业的工作。2 月 18 日，中央批准并嘱军管会颁布执行《北平市报纸、杂志、通讯社登记暂行办法》，令所有北平杂志社与出版社、报社一起重新向军管会申请登记，并呈缴过去一年出版物以待政审，审查合格后发给临时登记证作为重新营业的执照。到 1949 年 9 月 10 日，北平已批准登记的期刊社有 49 个，到 12 月时增加到 54 个，占同期新登记的新闻出版机构的 70%①以上。紧接着，照会平津两地的外国通讯社、杂志和报纸限期离境，新政权完全掌控了北平期刊业的核心资源，为中华人民共和国成立后的期刊管理打下了基础。

　　新中国成立初第一个正式的出版管理部门是随后成立的出版委员会，主要负责华北地区（包括平津）的出版统一工作。之后出版总署经过短时间的紧张筹备，于 1949 年 11 月 1 日成立，统一管理书刊和报纸出版工作。出版总署在 11 月的《出版总署最近情况报告》中，特别提出期刊登记将由新闻总署或出版总署管理。出版总署于 1950 年年底正式宣布：从 1951 年元月开始，全国书刊以出版社统一定价出售，不得有地区差价，且"书籍期刊的出版与发行工作，不论公私营，均不应单纯以营利为目的"。②1950 年 9 月 15—25 日召开的全国第一届出版会议上，通过了《关于改进期刊工作的决议》，成为中华人民共和国第一个由中央政府专门发出的关于期刊的国家法令。1951 年 3 月 21 日，出版总署与新闻总署联合发出《关于全国报纸期刊均应建立书报评论工作的指示》，将出版与报刊工作通过行业批评机制紧密联系起来。1952 年 8 月 16 日，中央人民政府政务院颁布《管理书刊出版业印刷业发行业暂行条例》及《期刊登记暂行办法》。《暂行条例》规定各地以出版行政机关为主，会同工商行政机关对书刊出版进行综合管理；具体说明书刊出版业者在编辑、印发行各环节中的权利、义务和申办条件，确立书刊呈送样本审查制度；规定政府法令文件的出版权专属于各级人民出版社及授权出版社，其他出版机构编印或翻印则为非法。1950 年 10 月 28 日，中央人民政府政务院（1954 年后改称国务院）下发的《关于改进和发展全国出版事业的指示》指出："出版期刊是出版工作中最重要的方法之一，应予重视。现在出版的多数期刊没有计划、没有领导、没有比较健全的编辑部，因而其质量不能令人满意，甚至徒然浪费人力物力。政务院责成出版总署会同各有关方面将现有期刊逐渐调整，并改善他们的编辑状况。与这些期刊有关的机关团体也应重视期刊

---

① 北平市人民政府新闻处：《北平市已登记的报纸杂志通讯社一览表》，载《中华人民共和国出版史料》（1949 年），中国书籍出版社 1995 年版，第 205 页。

② 见中央人民政府政务院 1950 年 10 月 28 日由周恩来总理签署发布的《关于改进和发展全国出版事业的指示》，根据 1950 年 11 月 1 日《人民日报》刊印。

的工作，把出版期刊当作指导工作的经常性的和锐利的武器，按时给予具体的指导。"1952 年 12 月 28 日，出版总署、邮电部联合发出《关于改进出版物发行工作的联合决定》，决定自 1953 年 1 月 1 日起，实行定期出版物（期刊、报纸）由邮电局负责总发行。出版管理部门主要依据上述一系列政策、法规，对书刊出版机构进行整顿和清理，许多不符合经营资质、有违社会主义文化建设精神的私营出版机构被清退出出版行业。

1953 年 3 月 18 日，出版总署发出《关于图书、杂志版本记录的规定》。

1954 年 11 月 30 日，出版总署被撤销，其业务移交文化部，由文化部新设出版事业管理局管理。1955 年 12 月 12 日，文化部发出《关于书籍、杂志使用字体的原则规定》，对各类书籍、杂志使用的字号作出具体规定。1958 年 10 月 10 日，文化部发出《关于北京各报刊、出版社降低稿酬标准的通报》。1959 年 3 月 30 日，中共中央直接发出《关于报刊书籍出版发行工作的几个问题的通知》，要求出版物的发展必须从国家和人民群众的真实需要出发，首先要注意质量，考虑其实际效果等。1959 年 5 月 11 日，文化部发出《关于提高书刊印刷质量的通知》。1965 年 3 月，文化部规定期刊稿费不宜高于同类书籍，随即多种期刊与一些丛刊和丛书第一时间被取消稿费。1966 年 1 月 3 日，中共中央批转文化部《关于进一步降低报刊图书稿酬的请示报告》。1966 年 4 月 1 日，中国出版界开始执行国家科学技术委员会批准的《图书、杂志开本及其幅面尺寸》。以上一些出版行政法律法规的渐次推出，为期刊业服务于社会主义建设需要和被纳入计划经济体系提供了法律规章的依据和支持，极大地推动了新中国期刊事业的发展。

中华人民共和国成立初的期刊出版业，仅仅在数年间便体现出出版行政机关统一指导、统筹调配资源的强大动员力量，很快成为出版领域的两驾马车之一。一方面，期刊发展计划性鲜明地体现在期刊中心由沪至京的地域转移。1950 年 9 月，在全国公开出版发行的 247 种期刊中，上海等华东城市有 102 种，占总数的 41%（上海 85 种，占总数的 34%）；华北地区

70 种，占总数的 28%（北京 54 种，占总数的 21%）；① 西北和西南地区只占总数的 2%。而到 1956 年，前述期刊地区分布高度集中于以上海为中心的华东地区的格局基本被打破，484 种期刊中有 270 种集中于北京地区，其余 214 种分布在其他各地，北京以其政治中心的地位成为新的期刊出版中心；同时，期刊的印刷和发行量成倍增长，1956 年用于期刊印刷的纸张为 1.79 万吨，是 1950 年用纸量 0.018 万吨的 99 倍多（见表 1-1）。另一方面，中央调控和政治挂帅的力量在期刊总量增减、生产印制上的影响更为直接。1960 年 7—10 月，为应对全国用纸短缺的困境，104 个中央机关统一撤减机关刊物，中央机关刊物数量由 1254 种锐减到 307 种，只占原数量的 24.5%；1961 年，《红旗》杂志与《人民日报》一起将用纸量核减到原定量的一半，同时《红旗》《中国青年》从第四季度在全国统一削减定量，规定只在人民公社以上单位发行（每个单位限定一份）。到"文化大革命"中的 1969 年时，全国期刊刊行数量跌至 20 种，成为新中国成立以来全国期刊总量的最低点。②

表 1-1 1949—1966 年中国期刊出版规模年度对照表

年 份	种数（种）	总印张数（亿印张）	总印数（亿册）
1949	257	0.77	0.02
1950	295	0.79	0.04
1951	302	2.61	0.18
1952	354	2.8	0.2
1953	295	3.07	0.17
1954	304	4.28	0.2
1955	370	6.16	0.29
1956	484	7.63	0.35
1957	634	6.89	0.32
1958	822	12.04	0.53

① 储安平：《在第一届全国出版会议上期刊组组长储安平的报告》，载《中华人民共和国出版史料》（1950 年），中国书籍出版社 1996 年版，第 585—586 页。

② 中国期刊年鉴编辑部：《1949—2000 年期刊出版记事》，载《中国期刊年鉴》2002 年卷。

续表

年　份	种数（种）	总印张数 （亿印张）	总印数 （亿册）
1959	851	12.05	0.528
1960	442	10.31	0.47
1961	410	5.11	0.231
1962	483	4.2	0.197
1963	681	5.39	0.234
1964	856	8.19	0.35
1965	790	9.35	0.44
1966	191	4.15	0.234

以上数据整理自（1）肖东发等：《中国编辑出版史》（下册），辽海出版社 2008 年版，第 25—89 页；（2）中国出版网：《1949—1999 全国期刊出版统计（一）》，http：//www.chuban.cc/cbtj/dlcbtj/ndcbtj/200702/t20070214 – 21013.html。

第二节　期刊业建制的严格化

期刊业建制的严格化，指从中华人民共和国成立到"文化大革命"结束期间各历史阶段的期刊行政管理部门，对期刊创设、期刊印刷、期刊发行、期刊机构建设、期刊登记准入等方面进行系统而连续的整顿建设，着力使期刊成为政府部门宣传和行政工作的得力工具。新中国对期刊业体制的严格管理，是新闻出版业整体布局的重要组成部分，其开端标志是 1949 年 2 月中共中央宣传部出版委员会的成立。出版委员会由黄洛峰任主任，曾因主编民国末期《观察》杂志而闻名的著名报人储安平任期刊组组长。

1950 年 9 月，在第一届出版会议上，储安平作了全国期刊出版基本情况的报告，会议最后通过的《关于改进期刊工作的决议》，成为中华人民共和国发展期刊业的总纲要，决议突出期刊发展的计划性，"统筹兼顾，分工合作"，明确增加通俗期刊和少数民族期刊、健全期刊编辑机构等重大发展原则。10 月，在中央人民政府政务院所发的《关于改进和发展全国出版事业的指示》文件中，政务院进一步落实上述精神，要求"政务院责成出版总署会同各有关方面将现有期刊逐渐调整，并改善他们的编辑状况。与这些期刊有关的机关团体也应重视期刊的工作，把出版期刊当作指导工作的经常性的锐利武器，按时给以具体的指导"。1951 年 8 月 27 日到 9 月 4 日，出版总署召开第一次全国出版行政会议，集中探讨书刊出版计划性的具体实施问题，提出四项提议：第一，出版工作注重提高质量、反对单纯追求数量；第二，国营出版机构要建立并加强编辑机构及工作制度；第三，加强出版行政机关对公私出版机构的领导，促进联合经营或公私合营；第四，请政务院颁布"国外印刷品进口暂行办法"，由国际书店统一经营国外出版物进口贸易。① 1951 年 11 月，出版总署发出《关于查禁书刊的规定》，统一了查禁违法书刊的步骤和政策尺度："兹特规定：今后禁售书刊必须经本署批准。但对于政治上反动及有严重错误的书刊，在未经本署批准禁售前，各地可先行封存。"② 12 月 21 日，政务院批准通过了《国外印刷品进口暂行办法》和《政务院关于建立全国报纸书刊发行网的决定》两个重要文件。前者详细规定了国外、港台地区书刊进口的流程、手续及管理办法，其中在说明"印刷品"概念时，将"报纸及杂志"列为第一项。《政务院关于建立全国报纸书刊发行网的决定》将杂志与书籍和报纸一起纳入全国性出版物发行网，定性为"目前急待进行的一项重大工作"，③ 提出由各地邮电局、铁路局、航务局、文化馆（站）、报社、新华书店、合作社联合组织其他社会发行力量，有计划有步骤地在各地建设发行网；邮电局、新华书店、合作社、报社和杂志社之间可为避免浪费而订立代销、互销合同；鼓励通过报纸、书刊、图片展览会等沟通编读关系；各大行政区建立发行委员会，动员群众组织参与书刊推广发行工作。

　　1952 年 8 月 16 日，政务院正式颁布了第一次全国出版行政会议上已通过的两个文件，即《管理书刊出版业印刷业发行业暂行条例》和作为补

---

　　① 参见出版总署《关于第一届全国出版行政会议的报告》（1951 年 11 月 30 日），载《中华人民共和国出版史料》(3)，中国书籍出版社 1996 年版，第 424 页。

　　② 参见出版总署《出版总署关于查禁书刊的规定》（1951 年 11 月 26 日），载《中华人民共和国出版史料》(3)，中国书籍出版社 1996 年版，第 420 页。

　　③ 《政务院关于建立全国报纸书刊发行网的决定》（1951 年 12 月 21 日），载《中华人民共和国出版史料》(3)，中国书籍出版社 1996 年版，第 438 页。

充规定的《期刊登记暂行办法》。《管理书刊出版业印刷业发行业暂行条例》作为出版事业纳入计划经济的纲领性文件，共有十四条，是各类书刊出版、印刷、发行企业具体的准入程序、经营资格、业务规范、权利边界的制度细则，第八条第十款特别规定："发行定期刊物，应向出版行政机关另行申请登记，其办法另订之"，① 具体办法即在《期刊登记暂行办法》中。《期刊登记暂行办法》作为期刊准入和经营的专门条例，首先明确期刊性质为"一、除新闻纸外之定期刊物；二、虽非定期刊行而以期刊之形式编辑发刊者"；规定期刊登记证号码位置、版权页内容，以及期刊申办、停刊、补证办法等重要内容。在之前的 8 月初，出版总署和卫生部曾联合签署文件《关于调整全国医药期刊出版的决定》，严格划分中央——综合性医学期刊编辑，专科性医学期刊——中华医学会各专科学会编辑的两大板块，为其他专业领域期刊的进一步整顿做出示范。同年 12 月 20 日，中共中央发布《关于加强报纸、期刊出版发行工作的规定》，严格限定期刊不得无故缺期超过 3 次。12 月 30 日，出版总署联合邮电部发布《关于改进出版物发行工作的联合决定》等文件，决定从 1953 年开始，定期出版物由邮局总发行。1953 年 1 月，出版总署又连续发文，对期刊印数及创停刊等具体问题做了详细说明。1954 年 11 月，出版总署撤销，书刊出版工作划归文化部出版局管理。进入 1956 年年初，全国期刊经营已经逐渐走上正轨，当年 2 月 18 日，文化部签发《全国杂志、书籍定价标准的通知》，具体规定期刊的 19 项 7 类定价原则；3 月底，文化部再次发文宣布报刊创停登记办法。在以上一系列政策法令的严格指导下，人民政府主要通过三条途径改进完善期刊经营体制，即恢复国民政府封禁的部分期刊、整顿私营期刊、有计划地创办新刊。到 20 世纪 50 年代中期，在全国建立起统一、有序的期刊印刷出版和发行体制的目标基本实现。

　　期间，除发布有关法令和政策外，相关管理部门还根据期刊出版发行中的具体问题，适时做好部门间的宏观协调，体现了计划经济体制下多部门协同管理期刊运作的整体优势。

---

　　① 《管理书刊出版业印刷业发行业暂行条例》（1951 年 12 月 21 日），载《中华人民共和国出版史料》（3），中国书籍出版社 1996 年版，第 434 页。

在期刊发行方面，1954 年 10 月底，中宣部召集出版总署、邮电部、北京邮局等部门，以及《人民画报》《中国青年》《重工业通讯》《中国纺织》等杂志负责人，座谈解决北京版杂志脱期现象。会上主要提出了两个突出问题：一是期刊因审查周期长、稿件处理计划不周和印刷效率低等导致的出版延迟；二是杂志出版日期过于集中或地点分散，影响发行和运输系统的正常运转。会议主持黎澍最后提出了对各业务口的具体要求："中宣部可以来考虑编辑部改进工作的问题，先做一些事实的调查。印刷问题，日期问题由总署去解决。邮局可以做一些统计，一年来脱期所受到的政治上工作上的损失，由中宣部通报各地。"① 在整治黄色书刊方面，1954 年 11 月 5 日，文化部作为出版总署的主管上级单位，直接向上海、天津、武汉、广州、重庆、沈阳、西安的文化局和新闻出版处（局），以及北京市文化处和新闻出版处发布通知，督促各地就黄色书刊的数量和来源，对问题处理的旧办法和成效，将要采取的策略和计划，以及怎样消化涉及违法书刊的书摊、书店的从业人员等问题进行切实调查并提交报告。

第三节　期刊类群的逐渐清晰化

经过统一布局和行政推动，期刊类群逐渐清晰化，在各项社会主义事业逐渐展开的前提下，有序而快速地呈现出层次分明、条块均衡、分工确凿的期刊发展格局。从期刊区域结构看，中央级期刊群和地方期刊群的种数和出版量在"文化大革命"前总体上平分秋色，在"文化大革命"期间中央级期刊占绝对优势（见表 1－2）。从总体类型结构来看，1952—1976 年期间，期刊类群演化大致可概括为：以综合时政类期刊为主干，总领学术类（含人文社会科学、自然科学、工程技术）期刊、文艺期刊强势推进，同时带动文化教育期刊和青、妇、儿、工、农、军等期刊全面发展。

---

① 《中央宣传部召开讨论改进北京版杂志脱期现象座谈会纪要》（1954 年 10 月 29 日），载《中华人民共和国出版史料》（6），中国书籍出版社 1999 年版，第 550—552 页。

表 1 - 2　1952—1976 年中国期刊出版情况区域年度分布

年　　份	种　数 （种）	总印张数（亿印张）	总印数 （亿册）
1952	中央　113	中央　1.57	中央　0.089
	地方　241	地方　1.24	地方　0.116
1953	中央　139	中央　2.446	中央　0.12
	地方　156	地方　0.622	地方　0.052
1954	中央　165	中央　3.535	中央　0.149
	地方　139	地方　0.743	地方　0.056
1955	中央　219	中央　5.18	中央　0.22
	地方　151	地方　0.978	地方　0.07
1956	中央　270	中央　6.23	中央　0.265
	地方　214	地方　1.4	地方　0.088
1957	中央　339	中央　5.39	中央　0.227
	地方　295	地方　1.5	地方　0.0878
1958	中央　383	中央　8.85	中央　0.35
	地方　439	地方　3.2	地方　0.18
1959	中央　394	中央　8.08	中央　0.31
	地方　457	地方　3.97	地方　0.22
1960	中央　189	中央　5.044	中央　0.19
	地方　253	地方　5.268	地方　0.28
1961	中央　263	中央　2.88	中央　0.106
	地方　147	地方　2.23	地方　0.126
1962	中央　318	中央　2.86	中央　0.105
	地方　165	地方　1.34	地方　0.091
1963	中央　444	中央　3.82	中央　0.133
	地方　237	地方　1.57	地方　0.102
1964	中央　533	中央　5.82	中央　0.21
	地方　323	地方　2.37	地方　0.15
1965	中央　495	中央　6.03	中央　0.217
	地方　295	地方　3.32	地方　0.223
1966	中央　93	中央　2.23	中央　0.112
	地方　98	地方　1.92	地方　0.122

续表

年　　份	种　　数 （种）	总印张数（亿印张）	总印数 （亿册）
1967	中央　19	中央　3.23	中央　0.085
	地方　8	地方　0.03	地方　0.006
1968	中央　19	中央　1.06	中央　0.027
	地方　3	地方　0.006	地方　0.00025
1969	中央　17	中央　2.335	中央　0.049
	地方　3	地方　0.0005	地方　0.00006
1970	中央　17	中央　3.76	中央　0.068
	地方　4	地方　0.02	地方　0.001
1971	中央　60	中央　7.12	中央　0.14
	地方　12	地方　0.255	地方　0.023
1972	中央　118	中央　8.45	中央　0.17
	地方　76	地方　1.02	地方　0.061
1973	中央　192	中央　9.725	中央　0.204
	地方　128	地方　2.272	地方　0.12
1974	中央208	中央　11.16	中央　0.217
	地方　174	地方　3.59	地方　0.183
1975	中央　232	中央　10.28	中央　0.212
	地方　244	地方　4.45	地方　0.227
1976	中央　294	中央　13.21	中央　0.295
	地方　248	地方　4.85	地方　0.262

以上数据整理自中国出版网：《1949—1999 全国期刊出版统计（一）》，http：//www. chuban. cc/cbtj/dlcbtj/ndcbtj/200702/t20070214 - 21013. html。

　　综合时政类期刊并非数量最多的刊型，种数一直较为稳定（除"文化大革命"初特殊时期，大致保持在 30—55 种），但是因其在意识形态领域、政治生活中的政治导向价值和政治"旗手"的角色，自然成为社会主义建设初期系统传播马列经典理论和毛泽东思想、准确传达中央精神、深度解读政策的舆论主阵地，也成为历次政治运动和思想斗争的主要期刊媒介平台。

学术类期刊伴随着中华人民共和国意识形态构建和各级教育机构的发展而迅速发展，担负着深化理论探索、展示高等教育和科学研究成果平台的功能。在学术期刊总数量最多的 1965 年，人文社科和科技期刊总量达到 612 种，其中科技期刊 506 种。对于晚清、民国学术期刊资源的整理和重版，文化部于 1954 年年底将其纳入学术古籍及近现代学术出版重印的总体计划，决定"旧杂志如民报、各种学报等，也值得重印或选辑重印。有关近代史的杂志的选印，拟请中共中央宣传部党史资料室负责审定，关于一些学术杂志的选辑，拟请科学院有关研究所担任，交有关出版社出版"。①

文艺期刊是新中国期刊方阵中风格最多样，思想也相对活跃的刊种，因中国共产党历史上左翼文艺运动与政治活动的紧密结合传统，很大程度上文艺期刊成为党内思想路线斗争的直接代言者和舆论交锋前台。1956 年时文艺期刊总量共 162 种，达到一个小高潮；到"文化大革命"末期的 1975 年，各地文艺期刊数量增加到 694 种之多。文化教育期刊从新中国成立初的二三十种发展到 1976 年的 644 种，期间虽有较大反复，但总体呈强劲增长趋势，反映了社会主义体制下新型文化结构和教育体系的逐渐成熟。

青、妇、儿、工、农、军等特定社会群体期刊，在新中国成立初到"文化大革命"前的一段时期里，大多属于群众组织机关刊物或特定行业职业刊物，数量相对其他大类期刊较少，但是其中几种典型刊物的个性特点和办刊方向都非常鲜明，在特定社会人群中具有重大社会影响力。

第四节　期刊文化形态的高度整合性

在频率密集而声势强大的社会文化改造运动和政治运动过程中，党中央提出建设"中华民族的新文化——民族的科学的大众的文化"② 的文化

---

① 文化部党组：《文化部党组关于重印古籍及近代、现代学术著作向中央宣传部的请示报告》，载《中华人民共和国出版史料》（6），中国书籍出版社 1999 年版，第 600 页。
② 毛泽东：《新民主主义论》，载《毛泽东选集》第二卷，人民出版社 1991 年版，第 662—711 页。

建设目标，在这个总目标驱动下，全国各地区各类型的期刊形态、中心话语和内容边界不断趋同和标准化，呈现出期刊文化形态高度整合性的趋势。

从 1954 年 11 月开始，中宣部首肯了出版总署的《关于逐步推行书籍杂志横排的通报》的原则。《通报》建议全国书籍、杂志的印刷版面逐渐过渡到文字横向排版方式，鼓励并积极推广简化汉字，文中所列的理由有三：第一，人的生理解剖构造决定了人眼的视线横看比直看为宽，更适宜看横排书刊。横看书报时"眼睛和头部转动小，看起来比较容易、比较快，直看时眼睛和头部上转动大，并因有上眼皮的压力，看起来比较吃力，容易疲劳"。第二，横排可以减少用纸、降低工本。第三，横排时正文中带有数字、表格、算式、方程式及夹排外文字母，可以避横排直排夹杂不清之弊，使得页面更为整洁。《通报》认为，文字横排是对人们生活方式的改革，也是对出版业的整体改革，因此改革不能一刀切，可逐渐推广、区别对待，建议大体上采取书刊先行、报纸缓行的原则，各出版社和杂志社在充分消除编辑、读者的疑虑后逐步推广，表现了实事求是的态度。

1955 年 12 月，文化部先后发布《关于汉文书籍、杂志使用字体的原则规定》《关于汉文书籍、杂志横排的原则规定》，宣布从 1956 年起除影印古籍外的汉文书刊一律采用横排排版。这个举措实际上是对出版界书刊横排趋势的顺应和法律确认。1949 年以后，新出版的书刊采用横排的情况逐渐增多，《关于汉文书籍、杂志横排的原则规定》中给出的理由，主要是改革阅读习惯、消除中西文混用直排的弊端，实际上正如之前《通报》中说的，横排节约纸张和书籍成本是最为实际的理由。在 1954 年出版总署征求横排意见时，很多人提出横排可以节约书价成本，如人民出版社印制的《中华人民共和国宪法》一书从直排改为横排后，全书由 80 页降为 72 页，节约纸张达 10%，[①] 这在纸张短缺的时期，是一个文字由直排改为横排的最现实动因。《关于汉文书籍、杂志横排的原则规定》一文中还列举

---

① 文化部党组：《关于逐步推行书籍杂志横排的通报》，见《中华人民共和国出版史料》(6)，中国书籍出版社 1999 年版，第 541—543 页。

了相关数字，证明横排出版物已经相当普及："根据今年八九两月份收到的全国新书样本统计，在 1562 种一般书籍中，横排的占 80%；在 135 种课本中，横排的占 98%；1955 年 9 月，共有中央一级杂志 214 种，其中横排的 187 种，占 87%。"

由此，中国大陆地区期刊与书籍同步完成了与世界书刊主流接轨的汉语阅读方式革命，也意味着期刊装订方式的整体改变。紧随着文字排版的现代化，汉字简化工作在书刊出版中也成为同一时期的主题。

1956 年 1 月底，国务院公布《关于公布〈汉字简化方案〉的决议》和《汉字简化方案》两个重要文件，规定从 2 月 1 日起全国通行简化字。在书刊版面文字编排由直排改为横排的过程中，全国各级各类期刊尤其起到了引领示范作用。据统计，1954 年第三季度出版的期刊中，直排的 130 种，改为横排的 137 种，直、横相间的 14 种。① 到 1956 年年底，全国性期刊除一两种仍用直排外，其余全部改为横排，由此有力地带动了全国各类图书完成文字编排形式的横排化。1964 年，文化部要求在期刊和书报中尽量推行简化汉字，并附送《简化字总表》，修补已有简化字方案的不足。书刊汉语文字简化和出版横排方式的重大变革，首先是对古代汉字产生以来书写和阅读方式的根本性变革，是对近代新文化运动精神的继承和延伸，尤其是对五四一代学者所提倡的白话文运动的深化。同时，汉字的易读、易写化和书刊价格的降低，与"科学的""大众的"新民主主义文化建设主题至为契合，是知识快速下行普及并产生广泛政治、文化影响的重要媒介前提。

"十七年"新创建的期刊在命名原则上，普遍遵循统一、新型、政治性和人民性几个原则。新期刊命名特征最明显的有三大类：分别以"中国"（或"中华"）、"人民"和"新"字样命名的新创或复刊、改版期刊。"中国"题头期刊主要有《中国青年》（第二次复刊，1948）、《中国妇女》（复刊延安时期旧刊，1949）、《中国戏剧》（1950）、《中国水利》（1950）、《中国文学》（英文版，1951）、《中国画报》（英文版，1951）、《中国语文》（1952）、《中国建设》（英文版，1952）、《中国科学》（英文版，

① 中国出版科学研究所：《出版总署党组关于送审〈逐步推行书籍杂志横排的通报〉的报告》，载《中华人民共和国出版史料》（1954），中国书籍出版社 1999 年版。

1952）、《中华外科杂志》（更名，1953）、《中华内科杂志》（更名，1953）、《中华妇产科杂志》（1953）、《中国对外贸易》（1956）、《中国工人》（20世纪50年代初）等；以"人民"题头的主要期刊有《人民文学》（1949）、《人民中国》（1950）、《人民教育》（1950）、《人民画报》（1950）、《人民保健》（合并，1959）等；以"新"字题头的主要期刊有《新农村》（改名，1949）、《新华月报》（1949）、《新建设》（1949）、《新体育》（1950）、《新观察》（1950）等。以上期刊多数在北京行刊，所涉及领域分工明确，基本于1956年前进入稳定发展。

图1-1 《新体育》

另一部分在"十七年"中创刊（或复刊）的期刊，题名简洁明晰，凸显期刊综合性、权威性的特征，如学术性综合期刊有《新建设》（1949）、《文物》（1950）、《新文化》（1950）、《文史哲》（1951）、《药学通报》（1953）、《历史研究》（1954）、《文艺学习》（1954）、《哲学研究》（1954）、《经济研究》（1954）、《教学与研究》（1955）、《无线电》（1955）、《考古》（1955）、《科学通报》（1955）、《文学研究》（1957）、《无线电与电视》（1958）、《江海学刊》（1958）、《商业研究》（1958）、《儿童文学研究》（1959）、《电子学报》（1962），以及北京大学、清华大学、复旦大学、北京师范大学的学报等；知识普及类及大众文艺类期刊有《世界知识》（复刊，1949）、《好孩子》（1949）、《说说唱唱》（1950）、《大众电影》（1950）、《时事手册》（1950）、《解

图1-2 《解放军文艺》

放军文艺》（1951）、《连环画报》（1951）、《小朋友》（1953）、《译文》（1953）、《少年文艺》（1953）、《盲文月刊》（1954）、《文艺学习》（1954）、《旅行家》（1955）、《民族画报》（1955）、《农村青年》（1955）、《知识就是力量》（1956）、《部队图书介绍》（1956）、《诗刊》（1957）、《民族团结》（1957）、《少年游艺家》（1957）、《北方文学》（1958）、《儿童文学》（1963）、《故事会》（1964）等。普及类和大众文艺类期刊所占比例较大，涉及社会群体较为宽泛，其中少儿杂志和画报最引人注目。

在这一阶段的期刊发展中，中央和地方以普及马列主义知识和政策为主的理论学习类期刊，是体现政治指导性和内容标准化最突出的期刊类型。此类期刊多数以现实政治生活的核心话语直接命名，以 1949 年创刊的《学习》和中共中央主办的《红旗》半月刊为代表。毛泽东主席 1957 年 1 月对各省、市、自治区书记讲话时强调"加强马克思主义理论的研究和宣传"、培养马克思主义的理论队伍，中共中央随即向全国各省份发出必须加强理论队伍和准备创办理论刊物的通知，并作出创办《红旗》（1958 年 6 月 1 日出版）的决定。

图 1 - 3 《儿童文学》

《红旗》的刊行很快带动了各省、自治区、直辖市政治理论期刊创刊的热潮，15 个省份的 15 种省级理论刊物同时于 7 月 1 日创刊：上海的《解放》、江西的《跃进》、湖南的《学习导报》、山西的《前进》、河北的《东风》、陕西的《思想战线》、辽宁的《理论学习》、吉林的《奋进》、黑龙江的《奋斗》、青海的《红与专》、四川的《上游》、浙江的《求是》、湖北的《七一》、河南的《中州评论》、内蒙古的《实践》；同月还有福建的《红与专》、甘肃的《红星》创刊。8 月 1 日，广东的《上游》（与四川的刊物同名）、云南的《创造》、江苏的《群众》、山东的《新论语》、安

徽的《虚与实》、贵州的《团结》、宁夏的《星火》共 7 个省区党委主办
的理论刊物同时创刊。接着，广西的《思想解放》杂志于 8 月 20 日创刊，
北京的《前线》于 11 月 25 日创刊。这些期刊在 1960 年前后居于全国政治
宣传媒介的中心地位；到"文化大革命"前期，《红旗》成为硕果仅存的
全国 20 种期刊之一，并成为中央领导"文化大革命"最权威的宣传平台。

图 1-4 《虚与实》

图 1-5 《星火》

第二章

胡愈之的期刊思想与《新华月报》办刊实践

中华人民共和国成立初期在期刊事业管理体制与内容结构上的本质变革，是在中国共产党整体建立新中国纲领指导下进行的，其推进步骤、宏观布局和具体规划则由出版总署属下的期刊司全面负责。在这个现代期刊业的重大转型过程中，期刊管理部门和相关具体政策执行者作为一个面对全新形势的领导团队，将刚性政策与附着在复杂多样的区域差异、社会阶层文化生态、政治属性和行业特点之上的期刊经营进行创造性结合，其行业经验、政治水平、管理思路决定了"十七年"期刊发展的总体水平。

中华人民共和国新闻出版业的实际掌舵人，是具有在复杂社会条件下经营和主编书、报、刊的丰富经验，并具有较高党性素养的老出版人胡愈之、范长江等，而胡愈之对新中国期刊发展的思考、阐释和设计及期刊格局的形成，尤其具有重大影响。胡愈之的期刊思想和相关理论建树，建立在民国时期丰富的办刊经验和坚实的政治理论素养基础上，并与中华人民共和国的国家意识形态和政策方向紧密融合，为新中国期刊业严谨有序、条块分明的转型作出了首要贡献。胡愈之倡建并亲自主持的《新华月报》，是他对新中国期刊格局重构活动的实践示范，《新华月报》在国家政策和社会主义建设之间的政治导引和信息沟通角色，具有行业标杆意义；同时，胡愈之在社会主义新型期刊的文风特征、话语边界、观察尺度上也提供了示范样板。

第一节　胡愈之期刊活动的政治与实践背景

　　胡愈之（1896—1986），浙江省上虞丰惠镇人，生于 1896 年 9 月 9 日。原名学愚，字子如，笔名胡芋之、化鲁、沙平、伏生、说难等。作为 20 世纪上半叶的重要出版活动家，胡愈之的出版职业生涯是从商务印书馆开始的，并曾长期参与生活书店的管理和出版工作，先后主编或创办过《东方杂志》《公理日报》《世界知识》《月报》《南洋商报》《风下》周刊、《南侨日报》等十几种报刊，曾被陈原誉为与张元济、邹韬奋齐名的百年书史"三个读书人"①之一。丰厚的期刊从业经历造就了胡愈之广博的视野和高超的办刊组织能力。从 20 世纪 30 年代初期到中华人民共和国成立前，胡愈之的新闻出版活动与中国共产党在白区的统一战线工作密切结合，一直以著名文化人和秘密党员的双重身份活跃在新闻出版界和政界，他在党内的特殊历练和工作能力，成为他在新中国成立初期主持全国新闻出版工作、创办《新华月报》的历史前提。

一、与中共宣传和出版管理工作的渊源

　　胡愈之 1914 年进入商务印书馆编译所做练习生，其突出的自学能力和社会政治热情，使其很快脱颖而出，在五四运动和大革命中成为出版界追求民主和民权的活跃文化人。1928—1930 年流亡法国期间，与法共党员多有接触并得以钻研《资本论》第一卷，"开始由民主主义向社会主义的转变"。②后在回国时特意转道苏联参观，回国后撰成《莫斯科印象记》一书并在 1931 年出版。同年，胡愈之在《社会与教育》杂志发表《学问易主论》一文，宣言知识分子应自我改造和为无产阶级服务，标志着他向共产主义者的彻底思想转变。1933 年，经张庆孚介绍加入中国共产党，由中央

---

　　① 邹艳：《裁得彩衣嫁新人——胡愈之与商务印书馆和生活书店》，《中国出版》2001 年第 5 期。

　　② 胡愈之：《我的回忆》，江苏人民出版社 1990 年版，第 13 页。

特科直接领导,① 属于秘密党员。其后,胡愈之辗转于上海、武汉、桂林、香港及新加坡等地,长期从事进步书刊出版事业和主要面向知识阶层的统一战线及民盟的工作,在多变复杂的斗争环境下,他对党的宣传策略和斗争艺术把握臻于纯熟。期间,他主持翻译了斯诺的《西行漫记》,由商务印书馆出版,发行量达到八九万册,对中国共产党政治主张在中国和西方世界的正面传播影响至巨;他还曾在四个月时间里组织推出商务版的《鲁迅全集》二十卷,共六百多万字。

1948 年,胡愈之由香港北上赴西柏坡解放区,期间通过对中共党史和大量文件的集中学习,"对党的路线政策的认识水平大大提高了一步",② 并接受周恩来对其继续以非党员身份从事统战工作的建议。1949 年 2 月进入北平后,胡愈之除参加民盟整顿工作外,主要接收了国民党《世界日报》,为民盟机关报《光明日报》做筹备;6 月,胡愈之主持的《光明日报》正式出刊,成为知识分子发表言论、学术交流和接受党的政治宣传的最重要报媒,胡愈之也在实际上成为沟通政、学两界,调适和传达党的知识分子政策,横跨政坛和媒介的"双栖"人物。

二、主编报刊的实践积累

胡愈之在新中国成立前的事业经历曲折而丰富,但是其活动主线则十分明确,呈现了一个新闻出版从业者的典型职业发展轨迹,其中又以期刊主编工作的社会影响力最大。在 1950 年担任出版总署署长之前,胡愈之的期刊主编活动主要分三个阶段。

第一阶段:1914—1931 年,以《东方杂志》为中心的编撰活动。

1914 年,胡愈之进入商务印书馆编译所,很快因资质突出被调到《东方杂志》做助理编辑,主要负责翻译外文资料。《东方杂志》作为商务印书馆自办的大型综合性刊物,以其内容的广博和优质而在国内首屈一指,胡愈之在这个较高的事业起点上开始其编、撰"两栖"生涯。商务良好的藏书条件和研究氛围,将胡愈之自身强烈的求知欲、探索欲最大程度上激

---

① 胡愈之:《我的回忆》,江苏人民出版社 1990 年版,第 26 页。
② 胡愈之:《我的回忆》,江苏人民出版社 1990 年版,第 79 页。

发出来，给予其快速成长的最大助力。1915—1917 年，胡愈之在《东方杂志》发表近四十篇文章（以译作为主），且不断向其他报刊投送白话文稿件。1919 年之后，胡愈之以极大热情投身于五四时期对"民主"和"科学"的激进宣传，撰稿人身份明显大过了杂志编辑的身份影响力，强烈的政治热情促使其开始寻求自主办报的道路。

胡愈之自主办报活动最早以同人办报形式展开。1920 年，胡愈之和在上海的上虞同乡创办《上虞声》，因经费问题办两期即告停刊，1924 年年初《上虞声》复刊。其后还有 1925 年五卅运动中与同道合办、只出过 22 期的《公理日报》，以及参与组织出版的《东方杂志》五卅事件临时增刊。1928 年 2 月，胡愈之因公开抗议四一二反革命政变而处境危险，被迫以《东方杂志》驻外记者身份出走法国。到 1931 年，胡愈之以"本刊巴黎特约通讯员"的名义，在《东方杂志》发表《巴黎通讯》22 篇，共 17 万多字，间杂发表一些短篇译作和著名的长篇国际专论《印度革命论》，在时政评论水平上表现出较大提升。

在上述阶段，时值中国现代文化和政治的大变革、大整合时期，胡愈之作为主流时政报刊主撰人的思想深度和创作潜力得到充分伸展，为其后独立主持期刊打下了坚实的实践基础。

第二阶段：1932—1939 年，抗战期刊策划主编活动全面展开。

1932 年 2 月，胡愈之结识邹韬奋，开始介入《生活》周刊编辑工作，成为邹韬奋在政治理论和国内外形势文稿策划上的得力帮手。在胡愈之的影响下，邹韬奋主编的《生活》周刊逐渐凸显出严肃的政治性和现实关怀意识，并很快同老东家职教社脱离关系，正式独立。随后，胡愈之建议并亲筹生活周刊社转型为生活书店，相继创办了《文学》《译文》《太白》《妇女生活》《生活教育》《光明》《新生》等"生活"系列畅销期刊。1932 年 8 月，胡愈之重回商务印书馆，以"承包"经营的形式主编《东方杂志》。

1933 年年初，胡愈之脱离商务印书馆，应聘法国哈瓦斯通讯社远东分社中文部编辑，充分发挥其法语、世界语能力及国际政治观察力的独特优势，使得哈瓦斯社的中文电讯稿被采用率迅速成为各外国通讯社之首。借助国际通讯社名记者的社会影响，胡愈之又于 1934 年创办并主编《世界知识》半月刊，成为民国同类刊物的首创者。其后，胡愈之主创、主编的独立刊物还有 1937 年 1 月创办的大型文摘刊物《月报》（只出 7 期），上海沦陷后在沪主办《团结》《集纳》《译报》等报刊。1938—1939 年，胡愈之在桂林主编《国民公论》杂志，并将此前创立的国际新闻社改制为与生活书店一样的合作社形式，精心制定规章管理制度，广泛开掘稿源，发稿对象最多时覆盖国内外一百五十余家报刊。

在这个阶段中，胡愈之对报刊媒介的策划、改造、整合和管理多头并进、全面开花，显示出厚积薄发的特点，体现出可贵的文化首创精神。他所创办和主持的期刊跨越不同刊型和多个知识领域，如《世界知识》和《月报》；他所秉持的报刊经营理念和操作方式成为一时范例，典型如生活书店和国际新闻社的合作社式经营方式，两刊的定位和当时的媒介生态环境实现了较好的嫁接与融合。

第三阶段：1940—1948 年，在新加坡的统战报刊主编活动。

1941 年 1 月，胡愈之受周恩来委派赴新加坡开辟中共新闻统战工作，担任《南洋商报》的主编和主撰稿人，创办《风下》周刊（1945）、《南侨日报》（1946），在团结侨民、宣传抗战和进步事业上独树一帜。《风下》周刊还组织"自学辅导社""读书运动"，培养华侨青年靠拢民族解放事业。因胡愈之在新加坡所办的报刊政治方向比较明确，读者较单一，因此报刊在经营相对稳定的同时，也明显缺乏他之前所办报刊的个性色彩。

第二节　胡愈之期刊思想的形成与发展

胡愈之的报刊编辑活动，贯穿其前半生的事业生涯，他与 20 世纪上半叶华文期刊的关系尤其体现了其对中国现代新闻出版业的巨大影响。胡愈之对期刊性质、期刊编辑、期刊策划、期刊经营等的认识和解读，在民国时期具有主流意义的代表性，对于新中国则更有期刊行业发展的指导价值。鉴于中国近现代期刊所承载的突出的思想启蒙角色，以及胡愈之自身文化资源和政治观念演变的复杂性，考察其期刊思想的形成和发展，首先要以他在特定时期的社会政治观念为切入点，再结合其个人的理论阐述和具体期刊编辑活动方能较为全面。

一、结缘期刊媒介的文化气质溯源

胡愈之与新闻出版事业结下终身不解之缘，并表现出一种深思进取、不竭不休的内在热情。从参与《东方杂志》编辑工作开始，他的政治生涯与新闻出版活动便彼此推动、互相启迪，逐渐达至一种水乳交融的境界。胡愈之对报刊媒介工具的深刻理解和熟稔运用，一方面来自中国 20 世纪上半叶的大时代机遇，另一方面则源于其个人文化气质与现代期刊媒介特质的内在相通。

图 2-1 胡愈之

德国学者于尔根·哈贝马斯在其名著《公共领域的结构转型》中，提出了近代"公共领域"和期刊媒介的关系：在公共领域中，杂志成为公众批判工具，而首先在英国兴起、继而到 1750 年前后在整个欧洲触目可见的"道德周刊"起了至关重要的作用，报刊成为"公共领域最典型的机制"。[1] 作为中国 20 世纪初现代期刊媒介的重要标本，《东方杂志》典型表现出西方早期期刊中的社会批判特征，胡愈之进入商务印书馆后能够很快和《东方杂志》结缘，其前提是他的思想特质与现代媒介独立批判精神的契合。

社会改革和社会批判意识是 20 世纪初中国先锋知识分子的集体性姿态，但是具体到个体知识人，其形成则与地域文化、家族传统、教育类型和生活际遇密切相关。胡愈之出生于晚清时期的浙东上虞小城，其父追随维新潮流，终生不入仕、不治产业而汲汲于新式教育事业，在乡间自办新学堂，为人仗义有豪侠风，常帮助乡里贫民与土豪劣绅打官司。胡愈之 6 岁开蒙后得到家庭精心教养，学习西学知识的同时，其父的朴学理念和文

---

① [德] 哈贝马斯：《公共领域的结构转型》，学林出版社 1999 年版，第 210 页。

字学基础也成为他启蒙教育中的重要背景。从少年时代开始，胡愈之富于
胆略、处事谨厚的性格特征便在乡间和家族初露头角。胡愈之自幼浸润在
开明不拘的家庭氛围中，兼之自身聪颖早慧，第一时间便近切接触到戊戌
维新带来的启蒙思想并很快为之所吸引。他后来回忆，自己在小学时期便
沉迷于《新民丛报》《浙江潮》《仁学》等维新书刊，在绍兴府中学堂一
年的学生生活使其民主革命思想更趋鲜明，成为学校历次学潮的主要组织
者和参与者。

　　胡愈之的启蒙文化根底，除得益于朴学方法和开放外向的家学特点之
外，也来自崇尚实学、推崇科学理性的思想倾向。他对宋明理学浙东学派
经世致用学风的内化，是后来推崇现代科学的思维基础。胡愈之曾回忆，
晚清时浙东"读书人中有操守的，大多轻视科举制艺，崇尚实学，主张知
行合一，不愧屋漏"，① 这种崇实精神进入近代后极易导向对西方现代科学
的尊崇，胡愈之本人入中学时便一意投考到"实科"（理科）学习，回乡
后又受到精通经学、舆地之学的业师谢朗轩"致知格物"（崇拜科学）态
度的影响，并始终坚持英语和世界语的学习，在其接受的传统文化成分
中，最大程度上避免了流于自恋柔弱的文人趣味与易入肤浅空疏的清谈弊
端，使其批判精神建立在现代理性思维基础之上。

　　胡愈之很快由商务印书馆编译所练习生成为《东方杂志》的主要编辑
和撰稿人，并在五四后言论犀利、敢为人先，成为报刊界的独立批判者和
高屋建瓴的报刊事业"设计家"，与其自幼对期刊出版的特殊兴趣和行为
模拟亦有直接关联。1910 年，胡愈之刚十岁出头，还在上小学，便曾带领
弟弟和堂弟用黄草纸自办手抄家庭杂志，取名《家庭三日报》《家庭杂志》
《后圃园周报》，三四年中共出刊四五十期，其编排模仿当时流行的综合文
艺杂志，有摘录的时事要闻，还有论文、小说、自画插图等内容，自己写
过《斯蒂文生小传》《家庭迷信费用统计》等小文章刊布在这个小报上。
正如他的侄子胡德华所说，"童年的爱好，成了他的职业理想，进入出版

---

① 胡愈之：《我的回忆》，江苏人民出版社 1990 年版，第 91 页。

界后，这方面的兴趣越来越浓"，① 此举显然远非游戏性质的心血来潮，凸显了胡愈之在期刊策划和媒介组织方面的早慧和潜能。

二、期刊思想的萌生与初步实践

胡愈之期刊思想萌芽于大量阅读维新报刊的学生时代，经由商务印书馆期刊编辑的实践历练和理论知识的提升，到 1928 年出国前夕，他对期刊性质的认识、期刊经营思路和编辑理念已初步确立，其独有的思路和风格在当时中国期刊界留下了深刻的印迹。

追溯胡愈之对期刊媒介性质的认识过程，首先要考虑维新报刊阅读体验对人所产生的思想冲击力。从经营性质和内容看，中国近代维新报刊属于近代大众报刊中的政党报刊，其非营利性质和政治、文化的启蒙目标决定了其较为纯粹的思想性和文化深度，使童年时的胡愈之便成为"读报迷"，而进入商务印书馆从事编辑出版工作无疑是他追求的个人职业理想。梁启超、谭嗣同等改良派基调高亢的社会改良思想、感性充沛而尖锐犀利的文风，对胡愈之的人生观、社会观和新闻观的形成起着巨大的塑造作用。胡愈之对期刊传播效果的认知，偏重于期刊媒介的社会动员和思想启蒙功能，这与其早年在知识启蒙和视野拓展中直接受惠于维新报刊相伴而生。

在胡愈之的早期期刊思想中，主张期刊的国际知识传播常规化是一个突出的特点。胡愈之的期刊编辑活动起步于《东方杂志》助理编辑工作，具体工作是编译资料和撰写短文，这是他基于外语特长的自我选择，而这段经历又强化了他后来一以贯之的国际视野。他对国际知识促进民众现代政治启蒙作用的认识，在五四运动前便已很明确："吾人甚望今后国人注目于外交常识，负指导舆论之责之新闻记者，复不可不于世界大势国际时事有充分之研究，有翔实之报告。其次则学校中，更可利用青年学生之爱国热，授以外交及国际时局上必需之智识。总之必先使国民有充分之外交

---

① 胡德华：《开拓者的足迹》，见宋应离等编《20 世纪中国著名编辑出版家研究资料汇编》(4)，河南大学出版社 2005 年版，第 225 页。

常识，而后可言有实力之国民外交也"。① 据初步统计，到 1919 年年底之前，胡愈之只是在《东方杂志》上即已发表二百多篇译文。在 20 世纪 20 年代，他已明确指出期刊对国际知识传播的重要性："实际上普通人对于本国以及外国的时事智识，全是从新闻杂志中得来"。② 因此，报纸杂志要"尽量扩充地位，登载关于国际事情的记述及评论，使国际知识普及于一般民众"，③ 不但要开辟国际版面，且要超越期刊国际信息单薄、陈旧和点缀从属的性质，在国际时事和知识传播的深度和广度上不断拓展。这也是其后胡愈之自主创立《世界知识》杂志的思想根源。

　　期刊策划和编辑创新的核心因素，是编辑的洞察力和历史观。胡愈之在长期的期刊生涯中长期以撰者、编者双重身份出现，中后期更以大手笔的期刊群策划和期刊出版设计为人称道，其中蕴含的基本理念是对编辑人洞察力和历史观的较高要求，这个思路在 20 世纪 20 年代中期便已凸显。他的时事洞察力来自突破学科界域的广博知识，以及对国内外社会、历史长期深入的研究。胡愈之成为《东方杂志》编辑后，针对此刊广涉政治、经济、历史、文学、社会、时事的大格局特点，也开始了研究式的学习生涯，学习与思考成为其撰写的稿件保持较高水准的能量源；同时，在编辑实践中他也向读者传达出一种时事深度解读的"历史观"和研究式阅读方法，如在 1925 年五卅事件爆发后，胡愈之及时组织《东方杂志》出版临时增刊，亲撰《五卅事件纪实》一文，对事件的历史内涵进行宏观分析，随即又策划为《东方杂志》增添两个栏目："从今天起，我们除添出'现代史料'一栏，专载关于国际情势、各国实况的文字外，又因为觉得对于一般人的国际常识的灌输在现时实非常需要，所以又添了'国际问题研究'一栏，每期就一个重要的问题加以简明的系统的论述，文后附列练习题数则，使读者得以按题练习"。④ 这种讲究稿件原创性和引导读者深度阅读的做法，在开发民智和学风示范上有正面意义，且为现代大型综合期刊编辑人的职业素养树立了一个较高的职业标杆。

---

① 胡愈之：《胡愈之文集》（Ⅰ），生活·读书·新知三联书店 1996 年版，第 238 页。
② 胡愈之：《胡愈之文集》（Ⅰ），生活·读书·新知三联书店 1996 年版，第 117 页。
③ 胡愈之：《胡愈之文集》（Ⅱ），生活·读书·新知三联书店 1996 年版，第 118 页。
④ 胡愈之：《胡愈之文集》（Ⅱ），生活·读书·新知三联书店 1996 年版，第 120 页。

三、期刊思想的成熟

胡愈之从法国归国后，在国际视野、理论素养和新闻实践上更臻新境界，1932 年重回《东方杂志》，同时期参与《生活》系列报刊的经营和编辑，并设计组织了生活书店的合作社改组；在南洋地区以统战为目标的报刊活动，将政治宣传和期刊媒介经营有效结合，也取得了不俗的成绩。直到新中国成立前后，胡愈之在区域环境、媒介生态和受众层次各不相同的条件下，在期刊实践和期刊的编辑、经营、策划思想领域全面走向成熟。

提出期刊编辑的主体性问题。1932 年 8 月，胡愈之应商务印书馆之邀，主编复刊后的《东方杂志》，首先与总经理王云五协议：由商务印书馆出一定费用，胡愈之个人负责《东方杂志》的整体经营，取得期刊的自主编辑权。其后，他在"复刊词"《本刊的新生》中宣告：刊物将"以文字作民族斗争社会斗争的利器"。至此，实现了他以期刊作为民众启蒙和社会动员媒介工具的理念。在这种理念中，编辑者作为期刊政治和思想方向主导者的知识分子主体性被突出，远远大于作为稿件组织和文字技术处理的媒体职业人身份象征。胡愈之从主编《东方杂志》到创立主持《新华月报》，始终将国家民族的宏观社会主题与期刊媒介的深度报道特征和文化性结合，高扬编辑在期刊中的文化主体地位，一方面是组织和政治任务的需要，另一方面是其个人强烈社会道义感的驱使。这些期刊定位于主流政治文化层面，其作者群和编委会也显示出超出当时同类期刊的精英化特点。据统计，在上述五种刊物的复刊号中，文章署真名的著名作者在《东方杂志》占 59.1%，《世界知识》占 37.5%，《月报》占 30.9%，《风下》周刊占 33.3%，《新华月报》占 38.7%，[①] 远超过一般期刊。编撰者的平均社会知名度、期刊作者的实名比例，是期刊学术质量的稳定基础，也是很好突出编辑主体意图的可靠保障。

提出国际新闻理念，引导国际问题研究。1934 年 9 月，胡愈之在上海创办《世界知识》半月刊，所发表《发刊词》，标志着其国际新闻思想的基本形成，他阐明中国已是世界的一部分，走向世界和未来尤其需要世界

---

① 数据引自刘英翠《胡愈之办刊特征研究》（1932—1949），《中国出版》2013 年第 12 期。

知识。1934 年，胡愈之携毕云程创办《世界周刊》杂志，更明确提出中国
"是世界的中国了"的观点，阐明中国人没有天堑深沟，也没有足以抵挡
西方人的精神文明系统，更没有资格闭目塞听、不问世事，在西方殖民势
力和资本帝国主义对东方虎视眈眈的危机中，不面对这个事实就是自欺欺
人，因此指出放眼世界、了解国际资讯的急迫性："我们的后面是坟墓，
我们的前面是整个世界。怎样走上这世界的光明大道去，这需要勇气，需
要毅力，——但尤其需要认识"。① 这本杂志因是在中共领导下创办的，特
别注重深度分析欧洲法西斯主义的动态和对世界和平的威胁，正面宣传苏
联社会主义，政治倾向非常明显，但同时坚持国际大格局的报道视角，也
称职地充当着国内读者了解世界形势的窗口。胡愈之领导的《世界知识》
杂志，稿源主要来自包括他在内的 25 个特约撰稿人。胡愈之在商务主办
《东方杂志》时期的得力助手张明养，同样也是《世界知识》的重要编务，
协助胡愈之"团结了一批国际问题方面的专家"，② 如胡仲持、张仲实、钱
亦石、钱俊瑞、郑森禹、邵宗汉、金仲华等。这个实际上的编委会，具有
浓厚的研究氛围，类似一个半新闻、半学会性质的研究团体，一般两周开
一次聚餐会，会上集中讨论国内外政治外交问题，并拟定论文题目，分配
下一期的撰稿任务。因为稿件的学术含量高，《世界知识》杂志成为当时
普及世界知识的权威媒体，创刊后基本每年汇编出版一本《世界知识手
册》，并延伸出版了张明养撰写的《世界知识读本》。

　　期刊栏目和刊型服务于内容，不拘于固有形式。1932 年胡愈之重回商
务《东方杂志》后，在《创刊语》中明确了"抗日救亡，创造民族新生"
的宗旨，在此前提下，裁革《文艺情报》《拆散百科全书》《新语林》《世
界一角》等休闲文艺栏目，刻意减少杂志中风花雪月式的软性文字，新增
《东方论坛》《新年的梦想》等专栏，大量刊登国际时事政治和综合性时论
文章，杂志的思想色彩和现实性大增。由此，《东方杂志》由强调学术的
艺文类综合性期刊，转型为兼顾学术质量和艺术水准的政论性综合期刊，

① 见《世界知识》1934 年 9 月 16 日创刊号。
② 史之：《一个人，一本杂志和一个时代》，见宋应离编《名刊名编名人》，大象出版社
2011 年版，第 111 页。

达到了"在商务这个顽固堡垒辟出一块进步的阵地来，把《东方杂志》变成一个进步思想的刊物"① 的目标。胡愈之在明确的言论大目标下，对期刊栏目的运用有很多出奇制胜的方法。如在西安事变后为宣传中共抗日统一战线政策，他模仿国外文摘类刊物新创《月报》文摘杂志，以摘选国内外报刊文章、客观介绍时政观点的面貌出现，避开国民政府文宣部门对涉共言论的严格检查，实际上在不着一字主观评价的同时，以文章的取舍编排凸显了主张建立抗日统一战线的"春秋大义"。1945 年，胡愈之在新加坡创办的《风下》周刊，则在相对国内更宽松的舆论环境中，充分开掘出他在国内文化界的深厚人脉，设立名人专栏让著名作家和学者唱主角，诸如《人物介绍》《哲学漫谈》《每周新书》《每周一课》等著名栏目，由郭沫若、叶圣陶、茅盾、陶行知、黄炎培、沈钧儒、巴人、沈兹九等人主持或供稿，文风或博学生动，或敏锐缜密，或活泼辛辣，使得《风下》周刊一时洛阳纸贵，二战后在"南阳华侨社会中独树一帜、发行遍及各地"。② 胡愈之在办刊实践中，从不因专栏设置限制内容的呈现，许多重要内容单独列出而不刻意归类到具体栏目。据抽样统计，1932 年《东方杂志》复刊号有 17 篇，1934 年《世界知识》创刊号有 7 篇，1948 年《风下》周刊第 119 期有 11 篇文章属于非专栏文章。③

新民主主义时期的期刊出版必须与人民的实际需要相结合。胡愈之在中华人民共和国成立后，担任出版总署署长，成为全国出版工作的最高领导。1950 年 9 月，他在第一届全国出版会议的报告中，高屋建瓴地对全国出版形势做了全面分析和展望，正式提出人民出版事业的总方针应与新民主主义时期文化教育事业目标一致，即"民族的、科学的、大众的"目标，出版工作要实施这个目标，必须"因时制宜，因地制宜，和人民的实际需要相结合……每一册杂志，都要对于人民的精神物质生活，至少有一点一滴的贡

---

① 茅盾：《商务印书馆编译所》，见《商务印书馆九十年》，商务印书馆 1987 年版，第 183 页。

② 费孝通、夏衍：《胡愈之印象记》（增补本），中国友谊出版公司 1995 年版，第 200 页。

③ 数据引自刘英翠《胡愈之办刊特征研究》（1932—1949），《中国出版》2013 年第 12 期。

献，而不只是为出版而出版"。① 在同一个报告中，他也提出了期刊出版具体运行的工作方法，重点是"提倡专业分工并使编辑方针与实际结合"，② 与"人民的实际需要"标准互相呼应。专业分工和社会实际需求两点，实际上成为其后计划经济下新中国期刊几大类群形成的基本出发点。

第三节　胡愈之与《新华月报》

一、《新华月报》的筹备与创立

《新华月报》是中华人民共和国成立后第一份大型政治文献公报，由胡愈之于 1949 年 11 月主持创办。从编辑体例看，它属于文摘类期刊。从期刊渊源看，胡愈之为其题名为"新华月报"，意在沿袭他本人于八一三抗战前（1937 年 1 月）在上海创办的《月报》——开明书店出版的大型综合性文摘刊物。《月报》虽然信息量大、质量较高，一面世便风行一时，但由于日军侵华日亟，只出数期便告停刊。

1949 年 11 月出版总署刚成立时，即有人向胡愈之提出创办文摘公报的建议："有一些同志想起

图 2-2　《新华月报》

《月报》那份刊物来，当即向他建议，希望重新办一个类似《月报》性质的

---

① 胡愈之：《论人民出版事业及其发展方向》，见宋应离等编《20 世纪中国著名编辑出版家研究资料汇编》（4），河南大学出版社 2005 年版，第 208 页。
② 胡愈之：《论人民出版事业及其发展方向》，见宋应离等编《20 世纪中国著名编辑出版家研究资料汇编》（4），河南大学出版社 2005 年版，第 206 页。

刊物"。① 胡愈之欣然赞同，并亲自挂帅筹备，在"月报"前加"新华"二字以示为中华人民共和国所创。《新华月报》的编委囊括了文艺、新闻出版两界名人，如胡绳、王子野、杨培新、傅彬然、曹伯韩、楼适夷、艾青、臧克家、王淑明、石少华等，凸显了新中国第一大刊的规格和分量。编辑工作具体分工为：总编辑王子野，《文艺》栏主编臧克家，《经济》栏主编杨培新，其他各栏目编辑有陈今、刘金绪、沈永、卢承志、翟健雄（1950 年 5 月后新进的编辑有邓爽、徐秉让等），资料组负责人为周静，工作人员有郑曼、杨如英等。②

《新华月报》在 1949 年 11 月 15 日正式面世，由全国新华书店总店出版，1950 年 12 月改由人民出版社主办，共五十余万字，胡愈之亲自审定封面和重要稿件，并任命出版总署编审局第三处处长王子野兼总编辑。在创刊号上，胡愈之亲撰《人民新历史的开端》一文以代《发刊词》，宣布《新华月报》的宗旨为："它的任务将是记录中华人民共和国人民的历史"。本刊作为新中国唯一一份大型综合性政治文献月刊，自诞生之日起，除 1966 年 7 月至 1969 年短暂停刊外，连续出版至今，始终实践着创刊号提出的"记史"使命。

《新华月报》的封面刊头字，胡愈之原想请毛泽东主席代为题字，但因毛主席公务繁忙，为按时出版，胡愈之采纳田家英建议，在毛主席题词的南京"新华日报"字样上对"日"字略作改动后作为题字刊出，沿用至今。

二、《新华月报》的题词曲折

《新华月报》的内封题词，为毛泽东主席题写，内容为胡愈之从《中国人民政治协商会议共同纲领》中摘选的文字。关于毛主席的内封题词事，其中有一个小插曲，范用在《共和国第一批期刊》③ 一文中曾道其原委并发表了胡愈之关于此事的《我的检讨》原信（复印手稿同时发表）。

---

① 王子野：《我们的楷模》，《出版工作》1989 年第 11 期。
② 金敏之：《我与〈新华月报〉》，《出版史料》2010 年第 2 期。
③ 范用：《共和国第一批期刊》，《出版史料》2003 年第 1 期。

范用所记大致情况为：胡愈之在第一次全国政治协商会议会间休息15分钟期间，请毛主席为《新华月报》创刊号题词，他提供的底稿准备采用刚通过的《中国人民政治协商会议共同纲领》第十四条，即"爱祖国，爱人民，爱劳动，爱科学，爱护公共财物为全体国民的公德"一段文字，但因时间仓促，胡愈之在抄写底稿时漏掉了"爱科学"三字，并将"爱护公共财物"误写为"公共财产"，毛主席逐字题写，而后胡愈之派人将此字样直接制版，等到创刊号付印一个月后才发现错漏。胡愈之为此事深感内疚，曾在"三反"运动时在出版总署内部作过检讨。及至1979年《新华月报》创刊30周年时，范用邀其为《新华月报》就毛主席题词一事撰文，他即以《我的检讨》长文向全国读者为30年前的失误郑重检讨。《我的检讨》将自己的失误定为三点：一是违反了毛主席"认真作好出版工作"的重要指示；二是将《共同纲领》中的"五爱"变成"四爱"；三是忽略了科技重要性，缺乏科学精神。胡愈之这篇文字对自己可谓鞭辟入里，字字皆从政治素质和出版责任着眼，并希望将此事作为出版教育的反面例子，以至范用用"肃然起敬"四字形容自己对胡愈之这篇文章的感受。

从出版使命感和责任承担意识两个层面来看，《新华月报》"题词"波折都不失为一个新中国期刊的经典案例，胡愈之和《新华月报》在实际上成为中华人民共和国期刊界理论与实践的旗帜。

三、《新华月报》的编辑特点

《新华月报》初创时设置的主要栏目为《政治》《经济》《文化》《科学》《对外关系》《国际问题》《国内外要闻摘编》《国内外大事记》等，稿源来自全国各地报刊的文章、资料，内容主要涉及党和政府的重要文件、领导人重要讲话及文章、中央报刊的重要社论，以及党和政府政策的阐述说明、调查报告、经验总结、国内外重要报道等。

《新华月报》作为新中国成立初期全国最具政治权威性和影响力的国家级刊物，从创刊起的编辑事务即以高标准衡量和自律。胡愈之虽委任王子野为总编辑，但仍亲自主持编委会，参加每月召开一次的编委例会，不断改进编辑质量。在胡愈之领导下的《新华月报》主要编辑特点，可概括为以下几个方面：

第一，从严选稿，精益求精。《新华月报》在创刊时即将稿源范围定为全国报刊，在 1950 年这个范围涵盖了各类报纸约 430 种、杂志 250 种，其中经常用的杂志 150 种、报纸 50 种。[①] 胡愈之在编委会上要求编辑必须做到选稿务求其精，宁缺毋滥，客观公正。他还强调选中的旧稿都应当作新稿认真审读，不允许二次错误出现。审读时发现的技术性问题可以直接改正，而较为重大的知识和观点问题必须同原作者或原单位商酌修改。在实际编辑工作中，总编辑王子野将《新华月报》的选稿标准总结为三个要点：第一，从政治意义和历史价值着眼；第二，有代表性的言论；第三，有参考价值的资料。[②] 编辑部尽量做到使《新华月报》上重刊的文章质量高于初稿；对观点有争议的文章，用综述报道予以客观呈现，便于读者参考。

第二，以期刊资料室建设和调查研究方法带动良好的编辑学风。胡愈之秉承早年编辑活动重视研究、广泛运用资料的做法，亲自参与《新华月报》创刊时即同步开始的资料室建设，亲手设计资料架，指导资料的分类。资料室在运行中力求材料选取精当、取用手续简便；具体分类摸索出"从粗到细、先粗分、后细分"的"细胞分裂法"。[③]《新华月报》编辑部秉承"依靠群众、走群众路线"[④] 的宗旨，主动与各政府部门、各报纸杂志及作者、读者建立紧密的联系，征询对方意见，并请对方推荐稿件。编辑部曾经在第一年发出征求意见表，《文艺》栏专门向各地文艺团体和杂志社发出一百多封咨询信。基于读者来信普遍反映杂志定价偏贵，编辑部从第 8 期开始将每份杂志定价由 20 元降到 14 元。

第三，重视编辑出版流程的科学管理和各栏目编辑之间的统一协作，养成编辑的大局观和责任感。《新华月报》在开创阶段即注意科学协调

---

① 王子野：《在第一届全国出版工作会议分组会上的工作经验报告》，见《中华人民共和国出版史料》，中国书籍出版社 1996 年版，第 557 页。

② 王子野：《在第一届全国出版工作会议分组会上的工作经验报告》，见《中华人民共和国出版史料》，中国书籍出版社 1996 年版，第 557 页。

③ 王子野：《在第一届全国出版工作会议分组会上的工作经验报告》，见《中华人民共和国出版史料》，中国书籍出版社 1996 年版，第 559 页。

④ 王子野：《在第一届全国出版工作会议分组会上的工作经验报告》，见《中华人民共和国出版史料》，中国书籍出版社 1996 年版，第 557—558 页。

编印工作流程，每期发稿都与印刷厂订立编印程序表，保证期刊出版按质按量完成。在长期的工作实践中，各栏目编辑也做到了"通盘合作，互相协助"，① 数十年间，虽然编辑机构多次改组，人员多次调换，但《新华月报》的编辑体例和水平十分稳定，除特殊年份外一直保证正常出刊。

周恩来总理在《新华月报》初创时，曾针对杂志编选质量直接提出过批评。1951 年 12 月，他通过秘书向胡愈之转达意见：《新华月报》编得太杂，许多重要文件未登，可有可无的文章登了不少。总理的批评迅速得到反馈，编辑部纠正了刊物在选材上的偏差，促使编辑人员在编选水平上有了质的提高。

由于内容权威、采编及时、查阅方便，《新华月报》出版后迅速打开受众市场。第 1 期发行 5000 册，后很快增到 1 万册、2.3 万册，到 1950 年第 9 期已增印到 3.2 万册。②《新华月报》受到党政军领导机关、学校和科研机构、各地图书馆及档案馆、基层企业事业单位及个人用户的广泛欢迎。

---

① 金敏之：《我与〈新华月报〉》，《出版史料》2010 年第 2 期。
② 王子野：《在第一届全国出版工作会议分组会上的工作经验报告》，见《中华人民共和国出版史料》，中国书籍出版社 1996 年版，第 558 页。

第三章

新社会政治动员与党刊群兴起

在中华人民共和国期刊发展史上，中国共产党党刊的政治地位和广泛社会影响力在各类期刊中首屈一指。在中国共产党的发展历史上，党刊则与建党理论的发展、成熟及党的政治生命力息息相关，在当代期刊史中作用特殊。中共党刊是中国共产党的发展史和国家政治史的忠实记录者，其自身的媒介史也属于当代党史和政治史的有机组成部分，拥有无可替代的社会与历史价值。

第一节　新中国党刊创办及其政治喉舌功能

一、中华人民共和国成立初期党刊创办概况

中国共产党党刊指由各级党委领导主办，宣传、阐释、学习马列主义和毛泽东思想，讨论党组织生活及社会主义理论与实践的连续出版物。总体上看，与中国共产党丰富的斗争实践和复杂的理论环境相比，中华人民共和国成立初期党刊基本特点可概括为量少而质精；从现代期刊媒介的生命周期看，中国共产党党刊的兴衰过程和延续特点与党史发展互为表里、紧密相连。党刊的主持经营权始终由中共中央及各省、自治区、直辖市党委掌握，党刊直接受党纪的监督和约束，形成层级鲜明、一委（相应党委）一刊的清晰格局。

中华人民共和国成立后中共中央主办的党刊，是以之前的党内刊物为

办刊基础的。据中央档案馆保存的资料统计数据，到 1949 年 10 月，中央搜集到的党内刊物大致分为四个层次：各中央局、中央分局党内刊物，是使党内干部能够了解和掌握党中央政策的教育工具；各省、区党内刊物，则着重反映本地区工作的个性政策及情况；各地委党内刊物，主要反映本地工作情况与经验，直接刊载上级党的指示；县级党内刊物，相当于纯粹的工作通报。1941 年 11 月，从中央收到的各地党内刊物名录统计，党内刊物共有 54 种。在这 54 种党刊中，中央级刊物 15 种，包括中央政策研究室编辑的《党内资料》、新华总社编辑的《业务汇报》、华北局编辑的《建设》、华北局政策研究室编辑的《研究资料》、华东局编辑的《斗争》、华东局政策研究室编辑的《党内资料》、华东局秘书处编辑的《工作情况》、山东分局政策研究室编辑的《政策资料》、东北局编辑的《党的工作》、东北局宣传部编辑的《宣教工作通讯》、东北局城市委员会编辑的《城市工作研究》、华中局办公厅编辑的《华中通讯》、华中局政策研究室编辑的《工作资料》、西北局编辑的《党内通讯》、西北局政策研究室编辑的《资料汇编》；各省、区党内刊物共有 16 种，包括河北省委编辑的《河北建设》、察哈尔省委编辑的《政策研究》、绥远省委编辑的《党内生活》、山东渤海区党委编辑的《渤海通讯》、山东胶东区党委编辑的《胶东通讯》、苏北区党委宣传部编辑的《工作通讯》、江西省委编辑的《工作建设》、辽东省委编辑的《辽东通讯》、松江省委编辑的《建设》、黑龙江省委宣传部编辑的《黑龙江通讯》、吉林省委编辑的《吉林通讯》、内蒙古自治区党委编辑的《学习》等；市委、地委党内刊物有 22 种，包括北平市委编辑的《北平工作》、天津市委编辑的《天津工作》、保定市委编辑的《工作通报》、张家口市委编辑的《张家口工作》、沧县地委编辑的《工作广播》、定县地委编辑的《工作通讯》、湘西地委编辑的《工作通报》、察南地委编辑的《察南生活》、察南地委宣传部编辑的《支部生活》、雁北地委编辑的《雁北地委周报》、南京市委编辑的《南京通讯》、济南市委编辑的《工作通讯》、胶东北海地委编辑的《北海通讯》、苏北淮阴地委宣传部编辑的《学习》、苏北台州地委宣传部编辑的《方向》、沈阳市委编辑的《城市学习》、哈尔滨市委编辑的《工作与学习》、武汉市委政策研究室编辑的《武汉资料》等；县委内刊只有山西林县县委编辑的《通报》。① 从以上各刊的地区分布来看，很多省份党刊缺如，且因地委以下党刊很少寄给中央，这份数据并不代表当时党刊的全貌，但在四个不同行政层次党委层级的分布基本清晰有序，题名风格也多体现了鲜明的党委工作刊性质。中华人民共和国成立后"十七年"的各层级党刊建设，就是在此基础上进行的资源整合与质量提升。

历数中国共产党成立到中华人民共和国成立初期影响较大的中央级党刊，先后总计有 20 种，主要包括《新青年》和《共产党》；第一次国内革命战争时期除继续出版《新青年》外，新创办《向导》《前锋》《中国共产党党报》《中央政治通讯》等；土地革命战争时期，除继续出版《中央政治通讯》外，再先后创办《布尔塞维克》《红旗》《党的生活》《实话》《党的建设》《斗争》和《党的工作》等；抗日战争时期先后办了《解放》《群众》和《共产党人》三种党刊；解放战争时期和"十七年"，《群众》继续出版，普及性更强并倡导大众学习马列基本原理、时事政策的《学习》杂志和《时事手册》问世，到 1958 年时创办《红旗》杂志（1978 年 7 月更名为《求是》）。

中华人民共和国地方党刊兴办第一次高潮出现的先声，应追溯到第三次国内革命战争即将胜利时中共各地党组织创办的党刊，最典型如中央东北局在哈尔滨创办的《翻身乐》（1948 年 3 月）。新中国成立后最早创办的地方党刊有天津的《支部生活》、山西的《前进》、福建的《福建通讯》等，河南的《支部生活》（1952）、湖南的《学习导报》（1953）、云南的《支部生活》（1953）、上海的《上海支部生活》也继之而兴。

"文化大革命"前第二波地方党刊创办潮出现在 1958 年前后。时值社会主义三大改造完成，社会主义建设全面展开，对社会主义实践的理论深化和探索迫在眉睫，党中央将党刊建设重新提上日程。1955 年，党中央重建中央政治研究室，成为创办新党刊的实际筹备机构。1955 年 10 月，毛泽东主席在中共七届六中全会扩大会议上倡议各省"选择恰当的人，办好

---

① 参见王惠德《党内刊物出版状况》，据中央档案馆保存的油印件刊印，载《中华人民共和国出版史料》（3），中国书籍出版社 1996 年版，第 545—554 页。

刊物，改善刊物，迅速交流经验"；继之又在 1957 年 1 月的省市自治区党
委书记会议上提出"全党都要注意
思想理论工作，建立马克思主义的
理论队伍，加强马克思主义理论的
研究和宣传"的要求。1958 年 5
月，党的八届五中全会通过创立
《红旗》半月刊的决定，6 月 1 日，
党中央权威刊物《红旗》正式出
刊。在《红旗》面世前后，各省、
区、市党委亦迅速响应中央指示，
省级党委机关刊迅速推出面世，如
山东的《支部生活》、河南的《中
州评论》、四川的《四川党的建
设》、上海的《解放》、北京的
《前线》和《北京支部生活》、重

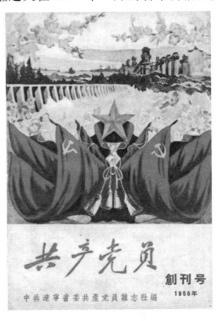

图 3 – 1　《共产党员》

庆的《支部生活》、河北的《共产党员》、内蒙古的《实践》、吉林的《奋
进》、江苏的《群众》、浙江的《共产党员》、湖北的《七一》等。稍后，
从 1959 年到 1964 年，黑龙江的《党的生活》、山西的《支部建设》、福建
的《支部生活》、江苏的《党的生活》等党刊也先后创刊。

到"文化大革命"期间，1960 年前后创建的党刊群因纸张不足、政治
形势变化和地方党委人员变动等多方面原因而几乎全部停刊，只有《红
旗》杂志硕果仅存，并将党刊与政治生活关系的紧密度推到了极致。

二、党刊的理论定位与类型

关于中华人民共和国成立初期出版物的性质和功能，包之静在 1958 年
的《共和国初期出版工作部署报告》中做过全面阐述，认识较为客观和准
确："书刊出版工作是一项有很大政治重要性的工作。我们的出版物在当
时主要的任务是在广大人民中传播了我们党的主张、思想，宣传了党的政
策，鼓舞了人民的革命斗争意志，激发了人民爱国主义和国际主义的精

神。从而配合新政权建立革命的秩序。"① 《报告》要点在于：中华人民共和国成立之初的书刊出版物核心理论功能被框定于"政治性"，具体在行政层面的任务是传播党的思想主张、宣传党的政策，引导激发人民的革命意志和爱国主义、国际主义精神。因此，从政治性的第一职能看，中共党刊是书刊出版物中担当最核心的党性旗帜、思想引领者职能的连续出版物。

从新中国成立后八年间期刊的内部结构来看，1957 年年底全国期刊共有 623 种，其中中央级的 339 种，而党刊的数量只有十几种，即使加上 1958 年后新增加的地方党刊，在期刊总数中占比仍很小，但是作为党内生活的核心媒介，其思想动员力却在特殊的历史时期显示出巨大威力。

与 20 世纪晚期政党报刊和当下我国党刊的规模相比，② 新中国成立之初的党刊类型相对简单、功能较为明确。到"文化大革命"结束之前，党刊的主办机构几乎是清一色的各级党委机关，其区别主要在于内容分工侧重的不同，大致可分为党建类和政治理论类两种党刊，其中的界限不是十分分明。《红旗》杂志围绕社会主义建设、治国方针、党的政治路线等重大问题，体现了鲜明的理论性和学理性，《学习》《解放》和《前线》的理论色彩也比较浓厚；其他地方的党刊较为明确以党的建设作为立足点，但是同时参与重大理论话题和讨论地方思想路线问题，具有综合性政治刊物的特点。而其中如《福建通讯》则体现了更多的资料汇编的性质。

第二节 《学习》杂志及示范效应

几乎与中华人民共和国同时诞生的《学习》杂志，是在《红旗》杂志面世前对马列主义理论普及贡献最大，且兼顾党性与大众性、普及性与思想性较为突出的政治理论类党刊。

---

① 此文见《出版史料》2007 年第 4 期。
② 根据闫永栋《我国党刊的发展历程、现状及趋势》一文统计，我国到 2011 年党刊有 500 多种，见《传媒》2011 年第 7 期。

一、《学习》杂志缘起及栏目设计

《学习》月刊于 1949 年 9 月创刊，32 开本，最初由三联书店《学习》杂志编辑委员会编辑出版，1951 年 4 月，《学习》杂志与三联书店分离，正式归中央宣传部管理，1958 年 10 月停刊。《学习》杂志的出现，是在中国共产党即将取得全国政权之际，对全国各阶层马列主义基本理论启蒙迫切需要的回应。它所面对的读者是人数众多的干部、职员、学生等，可视为马列主义原理第一次大规模群众性普及的办刊试验。

《学习》的命名及创刊语开宗明义，概括自己的办刊宗旨为："本刊是学习马列主义和毛泽东思想的杂志，主要以在职干部大中学生职工及一般自学青年为读者对象。本刊内容的中心：1. 帮助读者以理论与实际相联系的精神学习马列主义，学习用辩证唯物主义与历史唯物主义的观点与方法分析与研究问题。2. 为了达到上项目的，不能只是反复申述马列主义的教条，而要结合实际，用马列主义与毛泽东思想来分析说明各种问题（政治、经济、历史、文化、艺术各方面的问题），以证明马列主义的力量，提供读者以学习研究上的范例。3. 对各种封建的资产阶级的思想观点进行批判。"[①]《学习》杂志旨在通过期刊建立一个思想沟通平台和理论学习园地，探讨问题、交换学习体会、推广学习方法、交流学习经验、交换学习信息等。创刊号及最初几期杂志设立的基本栏目有：《专论》《问题商讨》《名著题解》《学习经验》《读书笔记》《读者笔谈》《传记》《学习测验》《名词解释》等。《学习》杂志主要刊载党和国家领导人著作，马克思列宁主义的经典文献节选，马克思主义理论家如艾思奇、李达、胡绳、于光远、杨献珍、王惠德等人的理论文章，以及各地各机关学习马克思主义理论的一线动态。此外，每期还及时转载中共中央重要会议精神和重要新闻报刊的评论等。

1951 年 4 月 1 日出版的《学习》（初级版），是《学习》归属中宣部后的第一次改版，目标读者是马克思主义政治理论的初入门者。其栏目设置更加有的放矢，内容也更有实际针对性。《学习》（初级版）第一卷第一

---

① 《本刊征稿启事》，《学习》1951 年第 1 期。

期刊登评论文章《从政治常识学起》作为新版发刊语，强调本刊将"连续刊载一种准备为政治理论的初学者用的'政治常识读本'"，[①] 这些读本包括以下8种：《半殖民地半封建的旧中国》《中国人民的解放斗争》《中华人民共和国的国家制度》《中华人民共和国的经济制度》《中华人民共和国在世界上的地位和责任》《中国共产党在革命和国家建设中的领导作用》《中国共产党的组织》《我们的前途——共产主义》。

《学习》（初级版）每期连载的《政治常识读本》板块，附加《学习和思考问题》《名词解释》；主要以读本内容为中心，在下面分设《问题解答》《参考资料》《讲授方法》《思想与工作》《时事解说》《通俗中国史话》《语文学习漫谈》

图 3-2　《学习》（初级版）

等栏目，间或插入重要报告或讲话。在杂志封底每期都固定推出学习杂志社新出版的《学习杂志丛书》文字广告，如第一至八期曾推出胡绳等的《社会科学基本知识讲座》、本社编的《学习毛泽东同志的〈实践论〉》、艾思奇的《论思想改造问题》、田家英的《学习"为人民服务"》、沈志远等的《列昂节夫著〈政治经济学〉的主要内容》、学习杂志初级版资料室编的《中国共产党简史》等，形成《学习》（初级版）杂志倡导的、由主题读本——栏目辅助——参考书三个环节所构成的媒介学习模式。为凸显党刊和理论刊物的政治前沿性，《学习》杂志常出热点讨论专刊，如《学习》（初级版）第四卷第五期为《武训传》批判讨论专刊，发表了艾思奇、杨耳、何其芳、周文四人的长篇文章，以及汇集费孝通、雷海宗、冯友兰等学者发言的"笔谈"组文。

---

① 评论员：《从政治常识学起》，《学习》（初级版）1951年第一卷第一期。

《学习》杂志以其较为严谨、系统的内容设计和学习流程引导，并密切结合现实社会政治活动的实践性，在党刊和理论类刊物中很快独占鳌头、广受欢迎，到 1950 年年底每期发行已经超过 30 万册，① 三联书店在北京、上海、沈阳、广州、武汉几个城市同时出刊。初出刊时计划以每 6 期为 1 卷，但后来应读者要求从第七期开始由月刊改为半月刊，从第二卷开始以 12 期为 1 卷。《学习》杂志从第四卷第一期起改由学习杂志社出版，中国图书发行公司发行。1951 年 8 月，《学习》杂志自第四卷第八期起，所有发行业务全权委托北京邮政管理局。

1958 年 6 月，为加强全党的理论学习，中宣部主办的《学习》杂志取消，其部分职能汇入新创刊的《红旗》杂志，转由中共中央主办，《学习》杂志完成了自己的历史使命，党的理论探讨和宣传从普及学习阶段走向更大规模的社会实践尝试和思想的纵深化。

二、《学习》杂志编辑部的工作流程

《学习》杂志副主编林涧青，曾于 1950 年 9 月在第一届全国出版会议上作《学习》杂志编辑工作经验报告，② 将《学习》杂志编辑部的业务工作分为三部分：通联部分、辅导部分及编辑部分。

通联部分的具体内容，主要有三方面：第一，面对读者向《学习》杂志的投稿，编辑必须仔细审读，不仅仅是为选出能用的稿件，更要向读者写出读后意见并回信，引导读者创作杂志需要的稿件。处理来稿中的最后一环上升到研究读者层面，即将读者来稿作为读者市场调查的基本资料，从中研究一般读者的思想特点和学习运动的具体情况。第二，对读者向编辑部提出的问题，要不惧烦琐、认真对待。其主要方法为分层处理：一部分直接个别答复，一部分在刊物上答复，一部分综合研究后答复。这样做的目的，依然是借以了解当时读者中理论学习的普遍问题和一般思想状态。第三，《学习》杂志每期附有一张征求意见表，编辑部回收反馈意见

后要进行分类整理，将分类整理的意见复制散发到有关作者手中，使得作者直接得到读者的建设性意见。此外，《学习》编辑部还有 300 人的通讯员队伍负责专门直接与读者联系，他们大部分担负着所在机关领导干部学习的责任。各机关通讯员的具体工作方法是每月填写一份通讯表，报告其所属机关的学习情况，并搜集学习材料和反馈读者声音。

辅导部分负责与各机关学委会和其他领导学习机关的联系。一个任务是通过了解干部学习材料、召开座谈会和直接访问机关干部等办法，调查研究机关干部学习情况。另一个任务是通过定期举办学习报告会、召开各机关学习指导人座谈会、重点帮助具体干部和编印函授讲义的方式辅导机关干部的理论学习。

通联工作和辅导工作是编辑部的基本工作环节，也是编辑工作的前提。编辑部在掌握有关基层的一般情况之后，结合总的编辑方针，制订编辑计划，包括特定时期的主要内容和主要栏目题目。在编辑计划的基础上，再具体组织稿件。编辑工作的重点之一是与作者保持密切关系，通过邀请作者参加编辑工作会、整理读者意见送作者阅读的办法，让作者写作时尽可能全面准确地领会编辑部意图，并且更多了解读者的实际需要。

三、《学习》杂志普及马列主义原理的传播特点

《学习》杂志是新中国成立后最早系统地普及马列主义理论的期刊，它的资料选择、内容组织方式与当时受众的文化程度、马列主义知识系统本身的特点关系密切，表现出鲜明的独创性。

综合来看，《学习》杂志普及马列主义的首要特点，是遵循由基础理论到复合知识和高级理论的基本路径。《学习》先期遴选最基本马列原理进行解读，如政治经济学阶段的商品生产理论、劳动价值理论和剩余价值理论，同时辅助联系一些基础概念和知识点，如商品、商品生产、价值、利润、价值规律、资本、剩余价值等，同样题材的文本反复出现、多次重温强化，最有影响的文章有于光远的《商品生产的几个矛盾》《价值和价值法则》，王惠德的《价值规律是商品生产的基本规律》，何均的《商品交换与资本主义经济危机》，沈志远的《怎样把握资本主义剥削的实质?》

《有关剩余价值分配的诸问题》，陶大镛的《资本主义农业与地租资本主义的生产过程与经济危机》等。

其次，《学习》杂志努力将基本理论原理提炼或简化，使受众易于记忆和接受。如对社会发展史的学习，《学习》杂志将抽象的历史唯物主义原理凝练为平实易懂的话语系统，将逻辑层次简化，如关于人民群众是历史创造者的原理，表述为："历史是劳动人民创造的，人类历史是生产者的历史，劳动人民的历史。"[①] 关于阶级斗争观点，则表述为："《共产党宣言》里说，一切过去的历史（指有记载的历史）都是阶级斗争史，阶级斗争这是阶级社会的必然现象，阶级社会历史发展的动力。"[②]

最后，精选马列主义经典原著配合读者学习。《学习》杂志在开始的第一至五卷登载了部分马列原著，包括《劳动在从猿到人转变过程中的作用》《家庭、私有制和国家的起源》《共产党宣言》《社会主义从空想到科学的发展》《国家与革命》等，并同期配发相关的导读或评论文章，如第一卷第一期王亚南的《列宁的〈论国家〉》、郭大力的《谈〈从猿到人〉》，第三卷多期的吴恩裕的《列宁的〈国家与革命〉注释》和柯柏年的《介绍〈共产党宣言〉》（一、二、三、四）等。

四、"《学习》杂志事件"及影响

所谓"《学习》杂志事件"，指 1952 年"三反""五反"运动开展期间，《学习》杂志因发表"过激"批判资产阶级属性的文章，被党中央点名批评并作了检讨，事件在社会上产生了较大政治和舆论影响。

《学习》杂志这次有违《共同纲领》原则的文章，并非 1 篇，而是由杂志前主编于光远（当时中宣部政治教育处主要负责人）、时任主编王惠德发起并组稿的 4 篇文章，文章的作者包括于光远、艾思奇、许立群和吴江。这组文章先后在《学习》杂志 1952 年的第二、三期发表，发表在第二期的是许立群的《驳斥资产阶级的谬论——资产阶级没有向工人阶级猖狂进攻吗?》、吴江的《评民族资产阶级的"积极性"》，发表在第三期的

---

① 杨献珍：《谈谈群众路线问题》，《学习》1949 年第一期。
② 沈志远：《谈学习社会发展史的基本观点》，《学习》1949 年第一期。

则是艾思奇的《认清资产阶级思想的反动性》、于光远的《明确对资产阶级思想的认识，彻底批判资产阶级思想》。因于光远组稿的目的旨在阐明"中国资产阶级可能在中国革命中和在新民主主义国家建设中，起一定程度内的积极的作用，但是资产阶级思想对中国新民主主义革命和新民主主义建设却不能起丝毫的积极作用"[①]的观点，这四篇文章从不同角度、用不同案例说明资产阶级在新民主主义阶段仍具有进攻性、软弱性、反动性和落后性，而对其两面性强调不多，与当时具有临时宪法功能的《共同纲领》关于资产阶级政策的基调明显不符，立即引起了工商业资本家们敏感的猜测和不安。《共同纲领》对资产阶级政策的原则，概括为既利用又限制的政策，即在通过民族资产阶级发展有利于国计民生的资本主义经济的同时，又要通过各种方法限制其消极性。据于光远回忆，文章发表后不久，毛泽东主席通过统战部内部刊物《零讯》，得知很多资本家因这组文章的倾向性产生了心理恐慌，进而怀疑共产党对民族资本主义政策要改变，于是责成秘书陈伯达向于光远转达他本人的态度：《学习》杂志对民族资产阶级的轻率认定犯了性质非常严重的错误，是"受到托洛茨基思想的袭击"，是"半托洛茨基主义"；作为补救措施，《学习》杂志应即刻转发华东局宣传部副部长冯定在《解放日报》对此问题发表的文章，尽力挽回影响。

　　因《学习》杂志是中共中央宣传部所属刊物，在工商业资本家群体中代表党中央的声音和导向，这次稿件风波的负面政治影响特别大，受到中央的批评也分外严厉。但是客观来看，这几篇文章"没有一篇不讲民族资产阶级有它的积极性，都写了民族资产阶级有它的两面性"，[②] 更多的是因对政策方向把握不精准而在理论措辞、内容重点上的失衡与失度。在第四期转发冯定的稿子前，于光远等人依据上级批评精神，对冯文重排并大幅度完善，突出资产阶级两面性的论述，并将清样修改稿原样送毛泽东主席审定。毛主席最终将冯文题目《学习毛泽东思想来掌握资产阶级的性格并和资产阶级的思想进行斗争》，改为《关于掌握中国资产阶级的性格并和

---

① 于光远：《〈学习〉杂志错误事件》，《百年潮》2000 年第 10 期。
② 于光远：《〈学习〉杂志错误事件》，《百年潮》2000 年第 10 期。

中国资产阶级的错误思想进行斗争的问题》，将倾向明显的"斗争"定性变为商榷性的问题探讨性质。

《学习》杂志内部、中宣部的检查及由此引起的政治讨论，与杂志挽回政治影响的举措几乎同时进行。第四期出版后，中宣部以部长陆定一的名义起草报告《关于〈学习〉杂志错误的检讨》并报送中央，毛泽东以中央名义起草批语，转发到从中央到地方的党政军部门党组、党委，要求对这份检讨予以讨论并可在党刊登载。批语将《学习》杂志的错误限定在理论层面，说明"重在检讨和改正，不拟给予处分"。①《学习》杂志在第四期出版后，编辑部自行决定停刊准备检讨文件。1952 年第五期的《学习》杂志于 8 月重新出刊，刊登了胡绳②、于光远两人署名的《我们的检讨》。这个检讨的实际执笔人是胡绳，文中没有过多涉及《学习》的政治路线错误，重点在于胡绳对教条主义的自我批评，主动将错误原因引向自己的工作不力。至此，"《学习》杂志事件"基本尘埃落定，《学习》杂志和相关的党刊借此在宣传党的路线和政策问题策略上，接受了一次有益的教训，而中共民族资产阶级政策再次得以向全党重申。这个政策的重点，同年 9 月毛泽东在给黄炎培的信中，也再次借"《学习》杂志事件"得以强调："在现阶段，允许资产阶级存在，但须经营有益于国家人民的事业……超过这个限度，而要求资产阶级接受工人阶级的思想，或者说，不许资产阶级想剥削赚钱的事情……只想社会主义，不想资本主义，那是不可能的，也是不应该的。今年上半年北京的《学习》杂志上有些写文章的同志曾经提出了这样的意见，我们已叫他们作了更正。"③ 另一方面，"《学习》杂志事件"所牵动的部门之多和政治级别之高，典型地体现了"十七年"中央党刊远远高于一般期刊的实际社会影响力，和它与政治生活的密切关联。

---

① 参见于光远《〈学习〉杂志错误事件》，《百年潮》2000 年第 10 期。

② 时任中宣部副部长，兼分工联系政治教育处的副秘书长，是当时中宣部工作的实际主持者。——笔者注。

③ 参见于光远《〈学习〉杂志错误事件》，《百年潮》2000 年第 10 期。

第三节 党刊的个性化发展

一、《时事手册》

《时事手册》半月刊是《半月谈》的前身，其在"十七年"以中共中央直属时事期刊的独创性办刊风格，开创了集思想性、资料性和通俗性于一体的成功的党刊模式，并有效引领了全国基层党组织的政策宣传和政治动员活动。

《时事手册》半月刊于1950年10月16日创刊于北京，大64开本，时事手册社编辑，人民出版社出版，新华书店发行。《时事手册》第1期封底介绍："本刊的任务，是帮助读者熟悉国内国际的重要时事，并在群众中进行时事宣传。""国际时事"的定位，使《时事手册》很快成为当时观察国外社会、普及国际政治知识的窗口。从第3期开始，《时事手册》分为文件、资料和一般文章三大板块。刊物创刊正值抗美援朝开始，对美关系和战略战争形势分析成为新刊社论和时事报道的主要内容，社会主义建设其他领域热点问题的报道则择要编辑，并不定期设立《黑板报材料》和《半月大事》栏目作为周期性时事资料汇编。《时事手册》每期封底主要刊登以人民出版社、新华书店、三联书店为主的时事书刊广告讯息，初期曾推出和宣传过《新华时事丛刊》10种和《新华活页文选》，人民出版社出版期刊11种和《日本问题学习丛刊》，三联书店的《英华大辞典》，华东人民出版社的《宣传手册》（供华东地区的小型半月刊）和期刊10种，人民美术出版社的《群众画报》等，客观上形成了对《时事手册》时事报道的延伸阅读指南。

《时事手册》的时事报道虽以群众性和普及性定位，但其以人民出版社丰富的新闻资讯和学术资源为依托，形成了强大的组稿和编辑能力，题材选择兼顾政策性、新闻性和普及性，同一主题的报道和分析往往体现出内容密集、层次丰富的深度报道特点。其语体风格力求深入浅出、简明扼要、观点明晰，且对读者对象的把握十分准确到位，是党政领导部门和各类企事业单位非常实用而权威的政治学习材料。以《时事手册》前大半年的内容为例，其文本主要包括三大类。其一为宏观政论和指导性文章，如第 1 期的《坚决支持朝鲜人民的爱国战争》《论新解放区农业税条例》，第 3 期的《朝鲜战争的新发展》，第 6 期的《展开"拥军优属""拥政爱民"运动》，第 8 期的《在全国开展反对美国重新武装日本的斗争》，第 10 期的《人民民主制度使我国获得伟大的新生力量》，第 12 期的《在群众运动中建立和发展宣传网》，第 17 期的《怎样开展捐献飞机大炮的爱国运动》。其二为资料类和经验介绍类文章，资料类又包括国家重要政治文件和时事背景资料解答两种，如第 1 期的《鞍钢建立宣传鼓动组织的初步经验》（宣传工作经验），第 8 期的《中国铁路的新面貌》（新中国建设介绍），第 3 期的《我国各民主党派联合宣言》《国际间人民志愿军的先例》，第 4 期的《第二届保卫和平世界大会"告全世界人民的宣言"》《波茨坦公告》（节录），第 10 期的《中央人民政府命令》《中国农业生产的回复和发展（认识我们伟大的祖国）》，第 17 期的《中国人民志愿军和朝鲜人民军联合进行的五次战役的辉煌战绩（资料）》等。其三为对基层政治宣传的问题解答和指导建议，一般以设问句式做标题或直接指出稿件适用场合，如第 3 期的《美国在历史上怎样侵略中国?》，第 4 期的《为什么要实行土地改革?》（宣传提纲），第 6 期的《美国对中国的"救济"是怎么一回事?》，第 8 期的《什么是爱国主义，为什么要爱祖国?》（讨论提纲），第 12 期的《为什么要抗美援朝?》（供宣传员讲话用）、《各省中共省委应该按月制发宣传要点》，第 17 期的《三十年来中国共产党为中国人民做了些什么?》等。

在党的宣传策略指导方面，《时事手册》以其资料、稿源和发行区域的优势，很好地体现了党刊的政治导向作用。《时事手册》的第 12 期专辟为《普及抗美援朝运动专号》，刊登的 15 篇稿件全部围绕抗美援朝宣传活动怎样开展立题，主题明确，分别从节日活动、宣传组织方式、劳动生产、歌曲传唱等多个角度提出方案和建议，具有较为全面和实用的实际指导价值。

《时事手册》出刊 3 期后反响良好，应读者要求和稿件刊登需要，刊物从第 4 期起篇幅增加一倍，提高定价；同时声明"除在北京发行外，并在上海、沈阳、汉口、重庆、西安、济南、成都、昆明、贵阳等地翻印"，① 发行印制网覆盖华东、华中、华西、西北和西南地区。大约从第5、6期之后，《时事手册》不再设固定栏目或板块，目录一律以时事报道和形势分析的独立文章标题排列，版面一目了然、简洁清晰。《时事手册》的语言表述总体上追求浅近朴素、明白晓畅的风格，刊物语言的大众性和民间色彩十分鲜明。如第17期的封底广告版刊登了《连环画报》（人民美术出版社出版）的创刊要目和说明，其广告词特别通俗和口语化："连环画报每半个月出一本，里面有长有短，讲的都是新道理，画的都是新鲜事儿；字很少，句子都很简单浅近，写得又端端正正"。② 这种新鲜、浅近、端正的文风，正是《时事手册》所一贯践行的宣传策略和传播风格，被其后很多新创刊的同类杂志所效仿。

图 3-3 《时事手册》

《时事手册》浓厚的政策性和通俗易读特点，使其发行量一直维持着很高的水平。1955年，《时事手册》发行量达到约 125.6 万册，③ 仅次于《中国青年》的 175.6 万册而位居当年期刊发行量第二名。

二、《共产党员》：基层党刊的典型

《共产党员》杂志在"十七年"的地方党刊中影响较大，其诞生、演变和发展过程，典型地体现了地方党刊的群众路线思路和地方基层特色。

《共产党员》曾数易其名，其前身最早可追溯至 1948 年 3 月 1 日由中

---

① 《本刊启示》，《时事手册》1950 年第 4 期。
② 《大家来看连环画报》，《时事手册》1951 年第 17 期封底。
③ 廖盖隆：《中华人民共和国的报刊》，见宋应离等编《中国当代出版史料》（3），大象出版社 1999 年版，第 6 页。

共中央东北局宣传部在哈尔滨创刊的《翻身乐》。《翻身乐》最初的出刊目的，是满足数量迅速膨胀的东北解放区党员群众的政治思想需求，更有效地宣传党和政府的政策和路线。它是中共东北局唯一的党刊，是以翻身农民与村干部为对象的通俗政治时事刊物，由东北局宣传部直接管理，东北书店负责出版和发行工作。《翻身乐》创刊时，东北解放区大部分分布在农村地区，绝大多数读者的识字率和知识水平很低，杂志便直接以"只要识一千字就能看懂，不识字听别人念也能听懂"为办刊定位。该刊为 32 开本的便携本月刊，采用很多彩色插图，以图文并重的排版方式来生动有效地宣传党和政府的路线和政策，图解时事内容和科学常识，因此非常贴近农民生活，在基层群众中很有影响力，仅仅发行半年后，就由每期 4000 册猛升到 3 万册。1948 年 11 月 2 日，杂志社随东北局机关迁到沈阳，后东北局撤销，杂志直属于中共辽宁省委宣传部。1949 年 7 月 5 日，《翻身乐》在出刊 24 期后改名为《新农村》。《翻身乐》讲究设计和装帧风格的办刊方式，其后的《新农村》《好党员》，以及合并后的《共产党员》都延续了这种传统。

《新农村》杂志的办刊风格愈加成熟，除紧密结合农村工作和农民生活实际外，更讲究通俗化。编辑部在实践中善于观察，尽力以北方普通农民的思维方式和常识基础切入宣传工作，对"通俗化"的理解超越了普通的语言表达层次。社长孟奚精辟地提炼出通俗化办刊的编辑原则：1. 从事实到原则的原则。即抛弃知识分子习惯的逻辑化说理方式，用最贴近农民读者生活的具象化实例来说明道理。如《一个苏联的集体农民一年有多少收入？》一文，将苏联卢布折合成当时农民使用的货币数量，让读者很容易得出苏联农民的收入高于身边的省主席的结论，提供了一个具体可感的"社会主义"社会形象。2. 从具体到抽象的原则。在自然科学知识的普及中，编辑避免从抽象到抽象，而是从农民身边习见的现象引入话题，如"白菜窖里为啥闷死人""锅盖上还有龙王爷吗"等问题设置悬念，然后解释具体现象背后关于空气的成分、下雨的原理等科学知识，达到普及科学、破除迷信的目的。3. 从远到近和从简单到复杂的原则。主要运用于时事教育和政治理论教育，即先找一个与读者日常生活能够恰到好处重合的问题点，再从问题点出发吸引农民一步步走向事实和理论本身。如在讲解日本细菌战犯审判问题时，编辑以东北人熟悉的日本人曾"在东北到处搜集老鼠"、细菌制造工厂就在"火车过某一段铁路要放下窗帘"处这样的具体场景唤起读者的集体记忆，再引入"日本战犯""制造杀人的细菌""人民审判"等概念，引导读者逐渐理解庞大抽象的政治法律话语。由于《新农村》办得通俗易懂，深受农民的欢迎，被农村地区的村干部赞为日常工作离不开的"挎兜先生"。

因《新农村》在通俗化和政策化结合上堪称典范，在1950年9月北京召开的第一届全国出版会议上，《新农村》杂志社社长孟奚被指定作大会经验报告，对《新农村》成功的通俗化办刊经验做了全面介绍，反响良好。随后，《人民日报》发表《〈新农村〉的方向与经验》和《通俗期刊〈新农村〉的编辑工作》两文，推广《新农村》杂志的办刊经验。会议期间，孟奚给毛泽东主席写了一封信，恳切希望毛主席为本刊题写刊名。[①]毛主席见信后欣然题写"新农村"字样两幅，以供杂志社挑选。《新农村》从1951年总第41期起，正式使用毛主席的题字，同年改为半月刊。《新农村》由此成为由毛泽东主席题写刊名的第一家地方党刊，对其日后继续扩大发行量起了极大推动作用。

《新农村》紧贴农村基层的思想动员和党务工作，将政治宣传和政策解读与具体鲜活的送公粮、开荒、副业生产管理等日常工作紧密结合，始终以通俗易懂、面向群众为标准，非常接地气，成为其他地区基层党刊的模仿对象。1950年9月，《新农村》每期发行量达到6.8万册，除了1000多册用于与关内报刊交换外，其余全部在东北农村发行。在这6万多个订户中，很多是以互助小组、村党支部或合作社名义订阅的集体订户，因此实际读者数量已远远超过订阅数。[②] 到1954年，《新农村》每期发行量已达15万册。到1958年9月9日，《新农村》再次更名为《好党员》，发行量再攀升至每期18万册。

1961年3月，面向农村党员和党组织的党刊《好党员》杂志，与早在

---

① 参见宋东泽《毛泽东为〈新农村〉题写刊名前后》，《共产党员》2013年第12期（上）。

② 孟奚：《在第一届全国出版工作会议分组会上的工作经验报告》，见《中华人民共和国出版史料》，中国书籍出版社1996年版，第562页。

1956 年创刊的面向城市单位党组织和党员的《共产党员》（半月刊）正式合并，改版为新扩大的《共产党员》杂志。经毛泽东主席提议，郭沫若为刊物专门题写了刊名。此前《共产党员》最高发行量已达每月 20 多万册，合并后的新《共产党员》在"文化大革命"前夕曾达到每月发行 60 多万册的最高发行量，创造了地方党刊发行量的全国之最。"文化大革命"期间，《共产党员》曾改名《支部生活》出版了一段时间，后在"文化大革命"停刊潮中停刊。

从《翻身乐》到《共产党员》，这份由东北农村逐渐走向全国的地方党刊，对党中央的方针政策准确传达到基层党政组织的贡献巨大。其广受欢迎的程度和旺盛的生命力，主要源于准确的基层受众视角和灵活的编辑策略。

三、北京《前线》杂志与主编邓拓

作为北京市委的机关刊物，《前线》半月刊于 1958 年 11 月 25 日创刊，1966 年 4 月停刊，共出刊 154 期。在"十七年"创刊的地方党刊中，《前线》最为引人注目。在行刊的近八年间，《前线》杂志突出对基层群众宣传的针对性、理论性和知识性，在传播国家的路线和方针，沟通群众与党组织关系方面成就卓著，尤其在把握宣传艺术和开创个性化文风上，在全国地方党刊中独树一帜，是最具有全国影响的地方党刊之一。《前线》杂志的杂文栏目《三家村札记》在当时的文化界负有盛名，栏目主要撰稿人为主编邓拓和吴晗、廖沫沙三人，栏目的文章曾结集出版，是 20 世纪五六十年代杂文写作中的著名流派。无疑，《前线》在理论水准和文化品质上，都更明显高于一般地方党刊，著名的党内"才子"、主编邓拓在其中起到了关键的作用。

（一）《前线》的创刊和人员组成

1958 年，中央提出建设社会主义的总路线，展开"大跃进"和人民公社化运动，全社会开始出现"左"倾狂热，对社会主义理论的宣传需要极大加强。5 月，《红旗》杂志创刊，开启地方党刊创刊潮。同月，针对北京市作为首都却缺少有分量的理论刊物的情况，市长彭真在市委常委会上表示：北京市不善于总结工作经验，在舆论和意识形态上缺乏力度，应创办一个理论刊物指导实践。随后彭真在 7 月 14 日召集市委常委会听取市委宣传部《关于创办市委理论刊物的意见》，会上对刊物命名未达成一致意见。11 月，彭真自己定期刊名为《前线》，意为北京要跟上形势，站在最前线。

早在同年 6 月，《人民日报》总编邓拓在南宁会议上被毛主席点名批判，处境相当尴尬，彭真一向欣赏邓拓的才华，且正考虑新刊物主编人选，有意让邓拓担任，于是通过中组部将邓拓调到北京市委。8 月，邓拓上任市委书记处书记，主管文教宣传工作。10 月初，北京市委书记处宣布成立以邓拓为首的新刊物编辑委员会，编委会成员有邓拓、陈克寒、蒋南翔、杨述、范瑾、程宏毅、廖沫沙、赵凡、张文松、张大中、陆禹、李晨、王汉斌等担任北京市、国家部委高级职务的 13 人。接着，由邓拓开始筹组编辑部。

图 3-4 《前线》

《前线》刊名由彭真题写，首期还刊发其发刊词《站在革命和建设的最前线》，宣告杂志宗旨为："它将用毛泽东思想即马列主义普遍真理跟中国革命和建设的具体实践相结合的思想，用不断革命的精神，指导自己，努力使自己成为北京市党的组织及时地反映现实，指导实践，改造现实的思想武器。"

在《前线》第一期内容设计阶段，邓拓要求北京市委书记处书记每人在创刊号上发表一篇文章，因此除彭真操刀的《发刊词》之外，创刊号上还有刘仁的《关于人民公社的几个问题》、郑天翔的《深入和扩大以机械化半机械化为中心的技术革命运动》、陈鹏的《争取明年农业生产更大跃进》、贾庭三的《高速度发展北京钢铁生产的一些问题》等文章，直接反映北京市工农业发展的前沿问题，这样的"真问题"既具有扎实的现实基础又有理论高度，因此《前线》创刊号共印刷 18.5 万册，实际发行量将近 18 万册，创造了地方党刊首期发行的小奇迹，为其后的《前线》杂志的组稿奠定了良好基础。以后每期发行量则基本维持在三万至五万册左右。①

在《前线》创刊初期很长一段时间里，邓拓坚持亲自撰写每期的核心社论和一些思想评论，保证了创刊号的较高质量得以稳定保持下来。

（二）邓拓的主要办刊理念

邓拓，原名邓子健，笔名之一马南邨，福建闽侯人，著名的党内报人、政论家、杂文作家。20世纪30年代加入左联并入党，因在上海地下党担任职务被捕，出狱后到河南大学攻读历史学，再赴晋察冀边区从事宣传工作。邓拓给不同时期的期刊事业同人和单位同事，都留下了学识渊博、经验丰富、党性极强的强烈印象。他在中华人民共和国成立前曾主编过《战线》《抗敌报》《晋察冀日报》等几份大报，新中国成立后被委任为《人民日报》第一任主编。在主编《前线》杂志期间，他调动了所有办报的经验和资源，力图在党性、实践和科学常识之间找出一条最为平衡的办刊道路。

将马列经典理论与地方实践结合，重视社会调查，报道紧贴基层群众生活。作为兼任的市委机关刊物《前线》的主编，邓拓著名的"决战于编辑部之外"的口号成为《前线》杂志的工作原则，他要求编辑人员切忌脱离实际、闭门造车，至少要有三分之一工作时间在农村、工厂、单位广泛与人接触，调查研究实际问题，系统、深入、细致地摸透北京的基层情况，针对具体实在的问题写政论文章，对实践的指导才能有的放矢。邓拓还曾将周恩来抗战期间在南方局提出的"三勤"（勤业、勤学、勤交游）口号稍加改造，在编辑部提出新"三勤"的口号：勤写、勤读、勤跑，②意在鼓励编辑和记者们勤于动笔，热爱阅读，并多走出机关、多接触基层，及时获取生产和生活的第一手资料。邓拓用"武大郎攀杠子"比喻理论刊物不深入实际、不接地气的弊端，所谓上不着天、下不着地的浮夸状态。

注重党刊编辑人员自身政治素养、知识水平和精神境界的提升，倡导

① 秦英：《〈前线〉创刊前后》，《前线》2011年第4期。
② 李海鸥：《〈前线〉杂志纪往》，《出版史料》1988年第5期。

杂家精神和勤于研究的风气。邓拓本人长期在报界任职，渊雅多才，是博大缜密、力透纸背的政论家，也在史学、文学、戏剧、美术设计、诗词等领域多有擅长。作为底蕴深厚的文化人，他对工作的标准定得很高，要求编辑具备较高的马列主义修养和思想理论水平，并要有广博的知识基础，为此在 1961 年专门撰写杂文《欢迎"杂家"》，肯定"广博"不等于"杂乱"，广博知识是专门学问的基础，"应该欢迎具有广博知识的杂家在我们的思想界大放异彩"。[①] 在他的带动和要求下，编辑们对成为"杂家"有着明确的自我激励："《前线》倡导的'杂家'，就是尊重知识、热爱知识、探求知识的精神；就是高度的理论性和广博的知识性相结合"。[②] 邓拓鼓励《前线》杂志内部出壁报《勤园》，作为交流和学习的一方小园地。编辑们将自己撰写的各类文章放在壁报上，文体不限，包括学习心得、思想评论、杂文等等，使得编辑部内部别有生气，学习气氛浓厚。在这种崇尚广博学识的氛围中，当时的年轻编辑吴瑞章自修政治经济学和《资本论》，并在业余时间系统攻读二十四史中的"前四史"，奠定了坚实的事业基础。邓拓还鼓励编辑要做"拼命三郎"，具备坚韧负重、奋发向上的"小毛驴"精神，而他自己对《前线》兼职主编职务完全作为正职去做，其严谨、细致、勤奋的作风有口皆碑。《前线》创刊之初，邓拓规定定期召集编委会，讨论党的方针、政策和当前形势，在思想碰撞中寻找合适的选题，有时甚至当场定下选题并布置给某个编委撰写。由此，崇尚敬业、自修、讨论和脚踏实地地写作在《前线》编辑部内部蔚然成风。

理论刊物要脚踏实地，除了科学地普及经典理论和党的政策外，还要客观地反映现实弊端，以舆论干预社会生活。邓拓一方面是一个严格执行党纪的新闻时评家，另一方面得自传统史学熏陶，有着秉笔直书、坦荡敢言的文化气质。《前线》从创刊伊始，邓拓便高调提倡理论刊物要勇于干预生活、敢于发表意见。创刊初期，邓拓就在杂志内部组织精干人员，成立思想评论小组，针对现实中出现的党内外思想问题，确定议题，定期开

① 邓拓：《欢迎"杂家"》，见宋应离等编《20 世纪中国著名编辑出版家研究资料汇编》(8)，河南大学出版社 2005 年版，第 230 页。
② 李筠：《邓拓与〈前线〉的办刊思想》，《学习与研究》1987 年第 1 期。

会讨论，然后以"石思平"（即市委思想评论小组）为笔名撰写发表思想评论。《前线》栏目写作最有锋芒的除《思想评论》外，还有《思想杂谈》和后来居上的《三家村札记》栏目。后两个栏目主要采用语言风格清新、犀利、幽默的杂文体，话题信手拈来，点题时却又入木三分，题材可大可小，叙事说理收放自如，非常便于批评、讽刺社会不良风气，揭示违背政策和科学的人与事。邓拓的批评与建设在杂志编撰活动中是相辅相成的，批评的目的是提意见并促成改正，实事求是是基本原则，而非为批评而批评。他曾说明舆论批评的应持态度和"度"的问题："在真理面前，人人平等，都有发言权，不能一批评就不得了。过火的批评要纠正，不能一棍子将人打死"，"不要把学术问题当作政治问题来搞……思想要解放，写文章不要有所顾忌……不要扣帽子，要摆事实讲道理"。①

理论期刊的版面、插图、装帧和整体设计需和谐一致，以良好的美学品位衬托宏大庄重的主题内容。邓拓是一位书画收藏家，并具备较高的文学艺术素养，对期刊出版物的整体美感有着很高的要求，力求将《前线》杂志打造成一份雅正庄重的理论读物。《前线》创刊时，他曾从人民日报社请人整体设计刊物版面，对封面、封底和字体、色彩、版面都有细致入微的要求，如标题字必须与文章取齐，宋体、楷体、通栏各用在何处皆有说法。每期封底的美术作品，由他亲自选定，一丝不苟，甚至调来一位画家做美编。因此，他被同事赞誉为"好像把《前线》当作一个艺术品，精雕细琢，力求完美"。②

（三）《前线》杂志主要内容统计

根据《前线》杂志在 1959—1963 年年底所整理和发表在《前线》杂志上的各年所发文章总目录，可大致了解《前线》在 1963 年之前言论相对自由时段的主要理论选题和内容。

从 1958 年 11 月创刊号到 1959 年第 24 期的内容，按照《前线》自己的分类法，"发刊词和中央决议公报"3 篇，"总路线、大跃进"24 篇，"人民公社"24 篇，"工业、基本建设、交通运输"44 篇，"农业"26 篇，

---

① 转引自钱理文《邓拓的品格和风范》，《前线》2012 年第 3 期。
② 苏星：《邓拓同志是怎样办〈前线〉的？》，《前线》2002 年第 5 期。

"财政、贸易" 6 篇，"文化教育、科学艺术" 42 篇，"理论宣传、理论学习" 36 篇，"社会主义经济问题学习纲要（连载）" 13 篇，"思想评论、杂文" 32 篇，"国际时事" 8 篇，"学术动态、资料、问题解答" 25 篇，"诗、画" 65 篇。

1960 年第 1 期到第 24 期的内容，有"中央决议公报" 4 篇，"社论、社评" 30 篇，"工业、基本建设、交通运输" 25 篇，"社会主义工业管理问题讲解" 25 篇，"农业" 25 篇，"农村工作座谈" 28 篇，"财政、贸易" 4 篇，"文化教育、科学艺术" 16 篇，"资本主义经济问题学习纲要" 12 篇，"思想评论、思想杂谈" 35 篇，"三家村札记" 6 篇，"党的建设问题讲话" 21 篇，"国际问题、半月时事" 28 篇，"知识小品、小资料" 10 篇，"诗、画" 36 篇。

1961 年第 1 期到第 24 期的内容，有"中央决议公报" 6 篇，"社论、社评" 30 篇，"工业、基本建设、交通运输" 25 篇，"社会主义工业管理问题讲解" 23 篇，"农村工作座谈" 10 篇，"财政、贸易" 8 篇，"资本主义经济问题学习纲要" 16 篇，"思想评论、思想杂谈" 35 篇，"文化教育、科学艺术" 19 篇，"理论宣传、理论学习" 39 篇，"社会主义经济问题学习纲要" 7 篇，"国际时事" 20 篇，"问题解答、小资料" 44 篇，"诗、画" 53 篇。

1962 年第 1 期到第 24 期的内容，有"中央决议公报" 1 篇，"社论、社评" 25 篇，"理论宣传、理论学习" 25 篇，"农业" 19 篇，"农村工作座谈" 31 篇，"工业" 17 篇，"社会主义工业管理问题讲解" 10 篇，"财政、贸易" 3 篇，"文化教育、科学艺术" 21 篇，"思想杂谈" 70 篇，"三家村札记" 24 篇，"党的建设问题讲话" 24 篇，"逻辑漫谈" 18 篇，"求知录" 5 篇，"国际问题、半月时事" 36 篇，"学术资料、学术动态、问题解答" 13 篇，"知识小品、小资料" 8 篇，"读者信箱" 8 篇，"诗、画" 32 篇。

1963 年第 1 期到第 24 期的内容，有"社论、社评" 24 篇，"理论宣传、理论学习" 20 篇，"农业" 14 篇，"农村工作座谈" 24 篇，"工业、交通运输" 24 篇，"商业" 2 篇，"文化教育、科学艺术" 17 篇，"思想杂谈" 56 篇，"三家村札记" 24 篇，"党的建设问题讲话" 16 篇，"共青团" 17 篇，"国际问题" 28 篇，"逻辑漫谈" 7 篇，"政治理论常识讲座" 18 篇，"思想论坛" 17 篇，"求知录、知识小品、资料" 8 篇，"读者信箱"

5 篇，"诗、画、照片" 41 篇。

以上篇目分类的名称，是《前线》编者当年按照自行分类标准所定，可客观了解相近或同质内容的多寡。总体看这五年的具体篇目，《社论、社评》栏目在创刊第二年固定下来，文章数量基本稳定在每年 24—30 篇，只有 1958—1959 一年出现过的"总路线、'大跃进'、人民公社"主题，可看作是当年时事社评的特殊补充；居于文章数量前三位的主题依次为"诗、画"板块，"思想评论、杂文"或是同类"理论宣传、时评"板块，"工业、基本建设、交通运输"和"工业、农业工作"主题板块；其余"知识和资料"类板块、"国际时事"类板块、"三家村札记"板块、"经济问题学习纲要"板块、"问题解答"板块等等数量各期不等，其中文章篇目数量最少的是"商业及贸易"板块。由此可知，《前线》创刊后刊登的主体内容突出体现了两点，即思想理论学习与社会主义建设实践相结合、知识普及与现实批评相结合。

（四）"三家村"风波与《前线》停刊

在《前线》所有的内容板块中，最有批判精神和思想价值的栏目是《三家村札记》专栏。专栏于 1961 年开办，1964 年 7 月停办，邓拓和历史学家吴晗、著名作家廖沫沙三人合起一个笔名"吴南星"，在此合作发表杂文和随笔，邓拓执笔写了 18 篇。

《三家村札记》缘起于邓拓在《北京晚报》的专栏《燕山夜话》。1960 年、1961 年，我国国民经济发生严重困难，党中央为调整国民经济实行八字方针，促使各行业恢复调查研究、实事求是的传统。1961 年，北京市委召开常委会，研究怎样从实际出发，尽快帮助群众渡过难关。邓拓在会上建议倡导读书之风，开阔群众视野、振奋全民精神。《北京晚报》的编辑认为邓拓的提议非常可行，随即请他本人在晚报上开一个杂文专栏，邓拓盛情难却，答应以"马南邨"为笔名开辟《燕山夜话》专栏。《燕山夜话》被安置在《北京晚报》的"五色土"副刊，专栏从 1961 年 3 月 19 日开始，每周二、四刊文，直到 1962 年 9 月 2 日停止，邓拓在栏目里共发表了 153 篇杂文，后用栏目名字结集出版。《燕山夜话》面世不久，邓拓博学、清新、睿智的文风便倾倒了大批读者，《前线》杂志编辑部提出让邓拓在本刊也开辟一个专栏，邓拓表示精力不济，最好多人协作，编辑部于是请来文风和学缘与邓拓相近的吴晗、廖沫沙二人，最后三人在《前线》合开《三家村札记》。三人通力合作，轮流刊文，从 1961 年 10 月到 1964 年 7 月，发表了大量针砭时弊、批评"左"倾的文章。

1966 年年初，北京市委成为中央政治路线斗争首当其冲的重灾区，康生、姚文元、江青等人打倒北京市委，进而推倒北京市委背后中央领导的步骤，从邓拓负责的北京舆论界首先开始。姚文元的《评新编历史剧〈海瑞罢官〉》一文，先把吴晗树为批判靶子，要求全国报刊转载。彭真和北京市委消极对待，在僵持多时后，勉强同意在北京各大报刊转载此文，由邓拓和范瑾审定"编者按"，强调应秉持"双百"方针，只限于学术讨论范围。《北京日报》《人民日报》等在转载姚文时，同时刊登了很多批评姚文的文章，如邓拓（向阳生）的《从〈海瑞罢官〉谈到"道德继承论"》，周扬等人（方求）的《〈海瑞罢官〉代表一种什么社会思潮?》。江青、康生、张春桥看到这样的情形，欲从政治上彻底清除障碍，于是令北京市委公开批判"燕山夜话"和"三家村札记"。4 月 16 日，北京市委在高压下，组织《北京日报》《北京晚报》，以三版特大篇幅和通栏黑体大字标题传达出一派肃杀气氛，其下罗列了"燕山夜话"和"三家村札记"的相关材料，并附加《前线》杂志、《北京日报》的"编者按"，拉开对邓拓、吴晗、廖沫沙三人进行大批判的舆论架势。5 月 8 日，江青组织撰写的《向反党反社会主义的黑线开火》一文在《解放军报》发表，公开指斥邓拓"是'三家村'黑店的掌柜"，"是一小撮反党反社会主义分子的一个头目"，《前线》杂志、《北京日报》则是他们的庇护所。5 月 11 日，新出刊的《红旗》杂志发表戚本禹的《评〈前线〉、〈北京日报〉的资产阶级立场》一文，对邓拓三人的批判达到最高级别。随后，各报刊和各单位迅速参与到批判"三家村黑店"的运动中。

一浪高过一浪的大批判风潮，从政治否定渐及人身侮辱，使邓拓等三人成为众矢之的。5 月 16 日，中央政治局扩大会议通过《五一六通知》，标志着"文化大革命"的正式开始，《五一六通知》同时决定彭真权力被取消，退出"文化革命五人小组"。同日，戚本禹在《红旗》的文章被多报转载，文中说邓拓是"叛徒"，"在抗日战争时期混进党内……他经常利用自己的职权，歪曲马克思列宁主义、毛泽东思想，推行和宣传他的资产阶级修正主义思想"。在百口莫辩的绝望之下，5 月 18 日，邓拓匆匆留下一封绝笔信，在家中自杀辞世。

"文化大革命"前夕对"三家村札记"的高调批判，实际上已判了《前线》杂志的死刑。邓拓的自杀、彭真被打倒，标示着"文化大革命"前老北京市委一手培育的《前线》杂志正式停刊。

第四节　《红旗》杂志的演变与理论角色

《红旗》杂志是在中华人民共和国社会主义改造完成，社会主义建设运动业已展开，中苏两国在意识形态上开始产生裂痕，同时反右扩大化和"大跃进"浪潮急剧冲击社会的历史关头产生的新党刊，甫一诞生便成为全国的媒介焦点和理论重镇。在非理性的政治斗争目标和全社会的"左"倾氛围中，《红旗》杂志自诞生起即带有浓重的政治激进色彩，同时仍保有在这种环境下难得的思辨性和实践意识。在"文化大革命"期间，《红旗》一度成为期刊界的"独苗"，客观上成为解读"文化大革命"史和中国当代意识形态演变史的媒介标本。

一、《红旗》杂志的三大政治要素

如前所述，《红旗》的创刊是在毛泽东主席倡导并支持下，中共中央呼应社会主义建设和开展思想批判运动而创办的一份大型理论刊物。1958 年 5 月 25 日，中共八届五中全会决定由中央主办一个"革命的、批判的、理论和实际相结合的杂志"，定名为《红旗》，半月出版一次，陈伯达担任总编。会议同时要求全党支持，各级党委要经常供给稿件；倡议除中央编辑部，上海局和各省、区、市委都应成立各地编辑小组，负责征稿和审阅稿件。1958 年 6 月 1 日，《红旗》在北京正式创刊，与《文史哲》《历史研究》《新观察》《学习》等具有不同理论特点的综合社会科学杂志相比，《红旗》兼具综合性、学术性、探索性、学习性、实践性和指导性多种政治媒介特征。甫一出世，《红旗》杂志在期刊界的文化地位和政策影响力便独一无二，甚至高无上的期刊地位，主要来自它自身聚合了中国社会主义政权官方媒介的多重性质：毛泽东思想的新时期普及平台、政治话语谱系的一元性、媒介权力的高度垄断性。

图 3-5 《红旗》

首先，《红旗》作为期刊媒介，是直接体现毛泽东思想内涵与发展方向的权威媒介平台。毛泽东思想作为以毛泽东为核心的党的集体智慧结晶，中华人民共和国成立后仍在不断发展中，面临社会主义继续发展、中苏交恶和现实中"大跃进"理论合理性的巨大理论课题，既有的理论平台从高度和广度上都已无法适应重大理论的探索需求。毛泽东在1958年3月的成都会议上提出要办"理论刊物"，曾谈到两个重要原因。一是党内权威理论媒介只有《人民日报》而尚未有理论性更强的期刊；二是改造资产阶级知识分子、与正统学术界争夺理论话语权的需要，他以对党内理论家陈伯达"怕教授"的调侃表述了这个观点："马克思主义者恐惧资产阶级知识分子，不怕帝国主义，而怕教授，这也是怪事。我看这种精神状态也是奴隶制度、'谢主隆恩'的残余。我看再不能忍受了。当然不是明天就去打他们一顿，而是要接近他们，教育他们，交朋友。"[1] 毛泽东主席之后又在不同场合多次表达在理论建设上反权威、重创新的思想方针，成为《红旗》杂志迅速面世的根本动因；《红旗》的题名和《发刊词》审定亦由他本人亲自完成，《红旗》成为他直接发表新理论观点和发出政治号召的得力媒体平台。毛泽东在《红旗》创刊号卷首位置发表了著名的《介绍一个合作社》一文，开人民公社理论研究之先河，其后他将自己撰写的几乎所有重要文章都在《红旗》首发，且对每期《红旗》的社论或核心文章均严格审读，成为当时国内级别最高的《红旗》撰稿人。

[1] 见毛泽东于1958年3月22日在成都会议上的讲话。

其次，《红旗》的名称和宗旨，在中共革命史政治话语谱系中具有辨识度极高的正统意味。在实际操作层面，《红旗》是《学习》杂志的改刊；而从理论深度和力度看，《红旗》创刊定位于社会主义理论创新和自立，是致力于马列主义理论启蒙、倡导学习精神的《学习》杂志的理论升级。刊物名称由被动性的"学习"变为高扬主体和先锋意识的"红旗"，实际上是这份新的理论刊物在中国革命正统话语谱系中的自我理论定性，正如《红旗》的《发刊词》所言："'红旗'杂志是中共中央主办的，它在中国的这个新形势下创刊，任务就是要更高地举起无产阶级在思想解放的革命红旗。毫无疑问，任何地方，如果还有资产阶级的旗帜，就应当把它拔掉，插上无产阶级的旗帜。"①《红旗》的《发刊词》在最后还强调：毛主席教育全党密切联系群众、普遍真理与具体实践结合、尊重创新和批判、与非马克思主义决裂，"'红旗'杂志在自己的工作中，将遵循着毛泽东同志所指出的这个方向前进"。②《红旗》杂志在领会上述理念中，努力将广阔的社会生活和马列主义基本原理结合，不循陈说、不被理论教条束缚，打破固有的理论思维模式和言说方式，发表了大量不同领域、不同视角、不同风格的文章。据红旗杂志社《红旗杂志一九五八年第一期到第十四期总目录》所统计的信息分析，各类文章及数量分布情况见表3－1。

表3－1　《红旗》1958年第1—14期文章分布一览表

文章类型	篇目数量
发刊词、社论、综论	7
人民公社化运动	25
工　业	30
农　业	29
商　业	4
文化教育、科学文艺	32
国　际	15
各地党委刊物论文摘要	10
总　计	152

---

① 《红旗发刊词》，《红旗（创刊号）》1958年第1期。
② 《红旗发刊词》，《红旗（创刊号）》1958年第1期。

再次，《红旗》杂志强大的政治符号色彩和实际政治地位，使其拥有国内政论期刊的媒介垄断权。《红旗》编委会集中了一大批党内擅长理论的高级领导和党内理论权威。第一任编委名单由毛泽东亲自拟定，有邓小平、彭真、王稼祥、张闻天、陆定一、康生、陈伯达、胡乔木、柯庆施、李井泉、舒同、陶铸、王任重、李达、周扬、许立群、胡绳、邓力群、王力、范若愚，他们分别在党内各级各部门高级领导岗位任实职。列名编委中的胡乔木、陈伯达、王稼祥、周扬、胡绳、邓力群等人，是此后《红旗》重大主题的常任供稿人。即使是非编委名单中的很多重要供稿人，如范文澜、艾思奇、于光远、郭沫若、夏衍等，亦是社会科学领域中较早宣传马列主义的、有浓厚官方政治色彩的著名学者。《红旗》的供稿作者中还经常出现各省、部重要领导人，如薄一波、李先念、陶铸、李雪峰、谭震林、聂荣臻等，并常有各级党委以集体形式撰写的稿件。重量级的供稿人群体和《红旗》高屋建瓴的"实践"与"理论"结合宗旨，使得《红旗》的文本内容议论纵横、内容广阔，举凡国计民生、文化教育、外交政治、科技军事无所不包，标志着《红旗》杂志在政治理论界的绝对政治话语权。

二、《红旗》杂志对群众学理论运动的宣传和促动

《红旗》的创刊及各地方党刊的兴起，直接催生了全国工农兵阶层学哲学、学毛著的群众理论运动，并形成了1958年、1960年、1964年三次学理论高潮。《红旗》杂志对这三次群众性理论学习潮的主要作用，一是作为指导者引导运动方向，二是充当反映三次学理论高潮进程的媒介园地。这个互动的过程，显示出《红旗》作为特殊的期刊媒介开始迸发出强势的思想和政治威力。

1958年《红旗》杂志的创立，引发群众学理论运动的第一个高潮。1958年8月出版的《红旗》杂志第6期综合报道了上海求新造船厂、哈尔滨市单位、天津市各工厂组织哲学学习班的数量和参加人数，以及武汉、郑州、西安等地工人、农民的学习组织和参加人数，并将之归结为在社会主义"大跃进"形势下，工农群众掀起的学马克思主义理论和毛泽东著作

的高潮，① 认为这次群众学理论运动高潮的兴起，是一次自发自觉的思想活动。这种自发性主要来自反右斗争的需要和参与国家建设与管理的需要。在反右运动中出现的工人学哲学活动，最早出现在上海求新造船厂和天津三明织布厂，②《红旗》转述了求新造船厂工人陆顺昌发表在1958年6月20日《人民日报》的《我是怎样学哲学的?》一文，后又刊文指出："大跃进"时代的工农阶层已产生超越单纯劳动者的社会参与意识，必须更积极地参与政治生活和管理活动，在工农拥有了主人翁态度时，提高政治水平、掌握马列思想就成为迫切的要求。尤其是干部在整风运动后会产生理论学习的饥渴。在《红旗》以综述性通讯报道褒扬群众理论学习热的同时，还打破名人、领导、党委供稿的惯例，刊登了天津仁立毛呢厂老工人李长茂学习哲学心得《学习哲学的好处太大了》③ 一文。

1960年9月《毛泽东选集》第四卷出版，群众学理论运动掀起了第二次高潮。与反右倾运动密切相关，这次学理论运动的重点是如何发挥群众的主观能动性，如何分清主要矛盾和次要矛盾、事物的主流和支流等理论问题。1960年《红旗》杂志第2期刊登了江苏省委第一书记江渭清的《学习毛泽东思想，充分发扬自觉的能动性》一文，特别指出：应组织各级干部全面系统地学习毛泽东思想，向广大群众宣传毛泽东思想，要在各地区各单位迅速掀起学习毛泽东思想的运动，并且坚持下去，不断提升思想水平。同年第3期刊登中共来安县委书记刘万邦的文章《来安县是怎样组织和坚持工农群众学理论的》，介绍该县工农群众学理论及效果。在这次学习高潮中，黑龙江省群众理论学习运动可谓如火如荼，成立了数量庞大的学习小组，1960年4月中旬，共青团中央、全国总工会等部门在哈尔滨联合召开全国青年学习马克思列宁主义学习毛泽东著作现场会议，各地工农兵代表77人在大会上发言，其中黑龙江省委宣传部长于林、共青团中央书记处书记胡克实的讲话，后分别在《红旗》第9期、第10期上发表。1960年9月下旬，《毛泽东选集》第四卷出版发行，《红旗》杂志为这个

---

① 红旗杂志社：《工农群众学习马克思主义理论的高潮》，《红旗》1958年第6期。

② 人民日报社：《思想大解放工人学哲学——上海求新造船厂修造车间职工成立哲学小组》，《人民日报》1958年5月19日。

③ 见《红旗》1958年第6期。

重大政治事件留出了大量版面，从 1960 年第 19 期到 1961 年第 6 期，《红旗》连续发表了宣讲毛泽东思想和著作的文章共计 16 篇。1960 年 10 月 1 日出版的《红旗》杂志第 19 期卷首刊登林彪的《中国人民革命战争的胜利是毛泽东思想的胜利》，同时发表社论《在战略上藐视敌人，在战术上重视敌人》，总结了毛泽东在战略上藐视敌人和在战术上重视敌人的思想，并将这个军事理念进一步推广，确立为政治斗争原则和做好一切工作的普适方法，肯定《毛泽东选集》第四卷是"一部伟大的马克思列宁主义著作"。同期《红旗》杂志还对《毛泽东选集》第四卷的主要篇目详细介绍，将《毛泽东选集》第四卷的出版发行和学习热情推到新的高度，面向基层群众的毛泽东著作和参考资料广泛流传各地，群众撰写的学习体会和经验被汇编成册出版。

第三次群众学习运动高潮出现于 1964 年前后，活学活用毛泽东思想是这一阶段群众学理论运动的主题。《红旗》杂志曾于 1963 年第 15 期发表萧华的《以毛泽东思想为指针，进行活的思想教育》。1963 年 12 月，毛泽东作出学习解放军政治工作方法的指示，次年 2 月，《人民日报》发表相关社论，高度赞扬中国人民解放军以学习毛泽东著作为中心的思想政治工作方法，提出活学活用毛泽东思想、活学活用一切先进经验的口号。随后，《红旗》杂志呼应《人民日报》的号召，发表了一系列工农兵群众活学活用毛泽东思想的宣传文章。1964 年《红旗》杂志第 10 期发表了王承放的《学习理论的目的全在应用》一文，充分论述了学用结合、活学活用的思想价值；另一篇苏思本的《挤和钻》，阐明学理论的目的最终在于应用，应带着问题学理论，继而才能够真正运用理论。1964 年《红旗》第 17、18 期刊登的徐非光《从实践中提出学习课题》一文，则提出了一个实践——问题——寻求理论的学习思路。在这个阶段，《红旗》还特别刊发了全国活学活用毛泽东著作的典型黄祖示的文章《永远做彻底的革命派》，黄祖示以自己的切身体会，介绍了活学活用毛泽东著作的收获以及做"无产阶级革命派"的决心。

由此，《红旗》杂志以分析、转载、报道的形式，在深化群众理论学习运动的内容、提升学习活动的政治水平方面成效显著，使得全国群众的思辨能力和辩证思维客观上得到了一次大规模的洗礼和锻炼。

三、《红旗》杂志对"文化大革命"的推波助澜

从 1958 年诞生以来，《红旗》作为中共中央最为重要的理论宣传媒介，真实反映了现实社会思潮和政治斗争的演变发展。

（一）由《海瑞罢官》引起的批判浪潮

1965 年 11 月 10 日，姚文元在《文汇报》发表《评新编历史剧〈海瑞罢官〉》，拉开了"文化大革命"的序幕。《红旗》当时并未转载这篇文章，但随后陆续发表了一系列与姚文密切呼应的后续批判文章，迅速将文化界本属于学术争鸣范围的问题推入政治斗争的边缘。这些陆续发表的文章，主要有戚本禹的《为革命而研究历史》（1965 年第 13 期），马岩的《评吴晗同志的资产阶级历史观》（1966 年第 2 期），戚本禹、林杰、阎长贵合写的《翦伯赞同志的历史观点应当批判》（1966 年第 4 期），关锋、林杰合写的《〈海瑞骂皇帝〉和〈海瑞罢官〉是反党反社会主义的两株大毒草》（1966 年第 5 期），加有"编者按"的系列工农兵批判吴晗文章摘要（1966 年第 6 期），史绍宾的《评吴晗的〈投枪集〉》（1966 年第 6 期）、《吴晗一九五九年编的〈投枪集〉是怎样"作伪舞弊"的?》批判选集（1966 年第 6 期），姚文元 5 月 10 日发表在上海《解放日报》和《文汇报》的《评"三家村"——〈燕山夜话〉〈三家村札记〉的反动本质》转载（1966 年第 7 期），戚本禹的《评〈前线〉、〈北京日报〉的资产阶级立场》及工农兵批判邓拓和吴晗的文章（1966 年第 7 期）。到戚本禹的《评〈前线〉、〈北京日报〉的资产阶级立场》一文发表时，这类批判文章的文风，已完全脱离《红旗》初创时文章较为朴素理性的风格，而变成了声色俱厉的政治攻击："《前线》《北京日报》，还有那份《北京晚报》，在最近几年的一个相当长的时间里，本身就是邓拓、吴晗、廖沫沙等人猖狂向党、向社会主义进攻的工具，而不是什么不自觉地被人'利用'的问题。你们这个阵地，不是无产阶级的阵地，而是资产阶级的阵地。邓拓、吴晗、廖沫沙等人在过去的一个相当长的时间里，本来就是安安稳稳地坐在市委、市人委的大门里当官做老爷、发号施令，忠实执行着修正主义路线，企图用'和平演变'的方法实现资本主义复辟的梦想，而根本不是什

么被'资产阶级的代表人物乘虚而入'的问题。"这段批评文字矛头直指北京市委所属的报刊,开启了"文化大革命"媒体大批判文字的先河。

在《红旗》由一般批评而迅速滑入大批判的言论传播过程中,被批判的著作、报刊主要当事人吴晗、邓拓、廖沫沙,以及北京市的《前线》《北京日报》《北京晚报》等党政报刊负责人,也成为"文化大革命"爆发后第一批被打倒和受到政治贬逐的知识分子群体。

(二)《红旗》对个人权威和阶级斗争的极力推崇

《红旗》杂志在"文化大革命"开始前夕,伴随着大批判的进行,也加大了对"突出政治"的强调和对毛泽东思想权威的极力推树,进一步催化了"文化大革命"初期政治斗争的白热化。从"四清"运动末期到"文化大革命"爆发前,中共中央对政治的强调和对毛泽东思想的宣传逐渐走到狂热的非理性境地,《红旗》杂志是最为主要的挂帅媒体。

1966年《红旗》第1期发表元旦社论《政治是统帅,是灵魂》,强调"突出政治,政治挂帅,就是毛泽东思想挂帅,就是活学活用毛泽东思想放在一切工作的首位,加强政治工作","离开了阶级斗争,就无所谓政治。""离开了群众斗争,就无所谓政治。"1966年《红旗》第5期刊载了王任重本年2月在湖北省农村工作会议上的讲话《突出政治,用毛泽东思想统帅一切》,他在讲话中明确"突出政治,政治挂帅,政治要统帅一切,而不是别的统帅一切。这不是哪一个人的主张,也不是一个任意的政策,或随便提出的口号。什么是政治?毛主席给政治下的定义是:政治,不论革命的和反革命的,都是阶级对阶级的斗争"。这些文章将毛泽东人为推向神坛,不容置疑和讨论,将阶级斗争凌驾于一切社会生活之上。

(三)《红旗》对"文化大革命"的阐释和推动

1966年5月4日至26日,中共中央在北京召开中央政治局扩大会议,决议通过了著名的《五一六通知》。《红旗》在陈伯达主持下在第8、9期连续发表了系列社论和编辑部文章,逐步公布了此次会议的内容和精神。

6月8日,《红旗》第8期发表社论《无产阶级文化大革命万岁》,态度鲜明、语调高亢,肯定"文化大革命"是"由毛主席和党中央直接领导的一个史无前例的、群众性的无产阶级文化大革命","广大的工农兵、广大的革命干部和广大的革命知识分子，高举着毛泽东思想伟大红旗，正在横扫钻进党内的资产阶级代表人物，横扫一切牛鬼蛇神，横扫一切腐朽的资产阶级意识形态和封建的意识形态"。

《红旗》第 9 期的文章重点，则是通过重温旧文和强调政治立场，进一步在理论上将"文化大革命"合理化。该期重新发表毛泽东 1942 年的《在延安文艺座谈会上的讲话》，并在"按语"中称："《讲话》是指南针""《讲话》是照妖镜""《讲话》是进军号"，重新阐明"文化大革命"的革命性和正确性；同期还发表了《信任群众，依靠群众》和《彻底批判前北京市委一些主要负责人的修正主义路线》两篇重要社论，在前文中说："在无产阶级文化大革命的整个过程中，都必须依靠群众，放手发动群众。只有动员群众，大搞群众运动，出大字报、大鸣、大放、大辩论，才能使无产阶级文化大革命广阔深入地开展，才能把一切牛鬼蛇神暴露出来……"大字报、大鸣、大放、大辩论这"四大"口号一经《红旗》提出，便迅速席卷全国，初步达到了发动者发动群众的目标。

1966 年《红旗》第 10、11 期分别发表社论《无产阶级文化大革命的纲领性文件》《在毛泽东思想的道路上胜利前进》，进一步肯定和诠释中共八届十一中全会通过的"十六条"。至此，在各地党委和宣传部门配合下，《红旗》作为党中央喉舌完成了"文化大革命"全面发动的宣传动员任务，成为"文化大革命"爆发的强力媒介推手。

第四章

《新观察》的转型与舆论影响

　　创刊于 1950 年 7 月 1 日的《新观察》半月刊，是中华人民共和国成立后第一种影响巨大的综合性新闻杂志，于 1960 年停刊。在其走过的十年道路中，担当了中国受众面最广、容量最大的新闻时政期刊的角色，同时也经历了因政治原因而由新闻界舆论中心逐渐退缩和去"政治化"的边缘化过程。《新观察》于 1980 年复刊，但已无复当年的号召力和媒介地位。

　　《新观察》在 20 世纪 50 年代的综合时事刊物中，属于开疆拓土的旗舰式新闻大刊。《新观察》在创刊号中明确自己的定位是"综合性的解说国内时事的刊物"，在其最盛时期，无论是在办刊基础、新闻资源整合、栏目创新方面，还是在人才储备、政策优惠方面，《新观察》都成为中华人民共和国成立初期综合新闻期刊的典型样本。同时，《新观察》因与民国末期《观察》杂志的业缘关系，具有其他新创新闻杂志所难以达到的成熟办刊风格和较高文化水准。20 世纪 50 年代，《新观察》的发行量曾突破50 万册，在全国新闻期刊领域首屈一指，也在中国作协主管的六大刊物中"高居榜首"。[①] 从 1950 年到 1960 年之间，《新观察》虽屡经波折变动，但还是能够大致保留新闻杂志的主要特征。

---

① 黄秋耘：《文运与国运》，《文艺争鸣》1992 年第 5 期。

第一节 从《观察》到《新观察》的改刊

一、从旧《观察》到新《观察》

1946 年 6 月，著名自由主义报人储安平在上海创办政论杂志《观察》。《观察》秉承西方近代自由主义新闻观，在民国末期的民主运动中充当了舆论领袖的角色，发行量曾高达十万余册。储安平也因此成为民国"文人办报"传统的最后标志性符号。《新观察》与《观察》的直接纽带，就是同一个创刊主编储安平。

储安平，出身于江苏宜兴望族，毕业于上海光华大学政治系，1933 年起在《中央日报》任副刊编辑，1936 年赴英国伦敦大学访学，两年后回国，先后任《中央日报》撰述、复旦大学教授、中央政治学校研究员、《力报》主笔、《中国晨报》主笔、《客观》周刊主编，创编《观察》周刊。《观察》周刊是储安平在旧中国新闻生涯的顶峰，也是其秉持西方自由主义理念办刊走到极致的标志。在《观察》1948 年年底被国民党查禁后，中国现代自由主义知识分子群体也失去了最大的公共媒介。

储安平的同人将《观察》的办刊指导理念清晰地凝练为四点，即"民主""自由""进步""理性"；而舆论定位则是"公正的，建设的，超乎党派的言论"；最终目的是推进"国家进步，民生改善"。[1] 在《观察》创刊时拟定的 64 位约定撰稿人中，来自中央大学、清华大学、北京大学、南开大学、中央研究院等学术机构的学者占绝大部分，此外还有《大公报》主笔、外交部等部委官员。这个豪华的撰稿人队伍包括马寅初、张东荪、冯友兰、许德珩、傅斯年、叶公超、钱瑞生、王芸生、钱锺书、费孝通、雷海宗、钱歌川等人。具有知识精英特征的作者队伍和尖锐、辛辣的社会批判风格，使得《观察》"深受大众和知识界的欢迎，其订数从 400 来册上升到 10 万多册"。[2] 鉴于《观察》的巨大舆论影响，中共中央在新中国

---

① 参见《〈观察〉周刊社史料一组》，《观察》1997 年第 12 期。
② 储望华：《父亲储安平的最后十年》，《上海采风》2012 年第 4 期。

成立前夕主动提出复刊问题。进入北平后，中共中央主管文化的胡乔木、胡绳致信周恩来，建议《观察》复刊，周恩来明确批复："有那么多读者，当然复刊！"①

而储安平等人处于新旧时代的转折关口，在忐忑不安的精神状态中迎来复刊的好消息，立即着手复刊事宜。在 1951 年 4 月 15 日《观察》周刊社第二次股东会议上，储安平所作的社务报告回忆了《观察》复刊的前后经过。1949 年 5 月，上海解放。7 月，上海市政府传达有关部门指示，表示欢迎《观察》复刊，并建议将总社迁到北京，以靠近政策中心。经过 3 个月筹备，1949 年 11 月 1 日，《观察》在北京复刊。复刊初期，《观察》的管理仍一依旧制，法人为储安平，以旧有的股份制方式经营。

在《观察》复刊后，储安平在很长的时间中谨慎而不安，处于与之前"才气纵横而骄傲绝顶"十分不同的思想状态，在"极度的认真、小心之中工作"。他在复刊号即发表自我批评《我们的自我批评、工作任务、编辑方针》（载《观察》第 6 卷第 1 期），表明追随新政权的强烈意愿，认为新中国《观察》的首要任务一方面是努力改造自己，跟上时代，另一方面是努力避免政治错误。储安平带领编辑和员工"日以继夜，夜以继日，一字一句地小心斟酌"，自觉地以"更好地为人民服务"② 为新《观察》的宗旨。

二、《观察》的停刊与《新观察》诞生

《观察》杂志名字的变更，在深层意义上象征着旧民主主义新闻观在新时代的自我调适。新复刊的《观察》主编储安平很快意识到，民国时期《观察》的旧式办刊方法与新政权的实际情况格格不入，新的《观察》显然不可能继承其原有的"第三种势力"的媒介立场和角色。在这种较为陌生的理论语境中，储安平和他的团队勉力支撑，他曾亲自为复刊的《观察》写过 3 篇署名文章，即《中央人民政府开始工作》《在哈尔滨所见的

① 转引自储望华《父亲储安平的最后十年》，《上海采风》2012 年第 4 期。
② 储安平：《〈观察〉周刊社第二次股东会议会务报告》，见《〈观察〉周刊社史料一组》，《档案与史学》1997 年第 12 期。

新的司法工作和监狱工作》和《旅大农村中的生产、租佃、劳资、税制、互助情况》，传播效果却不尽如人意，《观察》杂志订户大幅下降到一万册左右，经济也遇到困难。面对这种情况，储安平于1950年2月主动与政府沟通，要求接受政府相关部门领导。到1950年5月，在《观察》发行数期之后，各方条件酝酿成熟，《观察》正式改组为《新观察》，由新华书店发行，人民出版社出版。储安平退出编辑部并调入新华书店担任副总经理。同年7月由胡乔木拍板，新闻记者出身的戈扬被任命为《新观察》主编。

这次改组期刊的筹备工作从1950年2月即已开始。1950年4月15日召开第二次股东会，储安平对善后事宜做了妥善安排，并作了社务报告,①股东会议全体通过。他宣布1950年5月16日的第6卷第14期后停刊，同时关闭《观察》周刊社。《观察》停刊时在京工作人员连储安平在内一共6人，京社的雷柏龄、刘庆平、张宗炜，沪社的林元、谢靖亚均由周刊社预先介绍到人民出版社、新华书店总店、国际书店总店工作。为表彰雷柏龄、林元两人对《观察》的贡献，刊社给他们每人送一笔相当8个月工资的特别酬劳金和一辆旧脚踏车。

对于《观察》社产的处理，储安平尽力使其发挥应有的社会作用。在出版方面，主要是《观察》旧合订本、旧丛书和一些存纸。七十多部合订本大多出售给新中国各种机关的图书资料室；旧丛书因不符合新时代的政治主题，被以几乎是废纸的价格处理掉；存纸分别在上海和北京售出。在硬件设备上，采用了运到北京出售的办法。

4月15日的股东会议还由全体通过决议：为酬劳储安平对《观察》周刊的贡献，将北京交道口北吉祥胡同二号的社属房产赠送给储安平。对此储坚决辞让，后又提出半赠半购方法，储安平仍不同意。在费孝通、陈铭德、潘光旦等股东的坚持下，最后方案定为以初购房价（低于现价）的127.2%卖予储安平。至此，储安平在《观察》周刊的工作"有始有终，

---

① 参见《〈观察〉周刊社史料一组》，《档案与史学》1997年第12期。

有条有理"① 地结束了,《观察》也结束了它作为股份制经营、企业化管理的同人期刊的历史。

第二节　《新观察》发展的四个时期及特点

综合《新观察》本身的内容演变和政治、社会环境变化因素,《新观察》"十七年"时期在行刊十年中可大致分为四个阶段。

1. 1950 年 7 月—1950 年 12 月,纯时事性杂志。在本阶段,《新观察》几乎所有的篇幅都围绕着国内的时事政治展开,有政策解释、形势分析、时事资料、各种通讯、报刊文摘等各种形式,对于这一年中的土地改革、货币稳定、军队建设、工商业调整、抗美援朝等时事热点均有详尽的报道。主编戈扬在《新观察》的《编读往来》栏目中说明,《新观察》定位于"时事政治、通讯报道、社会生活、文学艺术的综合性刊物";同时,《新观察》的性质决定它的特点和风格应是"活泼清新、文图并茂、古今中外、无所不谈"。② 因《新观察》的新闻业务起点很高,创刊初期的时事报道呈现出成熟新闻期刊文本"深度报道"的特征,所抓的问题准确而又典型,分析问题亦透彻深入,在中华人民共和国成立后第一年面向全国大众进行政策解说、思想动员方面,发挥了其他报刊所无法替代的作用,并迅速确立了自身国内新闻半月刊的龙头地位。1950 年,首期《新观察》的《中国人民胜利地制止了通货膨胀》、8 月 16 日的《调整工商业以来》等新闻述评文章,无论是其切入国家经济命脉的准确视角、翔实丰富的数据及案例,还是评论者所具有的宏观理论水准,都堪称新中国成立初期新闻报道最为专业和最有深度的典型。

2. 1951 年 1 月—1955 年 12 月,扩展内容和形式,形成较固定的内容板块。此间,《新观察》主要板块包括时事政治、通讯报道、社会生活、文学艺术四大类。新闻性文章仍居于主体,偏向于一种介于讽刺性杂文和

---

① 《观察社股东会议记录》,见《〈观察〉周刊社史料一组》,《档案与史学》1997 年第 12 期。

② 《编者·作者·读者》,《新观察》1951 年第 2 期。

政论体之间的文体；娱乐、知识普及性内容逐步增加，内容活泼多样。变化最大的是，《新观察》在这一阶段的印数从三万册骤升到三十余万册，仅次于《中国青年》《学习》和《时事手册》，而与《新中国妇女》大致持平，《新观察》杂志因之进入发展高峰期，也是其媒介话语风格确立期。《新观察》的《新观察述评》《国际漫谈》（后为《时事漫谈》）专栏是作为新闻刊物的主流栏目；《小品》《生活小故事》则是与读者交流的互动空间。各栏目中时事报道占据杂志前部最重要的位置，重大报道主题常常发表一组文章或几期杂志连续报道，散文、小说、诗歌等文艺作品在这个时期属于穿插发表的辅助性内容。

3. 1956 年 1 月—1959 年 6 月，新闻性削弱，社会生活信息量大增，新宗旨改为"反映人们各方面生活的杂志"。其间主要因反右运动的直接影响，《新观察》新闻类文本明显减少，文学性和生活类的软性文章增多，体现了《新观察》有意为之的与现实政治的距离感。从新闻杂志的特质来衡量，1957 年以后的《新观察》尤其明显开始刻意地去舆论化，时事性变弱，转而强调知识性、服务性、娱乐性。因此，《新观察》发行量在 1956 年达到 40 万册的顶点后，便很快回落，降至第二阶段初期的 20 万册左右的水平。在这个阶段，反右斗争使其成为

图 4-1　《新观察》

一个特殊敏感的期刊媒介。《新观察》在 1957 年 7 月至 9 月的几期杂志集中批评了章乃器、萧乾等人，并作了题为《我们的错误》的自我检讨。8 月 1 日这期则几乎用了一半篇幅对刊物的错误进行自我检讨和批判，主编戈扬亲自写了《我的检讨》。9 月 1 日该期又对丁玲等作家进行批判。这几期明显游离于刊物整体风格之外，是在形势高压之下的方向调整和政治表态。

4. 1959 年 7 月—1960 年 7 月，办刊思想发生大转折，最终以生活文化杂志的面貌停刊。1959 年 7 月 1 日，《新观察》出版的一期"编后记"中发表了对自身新闻期刊性质改变的说明，声明要"今后多登散文、报告文学、特写、政论、杂文等式样的文学作品"，停刊前的最后一年重新转回到一份文学艺术期刊的面貌。

第三节　《新观察》批判性文体的演变及影响

《观察》之所以改为《新观察》，且储安平退出主编者位置，根本原因在于《观察》的旧编辑班底无法彻底摆脱西方自由主义社会批判立场带来的思想烙印，其带有浓重西方现代知识精英思维惯性的理论立场，与社会主义期刊的党性原则无法很好融合。但是，《新观察》仍顽强承继了《观察》杂志的部分文化特点，除了名字外，主要是其宽阔的文化视野、包容多样的文风和较高的艺术品位。

《新观察》黄金期的小品文，是一种较有代表性的综合期刊散文文体，对 20 世纪 50 年代后的思想性散文风格形成影响巨大。在第一阶段的摸索期，《新观察》是只有 39 页的薄册，主要内容除政论、新闻外，只有少量小说、诗歌外。1951 年开始，《新观察》尝试刊登"小品文"来代替以往的故事、小说等叙事文字，声明小品文是"以短文和漫画作为批评的武器，以纠正人们的缺点，和人们意识中残余的资本主义思想作斗争"。[1] 1952 年第一期《新观察》刊登了《根绝贪污》（郑智）、《锻炼》（石金）、《在西伯利亚列车中》（石金）、《贪小失大》（华君武，漫画）等 4 篇小品文；第二期刊出辛辣讽刺官僚主义的《王处长》（石金）一文。因整体文艺风向的宽松，1952 年 10 月底，《新观察》正式发出"征文通知"，号召读者踊跃撰写小品文，"我们要求读者们对旧社会所遗留下来的贪污浪费现象、官僚主义作风、保守思想、封建思想、资本主义思想，以及一切腐朽的垂死的东西加以无情的揭露和批判，用无情的讽刺的烈火，烧毁这些

---

[1] 《编者·作者·读者》，《新观察》1952 年第 1 期。

腐朽的东西"。① 其后直到 1955 年年底,《新观察》刊登了大量读者喜闻乐见的小品文,如最受欢迎的批判官僚主义的《"意见箱"的意见》(陈中,1953 年第三期);讽刺落后意识的有李刚的《研究研究》(1953 年第四期),1953 年第五期后石的《孩子是私有物吗》、刘英的《不用脑筋的领导者》,1953 年第六期苏东植的《总结是这样做的吗》,1953 年第十四期谢云的《戴着望远镜走路的人》,1953 年第十五期马铁丁的《"大家负责"》,1954 年第十三期姚昌淦的《老油条》,1955 年第二十四期由甲的《长期病号》,等等。

统计《新观察》发表的小品文数量可知,1953 年一年发表了小品文153 篇,是 1952 年 55 篇的将近三倍,在声势上完全超过了一般的小说、故事和诗歌的影响力。1954—1956 年三个年份小品文发表数量分别是 121篇、90 篇、121 篇,使得《新观察》作为著名综合性新闻期刊的批判精神,在新时期以一种类似杂文的短平快的轻讽刺方式呈现出来,并与文学界互为呼应。这种讽刺性小品文的批判性虽大多止于现象,且有一部分是"表扬性"② 小品文,但是对当时欠缺批判性舆论空间的新闻界是一种有益的弥补和平衡。

1956 年,党中央公布了"双百"方针,《新观察》正式推出批判力度更大的《杂文》栏目。其后杂志的新闻时事数量逐渐减少,从 1956 年第十五期后,杂文和小品文代替新闻报道和其他文学作品成为主要内容。这期间的内容结构调整,除政策因素的激励外,也有前《观察》杂志的撰稿人、社会学家费孝通意见的影响。根据 1957 年 7 月 26 日《人民日报》刊登的报道《〈新观察〉编辑部连夜召开大会揭露右派分子的反动言行》中费孝通的陈述,以及其他人的回忆综合分析,费孝通出于对《观察》杂志知识分子撰稿人制度的认可,在"双百"方针刚推出时,建议《新观察》编辑部不以发行量为考虑,将《新观察》改造成一个高级知识分子的小众刊物。主编戈扬接受了这个建议,并在思想上刻意拉大与现实的距离,一方面为"杂文"文体正名,另一方面大量发表尖锐批评官僚主义、教条主

① 《编者·作者·读者》,《新观察》1952 年第 22 期。
② 《编者·作者·读者》,《新观察》1953 年第 8 期。

义的杂文和各类文章，如何新槐的《"要好好表扬你一下"》（1956 年第十
四期）、秦似的《办事情和"舞锥鸡尾"》（1956 年第十九期）、陈播的
《"引号"的抗议》（1957 年第二十一期）。除此之外，《新观察》编辑部还
以"本刊记者"名义发表《蓓蕾满园乍开时：一个月来"百花齐放、百家
争鸣"情况小记》，表达对党员知识分子发言太少的顾虑。之后《新观察》
又准备在 1957 年第十二期推出《北京大学是不是在闹事》一文，虽被作
协抽掉了，但一些人对其政治上的"右倾"深为不满。

　　因《新观察》在现实批判上用力越来越猛，隐约带有《观察》时期的
自由主义色彩，在随之而来的反右斗争中，主编戈扬和编辑黄沙等人与费
孝通一起被划为"右派"，与《新观察》关系密切的储安平、章伯钧、章
乃器、萧乾等名人也受到同样的批判。《新观察》改组后的编委会面对发
行困难，曾提出倡导"新基调"杂文一说，但因一无基础、二无稿源，并
无后续结果，只能刊登质量平平的小品文和一般文学作品，影响力大降。
1960 年年底作协宣布《新观察》停刊。

　　《新观察》的小品文和杂文，加强了新闻时事的思想深度，且介于文
学和新闻报道之间，丰富了同时期散文写作的题材。

第五章

期刊结构的构建与"中国"及"人民"系期刊的发展

新中国成立之初，人民政府明确了新闻出版工作"为人民服务"的宗旨，以"中国"和"人民"命名的新期刊蔚然成风。如第一章所述，以"中国"题头的期刊主要有《中国青年》（第二次复刊，1948）、《中国妇女》（复刊延安时期旧刊，1949）、《中国戏剧》（1950）、《中国水利》（1950）、《中国文学》（英文版，1951）、《中国画报》（英文版，1951）、《中国语文》（1952）、《中国建设》（英文版，1952）、《中国科学》（英文版，1952）、《中华外科杂志》（更名，1953）、《中华内科杂志》（更名，1953）、《中华妇产科杂

图 5 - 1　《人民美术》

志》（1953）、《中国对外贸易》（1956）、《中国工人》（20 世纪 50 年代初）等；以"人民"题头的主要期刊有《人民文学》（1949）、《人民中国》（1950）、《人民教育》（1950）、《人民画报》（1950）、《人民保健》（合并，1959）、《人民美术》等。这些期刊一般都是行业代表性综合期刊，其中有四种是英文期刊，直接向国外宣传新中国的文化、科技和建设综合成就。

第一节 "中国""人民"系期刊社会重构的背景

"十七年"的社会主义改造运动，以及其后的社会主义建设时期和"文化大革命"时期，中国的社会结构、社会生态发生了根本性的变革，人口的职业、政治和地域属性发生重大重组，整体的社会观念在意识形态之外，也面临一个除旧布新、重新建构社会主义社会观、文化观的重大问题。其间一些国家级的群团组织、院校、协会等，配合中央人民政府的施政纲领，通过期刊媒介沟通政府和民众，解读、传播中央政策和精神，使得期刊在动员相关人群和行业人员参与社会主义改造和建设方面，发挥了非常重要的作用。

一、中华人民共和国成立初期社会改造的主要内容

1949 年 9 月 29 日通过的《中国人民政治协商会议共同纲领》（以下简称《共同纲领》），详细阐述了新中国的政体、国体，阐述了新社会的发展方向，以及经济形态和文化建设的基本构架。

1950—1953 年，依据《土地改革法》，以由机关干部、大学师生和民主人士组成的土改工作队为主，通过在农村发动和教育农民群众，有计划、有秩序地推进土改工作。首先根据 1950 年公布的《关于划分农村阶级成分的决定》，完成了农村阶级成分的划分。划分后的农村社会阶层，依序由地主、富农、中农、贫农、雇农构成，成为其后土改等乡村社会运动的基础。1953 年，土地改革在全国除新疆、西藏等地区外的大部分地区得以顺利完成，实现了"耕者有其田"的社会理想，激发出农民参与社会生产的空前活力，1952 年全国粮食产量 3200 亿斤，比 1949 年增加了 1000 亿斤。土改激起的深层社会变革，彻底解构、颠覆了传统乡村的社会秩序和运行机制，贫下中农群体替代乡绅阶层，成为农村社会的领导者和土地所有者。

同时，工厂和矿山中的民主化社会改革也在进行。1948 年《关于中国职工运动当前任务的决议》，明确了国营厂矿民主化改造的方向。《共同纲

领》建议建立工厂管理委员会和职工代表大会制度，作为领导单位，之后陆续废除不合理的旧式工厂管理制度和封建把持制度，全国工人群体积极参与工厂民主化管理运动，逐渐成为工矿企业的主人。同时，镇压反革命运动也同时配合工厂改革，使之深入推进。国民经济恢复期，工人、农民阶级的社会地位和经济状况极大改善，成为国家领导阶级和社会基础。到社会主义改造运动的迅速展开时期，在国家优先发展重工业战略指导下，工人阶级地位越发突出；农业、手工业的个体所有制，则通过合作化运动和联合方式，转变为劳动群众集体所有制的公有制；资本主义所有制基本转为全民所有制的国有制，共同成为社会主义建设的重要基础。社会结构形成了两个阶级（工人阶级、农民阶级）和一个阶层（知识分子阶层）的简化层级。1956 年，周恩来总理在中央召开的有关会议上宣布知识分子"已经是工人阶级的一部分"，整个社会政治和文化生态呈现全新的格局。

在民族问题上，中央在 1954 年确立民族区域自治的基本国策和制度，落实各项保护少数民族文字、传统习俗的工作。到 1965 年，识别确认的少数民族达到 53 个，为民族政策的落实奠定了基础。根据各地社会发展基础，分别通过土地改革、和平协商改革、互助合作和赎买的方式完成了民族地区社会改革工程，将之纳入社会主义建设的整体格局。

基层社会组织和管理体系基本建成。建立了从中央到地方的人民政权体系：中央人民政府之下设立大行政区，大行政区下设省市县乡各级人民政府，政权中结合了部分进步民主人士。20 世纪 50 年代初，从东北地区开始，各地城市普遍推广居民委员会的经验，选举成立了大量基层居民委员会，主要工作范围是宣传国家政策和维护治安，组织居民开展社会活动，进行人口调查与登记等。1954 年颁布的《城市街道办事处组织条例》和《城市居民委员会组织条例》，确立了这两个城市社会基层组织的详细权限和组织制度。在农村地区，基于初步完成旧政权和社会组织的改造工作，1952 年时全国普遍开展生产互助合作运动。经过数年建设，到 1956 年，全国约有 96.3% 的农户加入合作社，87.8% 的农户参加了高级社，①

---

① 胡绳主编：《中国共产党的七十年》，中共党史出版社 1991 年版，第 372—381 页。

基本脱离了传统小农经济的乡村社会格局，在组织和管理上迅速形成"政社合一"的模式。

二、社会团体重构及对国家级期刊的影响

在上述新社会模式形成的同时，依据 1950 年、1951 年政务院颁布的《社会团体登记暂行办法》《社会团体登记暂行办法实施细则》等条例，社会团体的清理改造工作也在全国统一进行。

新建的社团主要有两大类。第一类是官方管理的人民团体，如中华全国总工会、中国共产主义青年团、中华全国民主妇女联合会、中华全国青年联合会、中华全国工商联合会、中华全国归国华侨联合会及中国科学技术协会，等等。第二种为半官方半民间性质的文化、慈善、学术类团体，如中国文学艺术界联合会、中国作家协会、中国戏剧家协会、中国音乐家协会、中国曲艺家协会、中国舞蹈家协会、中国民间文艺家协会、中国摄影家协会，以及中国人民外交学会、中国法学会、中国国际贸易促进委员会、中华体育总会、中国人民对外友好协会、中华全国新闻工作者协会、欧美同学会、中华职业教育社、中国残疾人联合会、中国红十字总会等。以上团体业务覆盖全国，基本都以"中国""中华"冠名，成为"中国""中华"和"人民"字头期刊的管理组织。

社会改造运动通过农村的公社制，城市中的单位、街道和居委会制度，使中国社会与政府趋向合一，社会高度组织化和同构化，作为国家、社会之间具有中介性和公共性质的现代社会团体，失去了必要的独立基础和社会空间，旧的民间社团很多直接被取缔；有的因不符合政策而自行解散；也有一些在组织、方向和职能上大幅改造，逐渐演变为政府管理的政治性组织，如旧式商会解散之后成立的工商联（1950 年），主要目的是团结、教育工商业者，后参加"政协"，而另一部分社团则演变为行政性或准行政性机构，如中华全国总工会、中国共产主义青年团和中华全国民主妇女联合会等，名义上是社会性和群众性的人民团体，实际上成为政府系统的组成部分，其领导和机关工作人员基本属于国家干部序列，并享受相应级别待遇，已不属于真正意义上源于民间的社会团体。剩下的少量民间社团，基本处于萎缩和半停顿状态。"文化大革命"期间，社会团体先后

停止活动，民间社团则基本消亡。

由以上新的人民和业界团体主办的"中国"（或"中华"）、"人民"字头期刊，因而也具备了浓厚的国家意识形态特性。它们作为面向特定人民群体、社会行业的期刊媒介，实际上成为解读、传达、普及党中央和政府部门方针政策的传播主渠道。

第二节　"中国"字头期刊的发展概况及个案

一、《中国青年》与青年期刊发展

1923 年，《中国青年》周刊作为团中央的机关刊物在上海正式创刊，由邓中夏题写刊头，第一任主编为恽代英，编辑有林育南、邓中夏、萧楚女、任弼时、张太雷、李求实等，发行量最多时曾达到 2 万册。《中国青年》周刊的《发刊词》宣称其是"为中国一般青年服务的"，是给予青年以"忠实的友谊的刊物"，目标是引导一般青年到"活动的、强健的、切实的"路上。《中国青年》周刊后几经迁移、改名，时常处于地下状态，生存艰难成为常态，但始终发挥着引领青年的作用。其办刊方针和编辑风格，对其后中国共产党领导下的各时期青年期刊始终有着楷模的意义。

1939 年 4 月《中国青年》在延安复刊，改为半月刊，32 开本，是新成立的中央青年工作委员会（简称青委）的机关刊物，时任青委宣传部长的胡乔木担任主编。毛泽东为刊物题写了刊名。新的《中国青年》在《发刊词》中提出了刊物的五项任务：动员青年参加抗战，促成全国青年统一战线的建立和发展，发挥中国劳动青年和各个进步青年团体的优良传统与作风，帮助青年学习，表扬中国青年在抗战中的英勇业绩。该刊只出 8 期后即因纸张困难不能按期出版，1941 年 3 月停刊。这个时期的《中国青年》总编辑开始由韦君宜等职业宣传工作者和文化人担任，文稿方向开始转向工作探讨和选题研究。

1948 年，随着解放战争的节节推进，《中国青年》再度复刊，全国由南到北迅速创办了一大批地方青年期刊，到 1953 年，多数省市都创办了青年期刊（少数是青年报纸）。此后，这些期刊在向青年一代宣传马克思主义和中国共产党的主张，团结和鼓动青年投身于社会主义建设事业，引导青年一代向德、智、体、美全面发展等方面，都起到了重要作用。

（一）《中国青年》的复刊与编辑定位

1948 年秋冬季节，中央政治局委员、书记处书记任弼时亲自指导中央青委筹备团中央刊物《中国青年》的复刊事宜。任弼时对新刊物的办刊方针、编辑计划以至每一个细节都作了细致筹划，甚至亲自审阅复刊第 1 期的全部稿件，具体指导编辑修改文章的立足点和科学方法，以提高杂志的政治水平。1948 年 12 月，《中国青年》在河北平山正式恢复出版，杨述任社长，韦君宜担任主编，编辑为杨述、江明、邢方群、黎力、杨慧琳等

图 5 - 2 　《中国青年》

人。毛泽东主席将"军队向前进，生产长一寸，加强纪律性，革命无不胜"作为代《发刊词》交予编辑部，刊登于第 1 期。1949 年第 4 期的稿子已经编好后，编辑部奉命迁往北平（今北京）。新中国成立后，《中国青年》迅速成为影响最大的青年刊物。直到 1966 年停刊前，《中国青年》在引领青年群体思想、动员青年参与社会主义实践、解决青年人生观和世界观等问题上，始终发挥着重要的媒介功能。

1948 年《中国青年》的复刊，是中共中央为筹备中国新民主主义青年团而采取的先行重大举措之一。《中国青年》的新任务与青年团的历史定位密不可分，中共中央在筹建青年团的决议中明确规定《中国青年》在新历史时期的任务，是"指导青年团工作，帮助青年学习"。复刊后的《中国青年》很快就明确了自己的编辑方针：《中国青年》是团中央机关刊物，是党的舆论工具，必须配合党的工作，接受党组织的领导；《中国青

年》是属于全国青年的刊物，而不只是青年工作干部的刊物，不能局限于青年工作问题和青年运动的经验，而要着眼于教育、发动和组织青年，解决青年生活工作中的实际问题；《中国青年》是学习性、教育性的刊物，并偏重于思想教育。同时对具体读者范围，也明确"确定以初中三年级以上文化水平的青年为读者对象，包括大中学生、革命干部，有以上文化水平的青年工人、农民、教员、店员、职员等"。①

由此，《中国青年》杂志的性质，可以党性、群众性、思想性和教育性四个核心词来概括。在此基础上，《中国青年》确定了并长期实践和不断调整着上述编辑方针，使得这份杂志在朝气蓬勃的新中国社会主义建设中，将生动、复杂而广阔的社会主义实践问题、青年思想成长实践问题与严格的政治路线和党性原则有机结合，成为"十七年"机关刊物中的优秀典型。《中国青年》在发动和教育青年上的旗帜作用，主要表现在以下三点：

第一，《中国青年》对青年的思想教育以国家当下中心工作为轴心，围绕具体思想案例解决青年群体的思想困惑。杂志从复刊到"文化大革命"停刊的十七年间，中国社会波澜壮阔的建设和发展，撼动了传统农业社会的根基；频繁激烈的思想斗争贯穿新生国家的初步发展过程，由于平均教育水平不高，整个青年群体在思想和行为上的困惑和落伍感成为常态。《中国青年》在这种特殊条件下结合时代发展主题，善于在具体实在的问题上对青年指点迷津、答疑解惑，取得良好的效果。中华人民共和国成立初期，《中国青年》刊发的第一个大型理论专题就是"新爱国主义"教育专题，主要为厘清青年对新国家性质的认识，确定爱国主义传统的政治正确性。在"党的过渡时期总路线"提出后，青年群体普遍既感到鼓舞，但又对一些重大问题感到陌生，《中国青年》及时发表了陆定一的《向光明灿烂的社会主义社会前进》一文，清晰地阐述了对社会主义建设目标的认识。1956 年党中央号召"向科学进军"，但由于多年批判"个人主义"思想，许多青年不敢表明自己成名成家的专业理想，《中国青年》

---

① 吴佩伦：《在第一届全国出版工作会议分组会上的工作经验报告》，见《中华人民共和国出版史料》，中国书籍出版社 1996 年版，第 572—573 页。

便以中科院经济研究所上纲上线、压制团支部带领青年学者倡议设立候补博士学位的案例，在经过六十多天实地调查后，编辑部以"为什么打击青年向科学进军的积极性？"为题发起杂志大讨论，澄清了问题、辨明了是非，不但在政治上保护了吴敬琏、周淑莲等一批青年科学工作者，迫使相关领导检讨错误，更借此次讨论树立了正确的事业观，疏通了青年群体追求专业成就的思想障碍。

第二，在每个历史阶段推出具有时代符号意义的青年英模人物，以人物典型为青年树立人生楷模，寓教育于激励、寓理论引导于情感渗透。《中国青年》杂志每一次树立的先进模范人物典型，几乎都成为当时全国性的学习榜样，尤其是平民英雄雷锋的形象，成为整个时代的国家道德偶像。《中国青年》在1963年成功塑造出雷锋形象并将雷锋精神推广到全国，标志着《中国青年》已经成为新中国党团刊物编辑创新的典范。成长于20世纪五六十年代的知识青年，大多数都将《中国青年》看作人生的良师益友，这与《中国青年》为青年提供了可亲可感的青年人格典范形象所带来的情感渗透密不可分。

第三，结合青年在成长过程中的切身问题，以具体话题设计人生观和价值观专题讨论、展开教育活动。"十七年"中，《中国青年》在杂志上共组织了三十余次人生问题的专题讨论，每次讨论都呈现出非常活跃的编读互动状态，客观上很好地践行了现代期刊媒介的"议程设置"理论。编辑部在讨论过程中通常会收到成千上万封读者来信，他们尽最大努力及时反馈、整理，使《中国青年》杂志的专题讨论有着其他类型期刊媒介所难以达到的即时性、广泛性和群众性。这些专题中影响较大的主要有"怎样才能在建设事业中发出更大的光和热？""什么是我们的远大前途？""什么是青年的幸福？""谁是多余的第三者？""这样是不是傻瓜？""人生最大的快乐是什么？""革命青年应该怎样看待理想和贡献？"等。编辑部人员由熟悉、热爱青年工作的知识分子组成，他们对讨论的内容和讨论过程的把握十分准确，既具备了思想高度，又注重意见的群众性和普遍性，使得《中国青年》在青年群体中塑造了一个在思想境界上高屋建瓴，而在交流态度上却非高高在上的媒介领袖形象。

（二）《中国青年》与"十七年"的青年运动

近代以来的青年期刊从《新青年》开始，一直担当着思想创新者和时代先锋的角色。新中国的《中国青年》在社会主义建设时代，仍旧在期刊群中表现出强大的思想动员能力和敏锐的社会触觉。1949—1966 年是我国社会主义改造和社会主义建设蓬勃开展的时期，虽然此起彼伏的政治运动使得舆论环境受到牵制，但是《中国青年》以其青年团机关刊的政治身份和所代表青年群体的乐观精神吸引着青年群体，在此期间仍取得了很大的成功。仅在 1950—1959 年期间，《中国青年》就发起了 19 次专题讨论，多数与青年树立理想问题有关，客观上成为青年一代的人生导师和重要的思想引领者。

首先，《中国青年》建设性地组织引导青年参加社会主义改造和社会主义建设。

新中国成立初期，《中国青年》紧密围绕党的中心工作，如土地改革、镇压反革命、抗美援朝、"三反""五反"、过渡时期总路线、农业手工业和私营工商业的社会主义改造等一系列政治运动，展开了系统的大规模宣传活动，在实际思想交锋和社会主义实践中对青年进行爱国主义、革命前途、社会主义理想教育等。这个时期，《中国青年》发表的很多重要领导人和党内理论家的文章，体现了党对培养青年一代的思想落脚点和方向指引。朱德的《中国青年当前的任务》，王惠德、于光远的《旧中国的死亡与共和国的成长》，陆定一的《向光明的社会主义社会前进》，邓子恢的《动员广大农民和农村青年为实现农业合作化而斗争》，廖盖隆的《对私营工商业的社会主义改造》，以及开辟《抗美援朝保家卫国通俗时事讲座》专栏等，使广大青年主动融入快速变化的社会，并努力成为新时代的主角。1950 年第 42 期《中国青年》发起的"应该根据什么来建立我们的远大理想？"的专题讨论，1954 年发起的"什么是我们的远大前途？"讨论，深刻影响着青年一代在处理远大理想和平凡工作关系、个人理想和社会需要关系上的正确态度，对在社会和国家历史发展中个人究竟怎样定位的问题，也提供了客观思考的方法。

其次，对青年进行人生观、世界观、党和革命的传统教育，坚持潜移默化和直接宣教相结合。《中国青年》历来注重对青年的人生观、世界观和革命传统教育。刊物曾发表了很多经典的青年励志文章，如徐特立的《思想修养漫谈》、谢觉哉的《青年人怎样锻炼自己》、吴玉章的《做革命的接班人》、陶铸的《理想·情操·精神生活》等。革命传统教育也是《中国青年》的期刊使命之一，杂志先后发表过萧三的《毛泽东同志的初期革命活动》《李大钊同志的故事》《杨靖宇的故事片段》《王若飞在狱中》等颂扬革命烈士和革命先辈献身精神的文章，这些事迹不断深入到青年人生活里，英模人物标准形象的反复宣传培育了崇尚英雄、学习英雄的社会心理。1952 年，《中国青年》曾发起以"陆尚博的思想有什么问题？"为题的人生观讨论，引导青年肃清个人主义、享乐主义思想，确立以集体主义和为人民服务为核心的共产主义人生观。1955 年第 16 期"谢力同志的错误思想有什么危害？"的讨论，则以原来的优秀青年谢力"堕落""蜕化"为临近"反革命"边缘的反面例子，生动说明资产阶级个人主义的危害。

再次，引导、支持、鼓励青年学习科学和文化知识。《中国青年》在 1950 年发表的纪念五四社论——《青年要精通业务，掌握科学技术》中，公开号召青年加强学习，把自己培养成为人民的专家。为了使青年养成良好的学习和思维习惯，《中国青年》结合 1956 年党中央提出的"向科学文化进军"号召，组织了大批著名专家、学者撰写科学知识、科学素养、科学方法方面的文章。这类文章主要有郭沫若的《天才与勤奋》，周建人主编的《扩大知识面》《论红与专的问题》，华罗庚的《聪明在于学习，天才由于积累》，钱伟长的《赶上世界先进科学水平》，钱三强的《人类进入了原子时代》等，对培养青年的学习自觉性产生了极大的正面激励作用。1956 年第 13 期刊登的《为什么打击青年向科学进军的积极性》《要积极诱导青年前进》两文，是编辑部记者通过六十多天的调查后对中科院经济研究所青年学者吴敬琏、罗元铮等人的声援，促使中科院党委制止了经济研究所压制青年科研积极性的官僚主义做法。

最后，树立英雄模范人物典型，引导青年养成共产主义人生观和价值观。《中国青年》依靠强大的信息渠道和敏锐的政治嗅觉，根据党的主导方针和路线，在不同的历史阶段分别推出时代内涵各异的青年楷模人物，激励整个青年群体树立崇高的人格目标。这些楷模以战争英雄为主，如人民战士董存瑞、黄继光、罗盛教、邱少云、王杰、欧阳海、麦贤得；其次是优秀青年工人、农民代表，如吴运铎、王崇伦、王进喜、侯隽、邢燕子、董加耕；还有外国文学作品中坚强、无私的革命者艺术形象，如《钢铁是怎样炼成的》中的保尔，《卓娅和舒拉的故事》中的卓娅，《牛虻》中的主人公等。解放军战士雷锋，则被《中国青年》塑造为在平凡岗位上做出不平凡业绩的共产主义人格典范、社会主义时代的平民英雄。在《中国青年》对以上人物的宣传中，雷锋的宣传和影响最为广泛持久。1963 年2 月，《中国青年》编辑部请毛泽东题写了"向雷锋同志学习"，并在3 月2 日出版第5—6 期合刊——《学习雷锋同志专辑》，刊登了毛泽东为雷锋的题词，同时刊登周恩来题写的"雷锋同志是劳动人民的好儿子，毛主席的好战士"，董必武写的《歌咏雷锋同志》词句，罗瑞卿的《学习雷锋》专文，谢觉哉的《读雷锋同志的日记摘抄》和一首题为《学雷锋》的诗；同期还发表社论和长篇通讯《共产主义战士——雷锋》《雷锋日记摘抄》、歌唱雷锋的歌曲及团中央关于在全国青少年中广泛开展"学习雷锋"教育活动的通知，正式开启向雷锋学习的全国性活动。这期杂志一次性售空，加印几百万册后仍不敷读者需求，以至有的读者只能传阅或借阅而一睹为快。

（三）《中国青年》的社会影响和媒介地位

与文学类和人文社科学术期刊不同，《中国青年》杂志在"十七年"中，基本未因政治运动发生大的动荡和曲折，而是呈现出总体向上发展的态势，甚至在期刊界一度表现出"如日中天"的发展盛况。它从5 万册的发行量，很快上升到15 万册，到1953 年年初直升到40 万册，1954 年年初发行77 万册，1955 年发行超过175.6 万册，① 1960 年达到185 万册。此后，由于纸张困难而限量发行，仍一直保持在150 万册，② "文化大革命"开始时发行量高达200 万册。

---

① 参见廖盖隆《中华人民共和国的报刊》，见宋应离等编《中国当代出版史料》（3），大象出版社 1999 年版，第 6 页。

② 参见彭波等《〈中国青年〉——五十年辉煌变奏》，《报刊管理》1999 年第 12 期。

《中国青年》是党和政府在青年工作上的媒介喉舌，杂志将团机关刊物的媒介角色发挥到极致，其与中共领导机关和领袖、领导们的密切关系是特殊时代特殊情境下形成的，是其不可复制的独特办刊背景。毛泽东为复刊的《中国青年》重新题写刊名并题词，朱德、周恩来对其编辑方针作过具体指示，筹备复刊的任弼时则直接参与审稿。其后的十几年中，毛泽东在1958年将中学生王桂芹的《回乡日记》亲自推荐给《中国青年》发表；1963年为《中国青年》的《雷锋专辑》题词；1965年为《中国青年》第三次题写刊名。刘少奇、周恩来、朱德、邓小平、陈云、陆定一等中央领导也经常给《中国青年》题词和撰文，且几乎是有求必应。

在20世纪50年代，团中央第一书记胡耀邦对《中国青年》的指导和影响，可看作是新中国机关领导与机关刊物良性关系的典型。对《中国青年》的总体方向，胡耀邦主张突出其思想教育性和思想的权威度，所以他经常过问杂志具体选题和重要文章的思路、内容，甚至在家中召集《中国青年》的社长、总编讨论工作。但是另一方面，胡耀邦并不经常直接干预总编工作，客观上使《中国青年》既能有相对的工作独立性，又能把握工作策略，在大的政治方向上与中央保持一致，避免了在政治运动中被大规模调整和批判的可能。

《中国青年》作为党中央和团中央最倚重的青年刊物，一直秉持其在战争年代贴近基层群众、尊重作者和读者的优良传统。1950年9月，《中国青年》已有特约记者60人，主要是各省市团委宣传部长；有特约通讯员200多人，遍布各地各主要部门，多为青年团基层干部通讯组长、学习组长、学生会主席、黑板报编辑等；普通通讯员有600多人，主要是读者中的活跃分子。[1] 这个层次清晰的通讯员网络成为杂志与基层之间信息通畅的基本保证。在"十七年"，《中国青年》也凝聚起一个包含众多名作家、名学者、党内理论家在内的名家作者群，其中供稿量较大的有郭沫若、胡乔木、茅盾、吴晗、邓拓、田家英、范若愚、于光远、丁浩川、魏巍、钟惦棐等。优质作者群借助"血统纯正"的党团背景和务实灵活的编

---

① 吴佩伦:《在第一届全国出版工作会议分组会上的工作经验报告》，见《中华人民共和国出版史料》(2)，中国书籍出版社1996年版，第573页。

辑策略，保证了《中国青年》杂志从 1948 年第三次复刊到 1966 年，在中国青年期刊中一枝独秀，经历了其历史上最为辉煌的黄金时期。

二、新中国女性期刊和《中国妇女》

（一）女性期刊的角色转变

近代的《女学报》，被公认为我国最早的现代意义上的女性期刊。此刊为旬刊，1898 年 7 月创办于上海，是中国女学堂的校刊，由梁启超的夫人李蕙仙、康有为的女儿康同薇、早期女权活动家裘毓芳等编撰。其办刊宗旨是配合维新变法运动，提倡女子受教育权、婚姻自由权和参政权，争取男女平等，并与男子一道挽救国家危亡，其思想主张具有妇女解放和民族解放合二为一的特征。《女学报》的办刊方向引领了如陈撷芬所办的《女报》、丁初我创办的《女子世界》等一大批清末民初的女性杂志。到辛亥革命爆发前，我国出现过约 30 种女性期刊，多数地处当时的出版中心上海。除上述强调妇女人格独立、妇女参与救亡的政治性女性期刊外，这 30 种期刊中还有一种都市女性综合杂志，如在上海流行的"鸳鸯蝴蝶派"杂志《上海滩》《销魂语》《眉语》《妇女时报》等，其以言情小说、消闲诗词、娱乐信息等软性文字和闺秀图片为主要内容，同时编者"想开发她们一点新知识，激励她们一点新学问"，① 使这些都市女性杂志在秉持保守的女性观和文化观的同时，也传播一些现代科学常识和新社会观念。

从辛亥革命到 1949 年，中国社会的历史进程和思想演变错综复杂，但基于维新时期的女性思想解放的启蒙基础，新文化运动、五四运动、大革命潮流、新民主主义革命、抗日战争等历史阶段不同的社会主题，并未遮蔽中国女性解放意识的继续发展。很多不同背景的政党、社团对女性问题都十分敏感，并将之作为宣传自身政治、文化主张的重要话题，最典型的手段就是创办女性期刊，号召妇女融入救亡和改造社会的实践。据不完全统计，从 1912 年至 1949 年，存在过 600 种左右的中文妇女期刊，② 很多期刊带有较明显的政治倾向，其中最突出的由中国共产党创办的女性期刊如

---

① 包天笑：《妇女时报发刊词》，《妇女时报》（创刊号）1911 年 6 月 11 日。
② 参见李应红《中国华文女性期刊百年回顾》，《编辑之友》2009 年第 3 期。

《劳动与妇女》与《中国妇女》。《劳动与妇女》是中国共产党创办的第一份女性期刊。1921 年 2 月创刊于广州，受广州共产主义小组指导，出版 11 期后终刊。这份杂志的撰稿人如沈玄庐、陈独秀、谭平山、陈公博等人都是中国共产党早期的理论宣传家，妇女运动是共产主义运动的重要组成部分，《劳动与妇女》因此具有很高的政治理论水平。《劳动与妇女》的《发刊词》明确宣称了妇女运动中平等、责任、独立三大原则："我们不要和男子比权威，我们要和男子比责任；从今以后，我们要做自己的人，我们不要做附属别人的人，我们也不要别的人附属于我们。"这份妇女杂志积极主张将妇女自身的解放和反抗阶级压迫、民族解放、争取民主紧密联系，是所有妇女期刊中政治主张最为鲜明的期刊，实际上明确了此后党办妇女期刊的方向和定位。另一方面，民国时期女性期刊有相当一部分表现出淡化意识形态的立场，典型如商务印书馆主办的《妇女杂志》和中华书局主办的《中华妇女界》。这类女性杂志正如《妇女杂志》所宣称的"我们不谈政治与主义，为的是要这一棵我们希望能发育成长的嫩苗，少生一点抓人的棘刺，免得意外地遭受到摧折的厄运"，刻意回避与敏感的政治思想联系，而定位于社会服务和知识传播，既不同于清末民初都市女性综合杂志的文学消闲特征，亦不同于政治性女性期刊的泛政治化倾向。如《妇女杂志》1915 年创刊，1931 年年底停刊，发行点遍布全国 28 个城市，依赖于商务印书馆的强大编辑力量，始终坚持《发刊词》强调的"本杂志以提倡女学，辅助家政为宗旨"，是提倡"女学"即家政之学，培养有现代科学知识、有独立人格和生活能力的女性期刊代表。

《中国妇女》月刊，是中国共产党主办的第一份有影响的妇女刊物，为中央妇女委员会的机关刊，1939 年 6 月创刊于延安，1941 年 3 月停刊，共出版 22 期，主编是亚苏。1926 年中共中央曾创办过《中国妇女》，但不久停刊。毛泽东为 1939 年的新杂志题词："妇女解放，突起异军，两万万众，奋发为雄。男女并驾，如日方东，以此制敌，何敌不倾……"1939 年 6 月 1 日的《中国妇女》创刊号《发刊词》宣称："《中国妇女》的发刊，就是企图对于动员和组织二万万二千五百万妇女大众参加抗战建国大业工作尽一分绵薄的力量。"该刊行刊于国内抗日战争最为艰苦的历史阶段，以向妇女群体宣传马列主义和中共中央的抗日方针政策为主要内容，发表过毛泽东的《团结到底》《当前时机的最大危机》等经典文章，其次刊载中央妇委撰写的妇女运动文稿和相关报道。《中国妇女》将《劳动与妇女》中妇女运动的理论建设变为女性期刊的媒介实践，对号召和动员抗日战争时期的妇女参与生产、作战，起到了无可替代的作用。同时，由党领导的各级妇女组织主办综合性女性期刊成为其后的传统。

1949 年 7 月，全国妇联机关创办的《新中国妇女》月刊，实际上是中国共产党领导的全国妇女组织机关刊《中国妇女》在中华人民共和国成立前夕的复刊。《新中国妇女》在 1956 年恢复原名《中国妇女》，1966 年 12 月停刊，1976 年曾出一期试刊，1978 年再次正式复刊。《新中国妇女》延续了延安时期《中国妇女》的办刊方针和宣传模式，加"新"字以特意显示社会主义时期的杂志与旧时代杂志的区别。1955 年第十一号《新中国妇女》杂志社刊登启事："本刊创刊于一九四九年七月，那时为了鲜明地区别于解放前的旧中国，定名为'新中国妇女'月刊。现在旧中国已是历史上的名称，为了适合我国现在情况，本社决定自明年（一九五六年）一月开始改名为'中国妇女社'，本社编辑出版的'新中国妇女'月刊改名为'中国妇女'月刊，并决定更换新的刊头，但内容不变。"在 1959 年的"大跃进"高潮中，《中国妇女》改为半月刊，不久又恢复为月刊。

除了作为国家级综合妇女杂志的《新中国妇女》，中华人民共和国成立后各省、区、市都创办了相应级别妇联的机关刊，较有影响的如北京妇联创办的《中外妇女》、上海妇联创办的《现代妇女》、山东妇联创办的《山东妇女》、吉林妇联创办的《时代姐妹》等，内蒙古、广西、河北、湖南、贵州及武汉等地妇联也先后创办了机关刊物，发行量均在万册以上。其创刊宗旨和办刊思路基本上沿袭《中国妇女》，类似于《中国妇女》的地方版分支；而最早的地方妇女刊物是 1949 年创办的《西北妇女》《西北妇女画报》。《中国妇运》和《中国妇女》英文版是全国妇联的另两份刊物，前者是专门指导妇女工作的行业性、政策性刊物，旨在探讨妇运理论，交流工作经验，提高妇女干部思想业务水平；后者是面向国外的综合性中国女性期刊，全面向外展示中华人民共和国女性的政策、工作和生活及文化风貌。

(二)《中国妇女》的栏目演变和编辑策略

《中国妇女》在延安时期及中华人民共和国成立后的主要编辑人员，大多来自20世纪30年代在延安参加革命的城市女性群体，其党性意识和综合文化水平在党内女性中属于佼佼者。《新中国妇女》的第一任主编是妇联的常务委员、宣传教育部部长沈兹九，副主编是深受沈兹九影响的董边。沈兹九曾在民国时期主编《申报》周刊《妇女园地》和女权主义杂志《妇女生活》，从在杂志中表达对底层劳动妇女的同情和理解的左翼文化人，逐渐成长为新中国妇女运动的实际理论指导者。1956年沈兹九调往中国民主联盟，董边接任主编，直到1966年5月《中国妇女》停刊。相对于其他国家级期刊，《中国妇女》的主编层在"十七年"相对稳定，其办刊思想、编辑风格和栏目设置有较为清晰的理路可循。

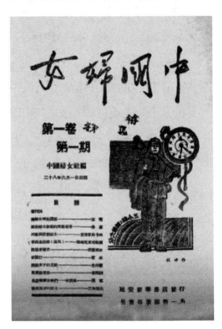

图5-3 《中国妇女》

因为"十七年"女性总体文化程度偏低，《新中国妇女》读者定位是初中以上程度的各族各界女职工、女干部和妇女群众，其中职业妇女和劳动妇女是其核心传播对象。

抗战时期的22期《中国妇女》，是中国共产党动员和教育女性参加抗战救国，并在生产和斗争中解放、完善自身的最重要宣传窗口，其栏目设置体现出鲜明的工作指导性和知识普及特点。创刊号上的"本刊征稿条例"中说明了该刊稿件要求："指导妇女运动工作、研究妇女问题之论文；各地妇女运动、妇女生活等之通讯；外国妇女运动、妇女生活之介绍；模范妇女之记述与介绍；妇女医药卫生、日常切身工作之常识；文艺、木刻、漫画等。"所设栏目也基本以上述稿件类型排布和编辑。创刊号封面是一幅穿军装短发女青年肩扛镢头在新开垦土地上的木刻立像，由作家丁玲设计，艺术家江丰创作。

中华人民共和国成立后的《新中国妇女》和《中国妇女》，每一期杂志内容 80% 以上的稿件为读者来信、地方通讯员投稿、专业作家投稿。《新中国妇女》首期封面图片由主编沈兹九亲自选定，表现了一位保定纺织女工在欢迎解放军入城的游行队伍中跳腰鼓舞的欢乐造型，转达出该杂志女性形象符号向城市妇女转移的信息。《新中国妇女》强调世界知识的译介，视野相对开阔。

《新中国妇女》编辑部创造性地组建了所谓"三支队伍"辅助编辑水平的提高，旨在扩大稿源范围，尽可能贴近基层生活和时代精神。第一支为通讯员队伍。主要是扩大通讯员队伍，定期对地方通讯员进行培训。队伍下延到县文化馆工作人员，全国各地通讯员在 1950 年 8 月已超过 1300名。第二支是读者队伍。这支队伍重在培育和沟通。编辑部于新刊物发行后，在各地妇联辅助下例行召开读者小组座谈会，就刊物内容听取一线读者意见。第三支是专业作家和艺术家队伍。工作重点在于通过公、私关系渠道和杂志本身的社会知名度，主动向名作家和艺术家约稿，并注意维持关系渠道。绘画、图片、诗歌等艺术表现方式是使理念和政策更生动和具象化的重要手段，对于女性杂志尤其关键，因此文学和艺术作品是《新中国妇女》和《中国妇女》非常重视的固定板块，1955 年杂志开始出现集讽刺、幽默、通俗和深刻于一身的漫画作品。《新中国妇女》在很长时间里由 4 位编辑专门阅读和回复读者来信，汇编读者来信简况，并及时写出总结报告，提供给总编辑做编辑决策调整的参考。

（三）《中国妇女》的社会动员功能

《新中国妇女》和《中国妇女》，在"十七年"表现了突出的政治号召力和社会动员威力。

作为中华人民共和国成立初期最权威的女性杂志，《新中国妇女》努力将劳动观念渗透到新中国女性读者中，兴起了一场中国妇女摆脱旧观念、大规模参与社会主义建设的媒介总动员。发动妇女尤其是农村妇女广泛参加社会生产，是 20 世纪 50 年代《新中国妇女》杂志的首要宗旨；由它带动的全国各地女性杂志群，迅速地将这个有益于女性的政治方针落实到声势浩大的社会教育运动中。在《新中国妇女》创刊号上，毛泽东题词："团结起来，参加生产和政治运动，改善妇女的经济地位和政治地位。"此后，该刊陆续刊载了蔡畅的《关于女工工作的几个问题》、宋庆龄的《"三八"纪念与家庭妇女生产建设》、徐特立的《中国妇女的历史任务》、帅光的《肃清封建思想才能提高自己》、邓颖超的《对女青年的希望》等文章，这是中华人民共和国成立初最具代表性的妇女政策指导性文章。中共领导妇女解放运动的先驱、曾担任多地行政机构要职的区梦觉，在《新中国妇女》创刊号发表《怎样做一个新社会的新妇女》一文，倡导"树立劳动观点，积极参加生产建设"，并将之视为新社会新女性的重要衡量标准："我们要认识只有劳动才能创造世界。妇女必须参加生产，以推进

图5-4　《新中国妇女》

社会的发展，争取经济独立，这是妇女解放运动的关键。……只要妇女参加社会生产事业，妇女就能享受与男子同等的权利。像现在的苏联，那里消灭了私有财产，消灭了阶级剥削，建设了社会主义共产主义社会，妇女获得了彻底的解放。"①

对于人数众多的农村女性，《新中国妇女》通过大量介绍各地土改先进典型和苏联妇女在集体农庄参与劳动生产的报道，努力树立"劳动光荣""劳动获得地位和尊重"的媒介榜样，获得良好反馈。对于城市妇女，《新中国妇女》基于总体社会格局和

就业需求，在工业生产能力极其有限的"十七年"，宣传家务劳动也是社会主义事业的一部分，使大部分城市妇女在家庭层面支持男性工作；在"大跃进"时期，《中国妇女》转而成为积极动员妇女参加社会工作的

---

① 区梦觉：《怎样做一个新社会的新妇女》，《新中国妇女》（创刊号）1949年第一号。

主流媒介，大量城市家庭妇女走上各种职业岗位，工种除了服务、幼教、商业、企业等，还开始进入冶炼、机械、化学、基建、交通运输等行业，5500万女性走上工作岗位。①

动员女性全面参与政治生活和群众性政治运动，为妇女工作提供理论指导和榜样案例。"十七年"中新中国政权发起的土地改革、抗美援朝、"三反""五反"、胡风批判、反右、"大跃进""四清"等大大小小的运动，《新中国妇女》和《中国妇女》都在其中担当了舆论指导和宣传主渠道的角色。《新中国妇女》和《中国妇女》代表全国妇联向全国女性群体忠实传达中央政治动员文件，其突出的社会组织和政治动员功能全面压过期刊的信息传播功能。1956年后的《中国妇女》，主编董边兼任全国妇联书记处书记，从担任副主编起，她为杂志写的大量文字不再具名，而代之以"本刊编辑部"或"本刊记者"，以凸显强烈的官方意识形态色彩。

倡导新女性新人格，号召改造旧社会女性弱点，提出新社会女性的道德标准和人格典范。区梦觉在《新中国妇女》创刊号的《怎样做一个新社会的新妇女》一文中具体提出"狭隘、依赖性、感情脆弱、怯懦、虚荣心"等五大女性弱点，要求女性在劳动实践中全面改造旧观念、旧面貌。杂志为此坚持报道、树立和宣传新时代的女性英雄模范典型，在新女性的新价值观、人生观、劳动观塑造方面起到了引导、教育的功用。"十七年"中《中国妇女》和《新中国妇女》树立的英模形象，一部分是民主主义革命时期的烈士，如秋瑾、向警予、赵一曼、刘胡兰、陈铁军、夏娘娘、郭俊卿等，其核心精神价值可概括为忠诚、勇敢、坚定的党性意识和爱国主义；另一部分主要是社会主义建设时期出现的各地各行业女性先进人物和劳动模范，如劳模王秀鸾、新中国第一位拖拉机手梁军、第一位女将军李贞、治淮一等功臣李秀英、拥军模范申纪兰、纺织创新能手郝建秀和赵梦桃、农村知识青年榜样徐建春、植棉能手张秋香、舍己为人的向秀丽与徐学惠、爱国豫剧演员常香玉等，其核心精神价值可概括为劳动、创造、奉献、男女平等意识和集体主义精神。

在共产主义意识形态框架内争取女性权益，肃清"男尊女卑"的传统

① 参见1960年《劳动》杂志的相关报告。

意识，努力营造女性作为"社会人"的标准形象。"十七年"中《新中国妇女》和《中国妇女》的专栏讨论中，影响最大的是"杨云为什么自杀""我们夫妻关系为什么破裂""女人活着为什么""选择爱人的标准是什么"等，主要针对社会上和男性干部中流行的婚姻喜新厌旧现象、行业歧视妇女现象、女性欠缺自立意识现象进行全社会的大讨论，涉及女性婚姻权益、女性人格价值内涵、男权意识批判等尖锐问题。这些讨论直面新中国成立初期妇女群体面临的现实困境，已经越过教育妇女树立社会主义人生观、世界观的宣传层面，而再次凸显近现代史上妇女运动关于"男女平权"的基本主题，但是讨论的理论工具和底线仍是主流政治话语。如《中国妇女》编辑部在"共产主义道德教育"的主题框架内，对男干部进城后遗弃原配、见异思迁的行为展开合法合情的批判；又如1955年11月发起的"我们夫妻关系为什么破裂"讨论，源于北京中学教师刘乐群控诉丈夫、外贸部部长助理罗抱一婚外恋的读者来信。刘乐群事件在进城男干部强迫原配离婚、"骑驴换马"现象频现的"十七年"颇具典型意义，于是在证实刘乐群指控属实后，主编沈兹九同意曝光并组织"我们夫妻关系为什么破裂"的问题讨论，主题是"教育人们在婚姻和家庭问题上树立共产主义道德"。这次讨论掀起了全社会对男性特权这个敏感问题的关注和争论，甚至争取了相关领域权威人物，如最高人民法院院长谢觉哉、外贸部党组书记解学恭的来稿支持。《中国妇女》在讨论过程中读者来信猛增，杂志在新华书店营业点成了最热销的出版物，1956年的发行量蹿升至五十多万册。

1956年的《中国妇女》刊登过一幅《三个女不顶一男》的漫画，对男性领导蔑视妇女权益的讽刺十分辛辣。《中国妇女》编辑部在此作为国家女权主义的倡导者角色，秉持着鲜明的女性立场。此外，《中国妇女》有效地通过封面和插图，利用视觉元素，刻意营造中华人民共和国女性杂志的"半边天"媒介性别形象，新中国妇女在不同社会领域的成就和职业符号性成为"十七年"中连续而稳定的封面主题。这些主题图片有三个特征：第一是女性人物成为图画绝对中心，并凸显职业性。封面人物突破传统女性与家庭、子女和男性密不可分的从属性社会场景定位，所处场所皆为工作一线，且身着行业特征清晰的服饰。第二是女性全面进入男性传统职业领域。20世纪50年代的封面人物工种包括火车司机、飞行员、砖瓦工、船员、电工、列车乘务员、电焊工，刻意表现"解放了"的中国女性。第三是封面审美统一以"歌颂"和"自豪"为主观基调。人物形象的常见表情为"微笑"和"镇定"，身姿则崇尚"挺拔"与"健美"，人物的心理状态表现为"自然"和"明朗"，在民国都市女性杂志女性形象的普遍阴柔淑雅和"文化大革命"前后期刊女性形象的刚硬粗糙之间，取得了甚为和谐的审美平衡，表现了新中国女性作为独立"社会人"并不失女性之美的理想形象。

《新中国妇女》本身也在政策允许范围内最大程度上表现了其所倡导的新女性独立自主精神。第一任主编沈兹九设想杂志完全由妇联运行，不受制于政府其他机构，这个想法在1953年《新中国妇女》财政独立、自负盈亏后得以实现。《新中国妇女》和《中国妇女》独立发行后很快取得骄人业绩，在限购的条件下，亦从1949年第一号的1万册增加到1955年的三十多万册，到20世纪60年代则逼近100万册，其中95%为个人订阅和零售，政府和妇联系统发行比重很小，因而与《中国青年》《人民文学》《学习》并列，成为"文化大革命"前的全国四大刊物之一。[①] 1967年2月杂志停刊时，杂志社盈余六十多万元资金。

三、《中国工人》等工人期刊与国家工业化进程

中华人民共和国成立初期，工农联盟成为国家领导力量。1953年，中共中央提出社会主义建设总路线：实现国家社会主义工业化，逐步对农业、手工业、资本主义工商业进行社会主义改造。工业化由此成为社会主义建设的核心词和重中之重。总路线公布后，中央很快依据苏联援建的156个项目编制出"一五"计划草稿。在草稿出台之前，毛泽东提出了著名的"仁政"说，即认为：仁政包括为人民当前利益和长远利益两种情况，前者是小仁政，后者是大仁政，国家建设中要兼顾二者，但是要分清轻重缓急，重点要放在大仁政上，大仁政即是重工业。毛泽东还明确了只有发展重工业才能改变中国经济总体落后状况，并且才能使中国自立于民

---

① 侯狄：《难以忘却的那段历史》，见中国妇女杂志社编《〈中国妇女〉60周年纪念》。另一个四大刊物的说法是《红旗》《中国青年》《中国妇女》和《人民文学》，见尚绍华《关注妇女命运伴随妇女前行》，见宋应离主编《名刊名编名人》，大象出版社2011年版，第138页。

族之林的观点。由此，工业化路线优先发展重工业的方针，首先体现在"一五"计划的内容编制和实施过程中。

与工人阶级被确定为国家领导阶级密切相关，在中华人民共和国成立伊始，便出现了三种全国性的重要工人期刊，即《中国工人》《北京工人》和《机械工人》。除《北京工人》以1920年11月由北京共产主义小组创办的《劳动音》为基础外，《中国工人》和《机械工人》都是由全国总工会主导和新创立的工业行业期刊。在工业化迅速推进期间，这三种刊物在工人教育、技术革新等领域发挥了不同的作用，堪为当代工人期刊的开拓者。

图5-5 《中国工人》

1. 《中国工人》杂志

1940年2月，《中国工人》杂志在延安创刊，主编为张浩和邓发。在《发刊词》中，毛泽东强调此刊要成为"教育工人、训练工人干部的学校"。1941年3月，因陕甘宁边区经济紧张，且农民工作是当时党中央的工作重点，全面展开工人工作条件尚不成熟，《中国工人》在出版13期后停刊。

1950年2月2日，《中国工人》复刊，主办者为中华全国总工会。《发刊词》直接沿用了毛泽东在1940年所撰写的文章。在《中国工人》头两期中，连刊《关于出版〈中国工人〉月报的通知》一文，提到本刊主旨主要为"密切中华全国总工会与各级工会组织的联系"，"加强各地工会干部与工人积极分子在思想上、政治上与业务上的教育与指导"，"交流工会工作经验，以推动与改进各地的工会工作"，并"系统的介绍与报道苏联和新民主主义国家工人的生活、工会工作情况"。

1956年年底，《中国工人》开始连续几期开辟《工资改革问答》栏目，悉心回答了各个工种工人尤其是合同工、临时工、学徒等对工资改革的各种疑问，并做了详细的政策条文解说。1957年《中国工人》第7期刊发了王若望的《狭隘的地方观念要不得》一文，阐释关于工人地域纠纷的错误，强调以社会主义制度优越性和共同利益的阶级意识来解决纠纷。

2. 《北京工人》杂志沿革

《北京工人》的同名杂志最早出现于 1925 年，是李大钊领导的中共北方党组织，为响应上海工人运动而在《劳动音》基础上创立的。后因形势险恶和李大钊被捕牺牲，曾经数次停刊复刊。中华人民共和国成立后的 1950 年国际劳动节，全国总工会下辖的北京市总工会，根据新时代工人工作的定位，将 1920 年在北京主办的《劳动音》杂志改名为《北京工人》，正式出刊。鉴于北京工业企业和工人人口基数较大，该杂志开始时为半月一期，设计为便携的 32 开本，以适应工人读者阅读的环境特点。

初创刊的《北京工人》由北京市委直接领导并把关，每期稿件按重要程度，依次由北京市委宣传部部长邓拓、副部长廖沫沙等人审稿。具体主持编辑部的工作，由当时北京市总工会宣教部部长祖田工担任，他曾在延安的《解放日报》、晋察冀边区的《冀中导报》担任编辑。

《北京工人》主要向工矿企业工人及基层领导宣传党中央的方针和政策，配合党的中心政治工作，对职工开展政治教育，鼓励生产竞赛，普及文化、科学知识，培养工人写作人才等。

《北京工人》杂志办刊最突出的特点，是注重文学性和紧密围绕工人读者两个方面。首先，注重文学创作板块经营。利用北京丰富的文学资源，与文化界建立了良好互动，曾邀约老舍、周立波、田间、袁水拍、王亚平、康灈、马烽、邓恭三、王均衡、蔡若虹、李桦、蔡美彪等作家和学者为杂志供文稿和画稿。其次，充分利用工人通讯员制度，体现工人写、工人看、工人发行的群众性特色。据统计，曾经为《北京工人》供过稿的通讯员达 975 人，其中工人稿件大约占发表稿件总数的 50%，[1] 许多工人通讯员也身兼业余作者，很多人因《北京工人》走上了文学创作道路，其中有后来在文坛影响较大的高占祥、李学鳌等；负责出版、发行的人员几乎全是义务服务的工人，发行主要采用零售（一角钱一本）方式，组成了一个灵活、高效和庞大的发行网。

《北京工人》杂志与一线工人密切的关系使其办刊生动活泼、贴近工

---

① 张秋生：《1950 年创立〈北京工人〉杂志》，《工会博览》2005 年第 8 期。

厂一线人员，但也因没有稳定的专业出版发行队伍而基础不牢。1951 年 1月，《北京工人》出刊到 36 期时，因"三反""五反"运动几乎抽走了所有工作人员而被迫停刊。

"文化大革命"中的 1967 年 4 月，北京工代会创办的《北京工人报》通常被看作《北京工人》的复刊，期发行量最高曾达 8.5 万册，1972 年 5月停刊。1984 年 10 月，《北京工人》杂志再次复刊。2001 年 1 月《北京工人》改名为《工会博览》杂志，出刊至今。

3. 工业化前沿的《机械工人》

第一，《机械工人》的创刊。1950 年 10 月 1 日，《机械工人》杂志由重工业部、中华全国总工会和三联书店三个单位联合创刊，是我国金属加工领域创办最早的普及型科技期刊之一。第一任主编为林家樑，由科学技术出版社出版，三联书店发行。科学技术出版社社长蒋一苇实际领导本刊的整体工作。

蒋一苇为延安时期的老出版人，曾创办中共领导下的第一种科技杂志《科学与生活》，也是《挺进报》的编辑者之一，后进入三联书店工作。20世纪 50 年代，在主持机械工业出版社（前科学技术出版社）时，努力将三联书店的文化理念传递给全社员工，并将《挺进报》、邹韬奋《生活》杂志的办刊经验传给《机械工人》编辑部，在服务对象和服务方法的问题上理念明确，为《机械工人》紧贴读者、服务行业和注重营造良好交流氛围的杂志风格奠定了坚实基础。

主编林家樑，与蒋一苇曾是广西大学同学和在上海经纬纺织机械厂的同事。蒋一苇到三联书店后，邀请林至京编辑《科学技术通讯》。林家樑来自于工业企业前沿，经常下工厂与工人交流，为机械工人创办一份金属加工技术杂志的想法便来自他对工业一线的了解和调查。作为理论基础好、实践经验丰富的专家型期刊编辑，林本人还在《机械工人》亲自开辟技术专栏，撰写机械工程制图的文章，是杂志最有人气的专栏文章之一。

《机械工人》的整体设计同样出自三联书店的专家。蒋一苇请当时三联书店的木刻家萨一佛设计封面，制版专家吕品负责制版。封面有浓厚的三联风格和时代特点：红底白字为主基调，正中的木刻画，是一位正在工作的机械工人。封面风格一直被刊物继承下来，成为本刊品牌形象标志。

当时的重工业部副部长刘鼎为新刊题词，明确了《机械工人》创刊主旨：面向整个工人阶级，介绍苏联机械工作、工人和工程师经验及苏联的机械化运动；沟通机械行业工人和专家；在工业充分发展后，可以按专业领域分为两种刊物。

《机械工人》的办刊特点可概括为：实用性、先进性、知识性和可读性。在创刊号的征稿启事中，编辑部提出稿子的标准：题材具体实际，文风通俗浅显，辅以必要的图表照片等。

图5-6 《机械工人》

编辑部针对行业实际需要，创刊号邀请经验丰富的专家撰写四类技术的连载文章，即推出机件、车床、金工和铸工四个专题板块（专家约稿），后成为四个专栏。这些内容实用的文章，实际上拉开了基本机械技术普及的序幕，不久编入《机械工人活页材料》一书，由机械工业出版社出版发行。

由于创刊号栏目定位准确、文风深入浅出、内容实用而具有鲜明普及性的特点，对一线工人具有极大吸引力，出版后很快即销售一空，不得不再版第一期杂志，创造了当代中国科技期刊的发行量之最，也创造了当代中国十分罕见的期刊再版现象。创刊号和其再版的发行量突破3万册，单期发行量不久后便突破了10万册。①

《机械工人》创刊号上许多文章的作者成为我国机械行业中相关领域的专家，如赵为铎成为机床学教学奠基人之一，王国钧成为著名的特殊钢专家，程学敏则成为知名的水电工程专家。创刊号作者王斧后来成为刊物撰稿、审稿骨干，其子为锻造专家王德拥，后也成为该刊的长期撰稿人。

1952年年底，同样由三联书店发行的《工业技术通讯》（原《科学技术通讯》）因出版工作调整而停刊，《机械工人》继承了该刊的编辑、作

① 曾江：《读者与我们的三个历史片段》，《金属加工》2008年第4期。

者、通讯员及报道内容与版式风格等出版资源，获得长足发展。

第二，《机械工人》杂志的曲折发展。《机械工人》杂志的读者，主要定位于生产一线、与技术有关的所有工作人员，包括技术员、管理人员、技工，以及机械工程领域研究院所的研究者和高校师生，受众面很广，并成为科技普及期刊中的优质期刊代表，可看作是"一五"计划实施前后，我国工业化进程中重工业快速发展的媒介缩影。

1955年7月30日，"一五"计划经过广泛讨论和五易其稿，由全国人大一届二次会议正式通过。"一五"计划建设规划在中国工业化历史上前所未有、规模庞大，主要囊括156个工程，共一万多个建设项目。在"一五"期间，重工业占比快速上升到45%，钢产量增长近3倍，原煤产量增长98.5%，发电量增长1.64倍，原油产量增长2.3倍，化肥产量增长3.9倍，农药产量增长31.5倍，金属切削机床增长1.1倍，铁路机车增长7.4倍。[①] 重工业产品激增促进了农业和轻工业的良性发展。而机械工艺及技术，是现代大工业生产的技术基础，属于广泛适用的通用型科技。《机械工人》不仅致力于解决实际生产难题，还对先进技术和生产实践经验具有推广、培训和传播的功能，其本身的发展与国家工业化的进步密切交织在一起，成为同类期刊中为行业服务的典范。

1957年1月，《机械工人》杂志应工人读者的要求，正式划分为《机械工人》（冷加工）和《机械工人》（热加工）两刊分别出版，实现了创刊伊始的规划目标。

1958年2月，第一机械工业部、第二机械工业部和电机制造部合并为第一机械工业部，《机械工人》杂志移交第一机械工业部新技术宣传推广所，并成立新的《机械工人》编辑部，由李宪章任组长，仍由机械工业出版社出版。5月，第一机械工业部技术情报所成立；12月，《机械工人》编辑部随新技术宣传推广所一同并入情报所。

1959年后，我国期刊在1960年全国期刊整顿、"文化大革命"开始两个节点的大规模停刊潮，也同样影响到《机械工人》。《机械工人》分别在这两个时期短暂停刊，但是与大多数停刊杂志不同，《机械工业》杂志每

---

① 吴玉才编著：《1949—1956年间的中国》，人民出版社2016年版，第466页。

次停刊后都能很快得以复刊，这主要得益于其强大的读者基础。复刊的直接动力来自读者的要求。

《机械工人》于1960年6月停刊。遽然停刊后，编辑部不断收到各地企业前沿读者的来信，强烈要求重新出刊。1963年，第一机械工业部从在京院所抽调相关人员，成立新技术先进经验宣传推广联合办公室，实际上开始了《机械工人》杂志复刊的筹备工作。复刊消息传出，很多老读者和作者第一时间致信编辑部庆贺复刊，并主动寄来稿件，支持"自己的刊物"。① 1964年10月，《机械工人》正式复刊，由新技术先进经验宣传推广联合办公室编辑出版。复刊时重申其报道方针为：推广先进技术经验，交流工人的改造、革新成果，传播技术知识。复刊后印数很快高达每期5.7万册。在1964年复刊之前的筹备活动中，编辑部人员多次组织到东北、上海两个重工业基地展开社会调查，选取沈阳市工人自发组织技术大协作，并直接服务企业技术革新的典型经验，在复刊号上集中报道，带动了新的工业进步热点。

1966年1月，应读者要求，《机械工人》杂志再次分为《机械工人》（冷加工）和《机械工人》（热加工）两刊，并随新技术先进经验宣传推广联合办公室一同并入第一机械工业部技术情报所。

1967年1月，《机械工人》再次随期刊业的全面衰落而停刊。据蒋一苇回忆："'文化大革命'中，《机械工人》停刊了，活页材料也不出了。据新华书店反映：各地读者群众'骂上门'来了。一机部的负责人匆忙从'干校'调回编辑，《机械工人》冷加工与热加工先后复刊，活页材料也开始重印。"② 1972年10月，该刊再一次在企业读者的迫切要求下，以《机械工人（技术资料）》的名义复刊，机械工业出版社出版，限国内发行，成为"文化大革命"期间最早复刊的科技期刊之一。1977年1月，《机械工人》杂志在经济复苏形势中，第三次重分为《机械工人》（冷加工技术资料）和《机械工人》（热加工技术资料）两刊出版。至今仍延续两刊出版的格局。

由于《机械工人》办刊思路真正秉承生活书店"为读者服务"的精神

---

① 参见曾江《读者与我们的三个历史片段》，《金属加工》2008年第4期。
② 转引自曾江《读者与我们的三个历史片段》，《金属加工》2008年第4期。

传统，紧贴我国工业实践的发展，与一线读者形成了特别紧密而少见的互相依存关系，为此杂志的数度起落，映射了时代变迁的轨迹和读者对一种行业期刊的巨大的正面影响力。《机械工人》杂志与工人群体的关系，在媒介社会史的意义上，比《中国工人》具有更为特殊的研究价值。

第三节 "人民"系期刊发展概况及个案

一、《人民音乐》与新中国音乐艺术的改革

音乐艺术是中华人民共和国成立后文艺事业的重要组成部分，它是除文学之外具有最强宣教功能的艺术门类。高等院校改革的推进和各级各类文艺院团的建立，使得音乐事业在新的艺术理论指导下快速发展。音乐艺术在"十七年"也面临着本土与舶来、严肃与通俗的矛盾挑战，偏重学术探讨的音乐期刊，为音乐艺术的融汇、变革和争鸣提供了直接的交流平台。《人民音乐》《中国音乐》《中国音乐学》《音乐研究》《中央音乐学院学报》这五种综合性音乐学术期刊，曾被誉为"音乐学界的五大权威刊物"，而其中最有艺术典型性和时代表征的是《人民音乐》杂志。

（一）《人民音乐》的创刊及编辑思想

1950年9月，新成立的"中国音协"机关刊物《人民音乐》宣布创刊，杂志由郭沫若题词，著名音乐学家、中央音乐学院副院长缪天瑞担任《人民音乐》首任主编。

《人民音乐》的办刊宗旨，定位在"通过对音乐的现实问题研究和评论，实现对新中国音乐道路和方向的引导"。《人民音乐》创刊号中的"编辑方针"第一条即指出杂志的编辑宗旨："密切注意各地音乐运动中所发生的新情况，通过对具体问题的批评，使运动的道路和方向明确化。"并随之确定编辑原则："1.组织评论小组，针对当前音乐运动上与方针路线有关的问题发表意见。2.征求各方面对于各种问题，如关于唱法、学习方法、体验生活、音乐教育、歌剧鉴赏、民间音乐研究、群众歌曲创作、电影音乐以及专门技术与实际结合等方面的意见，或举行座谈会、笔谈会，

对于上列各种问题展开广泛的讨论。3. 介绍国内各地区、各团体具有全国性与总结性的经验，以及苏联与新民主主义国家的音乐运动的经验。"由此可见，《人民音乐》的办刊宗旨重点在于促进新中国音乐艺术领域的理论批评、问题讨论、经验交流。

（二）《人民音乐》的发展轨迹

创刊初期，《人民音乐》内容主要分为歌曲作品、评论性文章两部分。1953 年年底，刊物改为以"音乐评论"为主，其中包括理论研究、外国音乐介绍、音乐知识、活动、报道等内容，成为内容广泛的综合性音乐刊物。

在吕骥、缪天瑞等音乐家的大力推动和主持下，《人民音乐》一经创刊就成为党和国家文艺方针政策的解读，音乐理论研究最新成果发布的媒介（见表 5 - 1），各专业表演艺术理论探索与争鸣的园地，音乐教育理论与教育方法研讨的中心，国外音乐和表演艺术理论研究的枢纽，并与其后创办的《音乐研究》等音乐专业期刊一同促进了我国音乐事业的理论研究工作。

表 5 - 1　1950—1976 年《人民音乐》刊登文献量统计

出版年份	出版刊期数（期）	刊登文献量（篇）
1950	4	156
1951	8	300
1952	停刊	停刊
1953	1	30
1954	6	174
1955	11	277
1956	12	351
1957	12	254
1958	12	423
1959	11	385
1960	10	302
1961	11	245
1962	11	284
1963	11	244
1964	10	278
1965	6	158
1966—1975	停刊	停刊
1976	1	30

（三）《人民音乐》对音乐理论建设的平台作用

"十七年"的《人民音乐》杂志，通过搭设新的音乐基本理论建设的公共讨论平台，直接反映了西方艺术与中国传统艺术之间、政治概念和艺术法则之间、艺术的大众性和精英性之间，在我国音乐艺术领域的冲突、斗争和融合的过程，《人民音乐》的媒介桥梁角色通过"十七年"间组织和传播的几次大型专题讨论体现无遗。

音乐艺术"民族化"的讨论，即声乐艺术中西方唱法和民族唱法的"土洋之争"。这是新中国音乐界的基本观念大碰撞，也是艺术讨论中最为贴近"百家争鸣"本义的学术讨论实践。《人民音乐》成为两种唱法论争的主要媒介空间。从1950年创刊开始，各地声乐艺术工作者在《人民音乐》上持续不断地讨论探索，直到1964年文化部批转《在京音乐院校调整工作的几项原则规定》，讨论才基本结束。关于"土洋唱法"的讨论，主要围绕五个问题展开：关于建立统一的中国唱法，关于中国新唱法的基础，关于中西唱法不同的根本表现，关于发声及练声法，关于发音吐字与"土洋唱法"的关系。在"十七年"间，《人民音乐》关于"土洋唱法"讨论的主要文章陆续发表（见表5-2），在促进声乐工作者对传统声乐，特别是民间声乐的学习及研究、声乐教学的发展、声乐演唱事业的繁荣、声乐新作品的产生上具有重大意义。

表5-2 《人民音乐》音乐艺术民族化专题讨论的篇目

期 数	作 者	作 品 题 目
1950年第4期	本 社	"唱法问题"笔谈第一次总结
1950年第4期	中央音乐学院	"唱法问题"座谈会发言摘录
1950年第4期	黄伯春	我们对"唱法问题"的意见
1950年第4期	亓 尧	关于"唱法问题"——华东军事政治大学文艺系座谈会总结提纲
1950年第4期	赵 沨	对于唱法问题的意见
1950年第4期	张树楠	秦腔唱法的初步研究——民间唱法研究之一
1950年第4期	郎毓秀	谈谈"洋嗓子"问题

续表

期　数	作　者	作　品　题　目
1950 年第 4 期	金紫光	关于唱法问题的发言
1950 年第 4 期	汤雪耕	丝弦老调和评戏唱法的初步研究——民间唱法研究之一
1954 年第 2 期	洛　英	"唱法说明"的公式化倾向必须纠正
1954 年第 2 期	陈　陶	对京剧小生唱法的我见
1956 年第 5 期	应尚能	乐句与字句
1956 年第 5 期	王基笑　刘广元	对路继贤同志的《河南梆子男声唱腔的改革问题》一文的几点异议
1956 年第 10 期	傅雪漪	京剧的练声方法
1956 年第 11 期	白云生	谈民族传统唱法
1956 年第 11 期	汤雪耕	谈歌唱的咬字、吐字和处理语言的方法
1957 年第 3 期	肖　晴	民族传统声乐的教学方法
1957 年第 3—4 期	喻宜萱	几年来音乐院校声乐教学中的几个问题
1963 年第 6 期	李焕之	谈谈民族演唱艺术的发展和提高——在独唱独奏音乐座谈会上的发言
1964 年第 1 期	张式敏	民族声乐如何提高——访李波、孟贵彬同志

"音乐与生活"关系的讨论。缘起于作曲家、音乐理论家贺绿汀于 1953 年 9 月全国文联第二次代表大会期间的发言。这次发言整理后在 1954 年第 3 期《人民音乐》上发表，题目是《论音乐的创作与批评》。此文对当时中国音乐创作与批评的现状作了全面深入分析，并提出解决意见，但引来全国音乐理论界第一次大规模理论"围攻"式的争论（见表 5-3），成为新中国成立以来我国音乐界的重大事件。

表 5-3　《人民音乐》关于"音乐与生活"关系问题讨论的篇目

期　数	作　者	作　品　题　目
1953 年第 1 期	焕　之	我对音乐中社会主义现实主义的理解
1953 年第 1 期	叶传瀚	歌曲创作中的新收获——草原上升起不落的太阳
1954 年第 1 期	马　可	在新歌剧探索的道路上——歌剧《小二黑结婚》的创作经验

续表

期　数	作　者	作　品　题　目
1954 年第 2 期	吕　骥	为创作更多更好的群众歌曲而努力——关于群众歌曲创作的几个问题
1954 年第 2 期	洪　飞	从农民的音乐生活谈起
1954 年第 3 期	焕　之	生活与创作
1954 年第 3 期	贺绿汀	论音乐的创作与批评——中华全国音乐工作者协会全国委员会扩大会上专题发言
1954 年第 6 期	马紫晨	对贺绿汀《论音乐的创作与批评》一文的商榷
1955 年第 1 期	王百乡	阻碍音乐创作发展的主要原因究竟是什么?
1955 年第 2 期	杜矢之	"论音乐的创作与批评"读后
1955 年第 2 期	老志诚	我对贺绿汀同志"论音乐的创作与批评"基本精神的理解
1955 年第 3 期	邢仪光	对贺绿汀同志"论音乐的创作与批评"的意见
1955 年第 3 期	程　云	论有关当前音乐创作的几个问题——"论音乐的创作与批评"读后记
1955 年第 3 期	咏　群	关于创作和批评的几点意见
1955 年第 3 期	何士德	故事片音乐创作的几个主要问题（续）
1955 年第 3 期	王　晋	请专家下凡
1955 年第 5 期	草　穆	关于专家"下凡"及其他
1955 年第 6 期	王　晋	再请专家下凡
1955 年第 8 期	王　昆	用我们的歌声,来歌唱我们人民的事业

关于通俗音乐的论争。《人民音乐》围绕着通俗的抒情歌曲曾有过较大的争论,主要是以《告诉我,来自祖国的风》《远航归来》两首作品的音乐风格及歌词的思想性为讨论中心,涉及中西音乐关系、继承传统、歌曲创作的民族性等方面的问题。虽取得了一些理论共识,但是受到极左思潮影响,原本正常的学术争鸣、理论批评也逐步走向泛政治化,对其后抒情歌曲的创作产生了较为严重的负面影响（见表 5-4）。

表 5 - 4　《人民音乐》关于通俗音乐批评的主要文章

期　数	作　者	作　品　题　目
1955 年第 1 期	泽　民	对《告诉我，来自祖国的风》的意见
1955 年第 2 期	戈　风	《告诉我，来自祖国的风》不是一首好歌
1955 年第 2 期	管　平	关于戈风同志对《告诉我，来自祖国的风》的批评的几点意见
1955 年第 3 期	王福焜	对泽民同志意见的商榷（谈歌曲《告诉我，来自祖国的风》）
1955 年第 3 期	黄　震	对泽民同志文章的几点意见
1955 年第 3 期	华　玲	反对以不正确的态度来对待音乐领域中的思想斗争
1955 年第 4 期	本刊编辑部	读者对《告诉我，来自祖国的风》的意见
1955 年第 4 期	孟亨全	不是忽视技术，而是脱离政治
1955 年第 4 期	夏　白	论贺绿汀同志对音乐艺术几个基本问题的形式主义观点
1955 年第 4 期	杨　琦	论贺绿汀同志的技术至上的思想实质
1955 年第 5 期	艾克恩	谈谈《告诉我，来自祖国的风》的歌词
1955 年第 5 期	荒　草	谈《告诉我，来自祖国的风》的歌词及其有关批评
1955 年第 5 期	刘兆江	我对《告诉我，来自祖国的风》的意见
1955 年第 5 期	本刊编辑部	读者对《告诉我，来自祖国的风》的意见（续完）
1956 年第 1 期	石　雨	我对《远航归来》一歌的意见
1956 年第 3 期	读者之页	关于歌曲《远航归来》的讨论
1956 年第 6 期	广　源	谈谈《远航归来》的风格
1956 年第 6 期	毛西旁	我对《远航归来》歌词的看法
1956 年第 6 期	高鲁生	关于曲调创作的民族风格问题——从歌曲《远航归来》谈起
1956 年第 7 期	徐　徐	从影片《怒海轻骑》的音乐谈起
1956 年第 9 期	顾　翌	试论歌曲创作的民族风格——从歌曲《远航归来》谈起
1956 年第 10 期	秦　海	关于歌曲《远航归来》
1958 年第 1 期	王云阶	黄色歌曲是毒草，必须铲除
1958 年第 2 期	金　帆	谈谈几首爱情歌曲的歌词

续表

期　数	作　者	作　品　题　目
1958 年第 4 期	周永翔	从几个例子看黄色歌曲里的"爱情"
1958 年第 4 期	邓映易	我们应当把什么样的歌曲给青年
1958 年第 4 期	孙世琦	驳李桂芬的"唱《九九艳阳天》有感"
1958 年第 4 期	沈宝泰	我喜欢《九九艳阳天》
1958 年第 5 期	伍雍谊	抒情歌曲的创作要不要继承与发扬"五四"以来的优秀传统？——对李焕之同志关于《九九艳阳天》一文的商榷
1958 年第 5 期	瞿自新	不应该过分推崇《九九艳阳天》
1958 年第 5 期	振　法	战士喜爱《九九艳阳天》
1958 年第 5 期	范西姆	《九九艳阳天》是一首很健康的歌曲
1958 年第 5 期	李　辛	《九九艳阳天》的创作方向值得研究
1958 年第 5 期	胡国强	不能同意邓映易的意见
1958 年第 5 期	过友桂	《九九艳阳天》不适宜给青年人唱
1958 年第 5 期	韩　敏	《九九艳阳天》唱起来劲头不对
1958 年第 5 期	本刊编辑部	其他报刊上对《九九艳阳天》的评论
1958 年第 5 期	胡　明	我们这里不喜欢《九九艳阳天》
1958 年第 5 期	郑　周	《九九艳阳天》过于缠绵
1958 年第 6 期	金　砂　李伟才	从《九九艳阳天》看它与影片的关系
1958 年第 6 期	赵　地	从群众歌咏活动看《九九艳阳天》
1958 年第 6 期	董永良　黄　明	从《九九艳阳天》所想起的

　　音乐的"革命化""民族化"与"群众化"的讨论。1962 年 9 月，在中共八届十中全会上，毛泽东提出了"千万不要忘记阶级斗争"的口号，音乐学术活动也被打上了"阶级斗争"的印记，学术论辩迅速被学术大批判所替代。阶级分析方法成了音乐学术分析的唯一方法。1963 年 8 月至 1966 年 2 月音乐界关于"革命化""民族化""群众化"的"三化"讨论即起源于此，论证中学术性辩论成分仍存在，但已有鲜明的"以阶级斗争为纲"的学术批判色彩。《人民音乐》作为讨论的主要阵地之一，大部分文章都围绕"三化"的定位、关系、意义等问题而展开（见表 5 - 5）。

表 5-5　《人民音乐》关于音乐"三化"问题讨论的主要篇目

期　　数	作　　者	作　品　题　目
1963 年第 2 期	汤雪耕	民族声乐的发展和提高
1963 年第 4 期	一　丁	关于当前群众歌曲创作的几点感想
1963 年第 5 期	马　可	深入生活、提高音乐创作质量
1963 年第 6 期	李焕之	谈谈民族演唱艺术的发展和提高——在独唱独奏音乐座谈会上的发言
1963 年第 7 期	雍　谊	欧洲唱法怎样民族化——访劳景贤、蔡绍序、董爱琳、周碧珍同志
1963 年第 10 期	亦　名	独唱歌曲民族化群众化散论
1963 年第 11 期	马　可	坚持戏曲音乐为社会主义服务和现实主义的传统
1963 年第 12 期	吕　骥	在斗争中产生的歌曲——为劫夫同志歌曲集出版而作
1963 年 12 期	李劫夫	实践和改造的过程
1963 年 Z1 期	赵　沨	声乐表演的民族形式和外来形式的民族化问题
1963 年 Z1 期	朱崇懋	向民族声乐传统学习的几点体会
1963 年 Z1 期	王　弋	电影音乐民族化及其他
1964 年第 1 期	叶　林	民族化、群众化问题初探
1964 年第 1 期	时乐濛	创作民族化杂谈
1964 年第 1 期	谢功成　曾理中　童忠良	关于作曲专业教学中的民族化与向民族民间学习问题
1964 年第 1 期	东　林	继承、发展、推陈出新
1964 年第 1 期	吴一立	把理论批评开展得更活跃起来
1964 年第 1 期	林　绿	"象"与"不象"——谈戏曲音乐革新评价问题
1964 年第 1 期	常苏民	继承民族民间音乐传统更好地反映现实斗争——为四川省第一届民歌、笛子比赛会而作
1964 年第 8—9 期	本刊编辑部	关于音乐革命化、民族化、群众化问题的讨论情况

　　关于音乐家马思聪演奏曲目的讨论。1958 年，著名小提琴演奏家、音乐教育家、中央音乐学院院长马思聪，响应"为工农兵服务"的号召，仍在教学研究之余坚持演出，但是他的音乐会演奏曲目除了自己作曲的《牧歌》《思乡曲》《西藏音诗》曲子外，大多都是西欧古典音乐曲目，缺少新中国、

苏联及其他社会主义国家的作品。1959 年 2
月，董大勇在《人民音乐》上发表《评马思
聪先生的独奏音乐会》一文，指出其曲目选择
的缺陷，并质问："我不知马先生对于党的
'厚今薄古'和一切文化艺术都要'为政治服
务'的方针是如何理解的?"以此拉开了以
《人民音乐》为平台的激烈讨论，时间跨度
近三年。11 篇的讨论篇目数量虽然没有其他
专题多，但是对音乐艺术领域的"左"倾化
和马思聪个人艺术生涯都有着不小的负面
影响。

图 5–7　《人民音乐》

二、《人民教育》与"十七年"教育发展

近现代中国教育类期刊，发轫于晚清洋务教育发展时期，是现代教育
体制发展的产物。在 1927—1937 年民国期刊发展黄金期，教育期刊每年新
增数量平均达到最高，其中 1927 年新增 32 种，1932 年新增 65 种（民国
最高点），1937 年新增 41 种。[1] 而八年全面抗战和国共三年内战的影响，
使得教育期刊不断萎缩和减少，到 1949 年全国教育期刊仅剩下 4 种。[2] 中
华人民共和国成立后，《人民教育》月刊的正式创刊，标志着教育期刊复
兴的开始和新中国教育体制、教育内容变革的开始。《人民教育》在教育
大政方针的宣传讨论上充分体现着其媒介功能。

（一）《人民教育》的创刊对教育期刊群的引领

《人民教育》于 1950 年 5 月 1 日创刊，其主编为成仿吾，副主编为叶
圣陶、柳湜，编辑委员会委员包括丁浩川、方与严、成仿吾、吴研因、林
砺儒、柳湜、徐特立、孙起孟、张友渔、陈选善、程今吾、叶圣陶、杨述
等著名教育工作者和学者。1951 年 7 月 3 日，经政务院文化教育委员会批
准，教育部和出版总署联合发文，声明《人民教育》为教育部的机关刊

---

① 参见杨建华《20 世纪中国教育期刊的历史沿革》，《中国教育科学》2015 年第 2 期。
② 宋应离：《中国期刊发展史》，河南大学出版社 2000 年版，第 224 页。

物，负有对全国教育进行政策、思想和业务上全面指导的责任。该刊在"文化大革命"期间停刊，1977 年 1 月复刊。

毛泽东曾为该刊创刊号题词："恢复和发展人民教育是当前重要任务之一。"柳湜撰写《为建设共和国人民教育而奋斗》一文作为《发刊词》，提出刊物的四大任务：学习政策、学习苏联教育经验、总结解放区教育经验、展开教育学术。该杂志定位于国家教育新闻宣传的目标，即党和政府引领和指导全国教育工作的权威舆论工具，读者实际主要面向为中小学、职业学校的教师与干部，师范学校师生，各级教育行政干部以及关心教育的各界人士，即主要面向义务教育及其教育管理工作。

《人民教育》从创刊起其报道内容便侧重于基础教育和职业技术教育领域的指导思想、方针政策和工作部署，栏目设置主要涉及各地重要教育大事、教育和教学改革新经验、教育教学理论及实践问题的探讨、教育工作者的意见和呼声等。长期以来与一线教师和各级教育行政干部的互动良好，在基层教师中有着良好的口碑，被赞为"《人民教育》的历史，就是一个个活生生的教育人的历史，是一个个教育家的成长史"。[1]

《人民教育》应时而生，且扎根于涉及面极广的基础教育，其引领效应明显，仅到 1950 年 3 月，全国新增教育期刊已经超过个位数，"综合性时事刊物和教育刊物最多，共 33 种"。[2] 总体统计，1950—1960 年间，全国各级政府新创办的各级各类教育通讯期刊，包括普教、高教及扫盲教育期刊，共一百一十多种。[3]

（二）"十七年"《人民教育》报道对基础教育的推动

《人民教育》的主题报道在"十七年"中对我国学校教育、扫盲事业的发展所起的宣传、推动作用，是其他地方性教育期刊和纯学术性教育期刊所无法比拟的。以下五个案例在体现《人民教育》的"人民性"方面，便极具说服力。

---

[1] 参见朱哲《永远青春的"老字号"——〈人民教育〉创刊 65 周年暨读者座谈会纪要》，《人民教育》2015 年第 10 期。

[2] 宋应离：《中国期刊发展史》，河南大学出版 2000 年版，第 224 页。

[3] 参见杨建华《20 世纪中国教育期刊的历史沿革》，《中国教育科学》2015 年第 2 期。

1. 1952 年对速成识字法的报道。《人民教育》在 1952 年 2 月号上发表了郭沫若的《在颁给祁建华奖状典礼会上的讲话》和祁建华的《"速成识字法"的创造经过》两文，对新中国成立初的全民扫盲运动影响极大。祁建华是西南军区某部的文化教员，在工作中琢磨出"速成识字法"，其方法主要三步：学会注音符号和拼音，掌握这种识字的辅助工具；突击生字，先求会读与初步会讲；学习语文课本，开展阅读、写字、写话活动，巩固已经认识的文字并求进一步的提高。这个方法在实践中的效果得到广泛认可，祁建华也被毛泽东称为"名副其实"的识字专家，刘少奇也褒扬他为"我国继仓颉以后第二大文人"。① 为此，杂志在同期还介绍了运用此法的高碑店农民速成识字班、天津纺织工人速成识字法实验班的经验。经过《人民教育》的权威力推，这种识字法迅速在基层扫盲班推广，对新中国成立之初的成人识字扫盲运动曾产生了重大影响。

2. 1953 年关于"红领巾教学法"的报道。《人民教育》1953 年 7 月号发表了叶苍岑的《从"红领巾"的教学谈到语文教学改革问题》一文，详细介绍了当时的苏联教育专家普希金观摩北京市女六中的"红领巾教学"后提出的专业意见，以及北师大中文系学生依普氏意见改进"红领巾教学"的经过与体会；同期还配发《稳步地改进我们的语文教学》短评。这次报道贴合创刊四大任务中的"学习苏联教育经验"一项，将苏联教学理论充分与中国中学汉语教学实际融合，案例解剖式的文章兼顾理论和实践，对一线教师非常实用和具有可操作性，发表后引起了全国教育界的密切关注，"红领巾教学法"在各地学校被迅速效仿和实践。此后，"文学分析"在语文教学中成为主要内容，而提问、谈话法也被看作重要的课堂具体教学手段。经《人民教育》杂志精心推出的"红领巾教学法"，对新中国的语文教学产生了长时间的影响，其教育教学理念曾在我国 20 世纪后半叶的语文教育中占据主流地位。

3. 关于全面发展教育问题的主题大讨论。1955 年 2 月号的《人民教育》配合教育部对全面教育方针的宣传，发表了《实行全面发展教育中若

---

① 参见人民教育杂志社《〈人民教育〉创刊 60 年报道过的最有影响力的事件与人物》（1950—2010），《人民教育》2010 年第 9 期。

干问题的商榷》一文。此文强调，教育工作中最突出的问题，一是提高教学质量和加重学生负担的矛盾，二是普通教育和高等教育对中学生要求差异性的矛盾，三是各科知识教学和政治思想教育的矛盾，以及被动灌输知识和培养学生主动钻研精神、独立思考能力的矛盾。文章指出，全面发展的教育培养目标应该是德才兼备、身心健康、手脑并用、智情并茂、意志坚强的共产主义新人，并且全面教育也是不断发展的。这篇文章较为深入全面地论述了社会主义全面教育的教育理念，即刻引起了全国范围的教育理论大讨论，使得不同于西方自由主义和中国儒家教育传统的社会主义新型教育理论逐渐成熟。1956 年 9 月号至 12 月号的《人民教育》，又以"全面发展与因材施教相结合的原则"的具体问题，再次发起"全面发展教育问题"讨论，并将此次讨论集中在全面发展与因材施教是否可以结合、两者相结合能否成为新的教育方针两个焦点上。综合来稿和多数读者意见，编辑部给出了客观辩证的总结：对于认为因材施教只是教学方法的人，不主张把它和全面发展的方针相提并论地结合；对于认为因材施教是一种更抽象的教学理念，并且要贯彻到教学内容、教学制度各方面的人，自然会肯定全面发展与因材施教相结合的方针。这次规模大且具有相当深度的主题讨论，在新中国教育思想史上留下了重要的一笔，对《人民教育》的学术研究功能也是一次较好的体现。

4. 关于语文分科问题的报道。1955 年 8 月号的《人民教育》发表了著名教育家叶圣陶有《关于语言文学分科的问题》一文，叶文强调语言学和文学性质不同，语言学是科学，而文学是艺术，其相应的知识体系很不相同，各自的教学任务也应有所不同，因而有必要在学校中进行分科教学。因叶圣陶有较大影响力，这个理论很快被付诸实践。到 1956 年时，很多学校的语文课被分为语言部分和文学部分，实行分科教学。教育部为配合语文分科，在 1956 年制订颁布了初、高中《文学教学大纲（草案）》和《初级中学汉语教学大纲（草案）》，成为中华人民共和国成立以来第一种正式的语文教学大纲。虽然这个方案在 1958 年后的"教育大革命"口号冲击下被停用，但之后的中国语文教学问题层出不穷，越来越显示出语文分科教学观点的理论和实践价值。叶圣陶发表在《人民教育》的文章成为中国语文教学功能和性质认识的经典文本。

5. 关于斯霞识字教学法的报道。1962 年 4 月号的《人民教育》发表了南京师范大学附小语文教师斯霞的文章《小学低年级识字教学的心理学探讨》，斯霞根据自己的教学实践，总结出"字不离词、词不离句"的识字教学精髓。之后的 6 月号、9 月号又连续发表斯霞的《漫谈识字教学》《教学生把字写好》两文，更深入地介绍了这种识字法。"字不离词、词不离句"的随课文识字方法，因其通俗易行和《人民教育》的推广而迅速风行全国，并使大量的小学语文教师的教学工作受益，被赞为可以达到讲、读、写、用"四会"的效果。斯霞老师因此也被树为教育行业模范教师的典型。

（三）《人民教育》在传统教育思想上的探索

"十七年"的思想和舆论环境多变而复杂，《人民教育》杂志本着为教育事业服务的宗旨，在思想改造运动和"左"倾思想严重的历史时期，遵从政治主旋律的同时，在传统教育思想的探索上也多有建树。

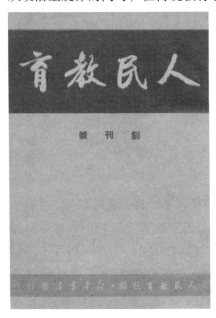

图 5 - 8 《人民教育》

纵观 1950—1956 年《人民教育》所刊发的数百篇文章，其中学习政策类 210 篇、学习苏联教育经验类 197 篇、教育学术思想批判类 100 篇、解放区教育经验总结类 8 篇。教育学术思想批判板块应和思想改造运动目标一致，批判对象为封建的、买办的、法西斯主义的思想，这个时期的独立思想探讨成分较弱，对苏联经验和传统教育理论的深度审视尚未开始。

1957 年中国教育界对苏联经验的反省，带来了《人民教育》深化教育本土化讨论的契机。1957 年《人民教育》在 1 月号刊发社论，明确主张学习苏联经验要与中国教育实际相结合，提出注意总结本土教育经验，特别是中国传统教育与文化遗产，认为："中国几千年的教育经验，都有许多有价值的东西，值得总结。我们必须十分重视这些遗产，才能很好地改进我们的教育工作。"同一期还刊登了呼延河池撰写的书评《介绍〈孔子的故事〉》，对孔子做出褒扬性的评价："五四以后打倒'孔家店'，孔子被从封建宝座上拉下台来。然而作为一个教育家仍然没有人能够抹煞他古老而常新的光辉。孔子的教育原则和教育方法有很多是值得我们现在的教育工作者认真研究的。"① 1957 年 2 月号的《人民教育》开辟了《中国传统教育经验研究》专栏，指出孔子教育遗产研究的积极价值，主张在其整体思想体系的社会背景中研究其教育思想，更有益于取其精华和去其糟粕。专栏第一期刊登许梦瀛的《略谈孔子的教学法思想》一文，客观评价了孔子的教学法思想，特别强调孔子道德教育的宝贵价值。同年 6 月号的《人民教育》接着刊登毛礼锐对沈灌群著《中国古代教育和教育思想》的书评文章，肯定了沈著在叙述孔子思想的同时对中国古代教育和教育思想做出提纲挈领式的勾勒，有益于对优秀传统教育思想的理解。

经过 20 世纪 50 年代末整风运动和教育革命主调的短暂压抑，《人民教育》对传统文化和教育的理性思考在 60 年代初再次出现。1961 年 9 月号的《人民教育》同时发表了历史学家翦伯赞的《对处理若干历史问题的初步意见》、吴晗的《历史教材和历史研究中的几个问题》，两文的主旨皆提倡用历史的观点，对史实做出实事求是的判断。这两篇文章的发表，实际上为其后对传统教育遗产的讨论确定了理论基调。

1961 年 9 月号至 1962 年 7 月号的《人民教育》，再次设立《批判地接受传统教育经验》专栏，提出"学习、批判、再学习、再批判"的研究方法。专栏在存续期间发表了 7 篇主题为中国传统文化与教育经验的文章，亦飞的《探求识字教学的传统特点》一文，对中外和古今教育经验的辩证客观态度很有代表性："我国语文教学有丰富的传统遗产。语文教学必须民族化。外国经验必须与本国特点相结合。必须通过民族形式来吸取外国经验。"②

1963 年 9 月号《人民教育》刊发李放的《从历史上看"以识字教学为重点"》一文，深化了亦飞的观点："这种毫无批判地照抄照搬外国理

① 呼延河池：《介绍〈孔子的故事〉》，《人民教育》1957 年第 1 期。
② 亦飞：《探求识字教学的传统特点》，《人民教育》1961 年第 9 期。

论，而对自己国家的传统教学经验却视为'污垢浊水'，不讲批判地继承，全盘加以否定，不能认为是历史唯物主义的科学态度。"这段教育反思，既是对苏联教育理论过于拔高的批评，也是对五四运动以来中国教育过于西化倾向的大胆质疑。随着文化界形势的骤变，10月号《人民教育》中断了相对理性的学术讨论，重又转入教育的无产阶级与资产阶级两条路线的斗争的论战主题。直到"文化大革命"开始后停刊，《人民教育》未再展开对传统教育的理论探讨。

三、少儿期刊的发展

少儿期刊作为教育工作和出版工作的交叉领域，从中华人民共和国成立以来一直受到党和国家的重视。少儿期刊是伴随着社会主义教育文化事业的发展而起步发展的，有着自身的独特性。

（一）少儿期刊的起步

在1950年9月青年团中央第一次全国少年儿童工作干部大会和1953年11月全国少年工作者会议上，党和政府要求认真办好儿童报刊，号召作家、艺术家、科学家为少儿创作更多更好的文艺和科学作品，用健康的精神食粮来滋养"祖国的花朵"。

中华人民共和国成立初期的少儿刊物也分为创办和恢复出版两种情况。1950年中国少年儿童出版社首先复刊《中学生》杂志，开启中国少儿期刊发展的新时期。《中学生》杂志由上海开明书店创办于1930年，新中国成立后由团中央领导的中国青年出版社出版，1950年中国少年儿童出版社成立后改由该社编辑出版。稍后，《小朋友》杂志在上海中华书局1922年创办的基础上复刊，由面向小学中高年级改为面向小学低年级学生的读物，由少年儿童出版社在上海继续出版。1956年，《儿童时代》由中国福利会重新创办。

在其他各省市，《新儿童》杂志1936年创办于广东，1954年由共青团广东省委接办，并于1956年4月改为《少先队员》（为我国最早的少先队队刊之一），是广东少先队队刊；东北、西南地区也出现了新的少儿期刊，如共青团东北工委在1950年创办于沈阳的《好孩子》、共青团西南工委在重庆创办的《红领巾》等刊物。1961 年，江苏省创办了少儿文艺作品专刊《少年文艺》。

1960 年，专门向少年儿童介绍自然科学知识的杂志《我们爱科学》面世。20 世纪 60 年代初，团中央书记胡克实等提议为孩子们办一个儿童文学刊物，由作协和团中央协办的《儿童文学》面世，办刊方针为：发表好作品，为少年儿童提供优美的精神食粮；团结依靠老作家，发现扶持青年作家，逐渐形成一支儿童文学创作队伍。在鼓励儿童文学创作的政策氛围中，少年儿童出版社不久后创办了不

图 5 - 9　《小朋友》

定期的理论刊物《儿童文学研究》，对活跃儿童文学创作无疑起到了激励作用。这些著名少儿期刊，使儿童作品创作的艺术水准和科学含量进一步提升，在影响上后来居上，成为学校教育之外学习语文、数理化知识的最好的第二课堂，在少儿读者中影响非常大。

同时，这一时期少儿刊物的问题亦非常明显。首先，全国仅仅十几种儿童刊物，与当时一亿数千万的儿童人口基数相比，反差强烈，远远无法满足全体儿童读者的阅读需要；在订阅读者中，又大多为城镇儿童，多数基层农村的儿童基本处于无书可读、没有条件订阅报刊的状态。从作品的内容看，虽然好作品的数量不断增加，但是 20 世纪 60 年代前后连绵不绝的政治运动使得儿童刊物也不可避免地受到"左"的思潮的冲击。具体表现是，一些少儿杂志的文章为紧跟形势，围绕中心工作，常常脱离儿童读者的特点和心理，用僵化的政治说教代替形象生动的文学手法，呈现出不伦不类的文本形象。

著名作家茅盾在《六〇年少年儿童文学漫谈》一文中，直接批评这一年儿童文学作品是"歉收"的一年，脱离了儿童文学应有的特色。茅盾列举了他看到的 29 种在 1960 年 6 月号刊登儿童文学作品的文艺刊物的情况。

在上述文艺刊物中有 27 种登载了以少年儿童为对象的儿歌 221 首，其中标明为儿歌或新儿歌的 119 首，以《红领巾之歌》或《给孩子们的歌》为栏名者共 70 首，小叙事诗 2 首，可知这些诗歌的 90% 以上以儿童为阅读对象。221 首诗按题材大致可分为：歌颂人民公社的 36 首；支援农业（从养鸡、养兔、积肥直到搞小小的试验田）的 66 首；支援工业（包括社办工业）的 10 首；歌颂技术革命、技术革新的 7 首；其他反映少年儿童的生活和学习（小部分反映农村新气象）的 102 首。而在 1960 年专门刊登少儿文艺作品的《少年文艺》7 期内容中，题材和内容比例也非常类似。茅盾就此尖锐指出儿童文学作品的几个突出问题："题材的一边倒现象"，"政治挂了帅，艺术脱了班，故事公式化，人物概念化，文字干巴巴"；[①] 这一年的创作中童话作品几乎为零；小孩儿的形象不像小孩儿，语言都是加工过的文学语言，诗歌语言很多是标语口号的剪接。

（二）"文化大革命"期间的停滞和总体影响

1966 年"文化大革命"爆发后，几乎所有的少儿期刊都被迫停刊。在 20 世纪 70 年代期刊恢复潮中，北京创办的《北京儿童》《北京少年》和武汉出版的《武汉儿童》方重新填补少儿期刊的空白，但是仍然未摆脱之前的缺点，且更趋单调和"左"倾。

"十七年"的少儿期刊，在对全国少年儿童进行社会主义教育和革命传统教育等方面发挥了重要的媒介作用，且塑造和呈现了新中国少年儿童的理想人格形象和精神面貌。"十七年"中，少儿期刊陆续推出少儿楷模人物，如小英雄刘文学、龙梅与玉荣、张高谦等，通过艺术化的长期宣传，使集体主义、英雄主义、大公无私等新时代倡导的新道德、新思想渗透到新中国成立后成长起来的新一代的价值观中，成为社会主义教育活动的组成部分。

1959 年，据官方统计数字，少儿报刊的总数量是 16 种；[②] 如减去报纸，真正的少儿期刊在"文化大革命"前最多时仅有 13 种，与其他社会

---

① 茅盾：《六〇年少年儿童文学漫谈》，《上海文学》1961 年第 8 期。

② 文化部党组、共青团中央书记处：《关于进一步改善少年儿童读物的报告》，见《中华人民共和国出版史料》（10），中国书籍出版社 2005 年版，第 238 页。

群体期刊数量相比十分单薄。从种类结构上看，多为综合性少先队队刊和纯文学、科学性期刊；读者对象的目标年龄也比较模糊，只是大致包含中、小学生群体。从编辑人员实际情况看，专职较少，多为兼职，远未形成少儿期刊的独立出版运行体系。少儿期刊的主要问题同样是受"左"倾思潮影响和政治运动的制约，文本形式较为单一，政治说教色彩浓厚，在艺术设计和形象塑造上未能很好突出少儿人群的独特心理需求，缺乏媒介感染力。这种情况因少儿期刊绝对数量很少而表现得比其他期刊更为突出，少儿期刊因而成为"十七年"期刊事业的相对短板。

第四节　"人民""中国"系外宣期刊的发展和演变

中华人民共和国成立后，作为外交战略的重要组成部分，我国的对外宣传期刊事业得到充分重视，创办了一批有相当影响的以"人民"字头为主的外文版对外宣传期刊，并形成了其后对外宣传期刊的基础。

一、《人民中国》的发展与演变

第一，《人民中国》多语版的出版与改刊。《人民中国》（People's China）是一份新中国成立初以多语种出版的外宣期刊，编辑部位于北京，由中国国际新闻局主管。最早出版的《人民中国》是 1949 年出刊的英文版半月刊，其杂志社的人员构成和编辑风格与创办于香港的英文半月刊《中国文摘》① 有先后继承关系，总编辑由国际新闻局局长乔冠华兼任，作家萧乾担任副总编辑兼社会组组长，张彦任编辑部主任，车慕奇任编辑兼做行政工作。张彦、车慕奇都曾是《中国文摘》的工作人员，当时兼任外交部部长的周恩来总理直接指导刊物的创办工作。

《人民中国》半月刊创刊号为 16 开本，封面为红色套印，报头以五星

———————

① 《中国文摘》（China Digest）于 1946 年年底在香港创刊，是由周恩来直接领导的中国对外期刊，龚澎任主编。《中国文摘》的编辑、翻译、出版、发行只有六七个人承担，但影响很大，解放战争期间成为解放区中共对外宣传的唯一窗口，发行世界多个国家，文章转载率很高。《人民中国》创刊后，《中国文摘》于 1950 年 2 月正式停刊，宣布已将发行关系转给《人民中国》，继续为读者服务。

红旗为背景，嵌入白色中英文双语刊名，中文刊名是从《人民日报》和《中国青年》两个报头中摘取毛泽东手书字体合成。封面上印有创刊号三篇重头文章标题：毛泽东的《斯大林——中国人民的朋友》，郭沫若的《文化艺术界的统一战线》，托列旦诺的《我看到了共和国》。

《人民中国》英文版半月刊受到新闻总署署长胡乔木的特别重视，胡乔木经常为杂志提示选题或为记者创造条件去实际接触重要的信息源，如1950年意大利共产党中央委员史巴诺来访，他指派张彦随同参与史巴诺对几位中央领导的访问，张彦得以亲耳听到"李立三谈中国的工人运动，薄一波谈中国的土地改革和农村工作，安子文谈中国共产党的建设"，[1] 这种较为特殊的政治待遇为编辑部全面了解国家发展和政策打下了良好基础。另外，编辑部人员大多有西方教育背景且长期从事对外宣传工作，能够直接用英文写作；负责改稿的编辑有陈友仁之子陈依范，以及美国新闻记者出身的爱泼斯坦、葛兰恒等人，他们都具有很强的现代新闻工作素养，因此杂志发行之初即广受欢迎。

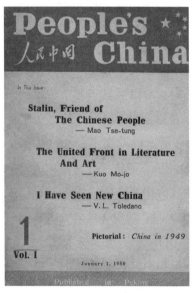

图 5-10 《人民中国》

1950 年，基于对苏联和东欧的交流需要，《人民中国》增出俄文版，因为苏联的意识形态和国情特征与西方国家迥异，俄文版的内容不能是英文版的简单转译，编辑部为此在编辑思路上遇到了很大困扰。1953 年，为加强中日关系，《人民中国》再出日文版。1958 年，为满足与亚非拉国家交往的需要，又先后增出印尼文版和法文版的《人民中国》月刊（法文版针对非洲法语地区）。

1954 年，周恩来总理在日内瓦参加印支问题会议时，得知国外新闻界不能及时得到中国文件正式译本，而半月刊

---

① 张彦：《〈人民中国〉诞生记》，《对外大传播》1998 年第 Z1 期。

《人民中国》英文版译文半个月后才能看到，严重影响外交工作效果，于是建议国际新闻局将英、俄文版于1957年停刊，而英文版改为《北京周报》出版，《北京周报》遂成为中国政府向国外传达政策和外交信息的权威周刊。随着国家外交格局和对外出版战略的变化，法文版和印尼文版的《人民中国》分别在1963年和1964年年底停止出版。因此，日文版成为唯一保留下来的《人民中国》月刊，仍旧保持原有编辑思路，成为中国唯一的国家级日文综合月刊，也是一份重要的外宣期刊。

第二，《人民中国》的编辑思想。在《人民中国》英文版半月刊创刊号的《致读者》中，编者声言："本刊以增强中国人民与世界各国进步人民之间的团结和友谊为宗旨。每月两期，我们将通过本刊篇幅，向读者报道业已从国内反动派和外国帝国主义统治下获得解放的中国人民的思想和生活——那就是向您介绍人民的中国。"《人民中国》英文版主要对外报道中华人民共和国的政治、经济、文化生活和对外政策，以促进中外信息沟通和相互了解。

《人民中国》在多语种出版之初，仿照的是"以统一的内容和手法去向不同地区、不同意识形态、在不同社会制度下生活的读者进行宣传"[1]的苏联模式。这种苏式的外宣组稿办法，实际上为各文版提供的自由发挥空间很小，使得宣传效果大打折扣。在多语种出版一种杂志的特殊情况下，为适应不同文版的差异性需求及编辑条件的不同，《人民中国》编辑部在有限的政治空间内调整策略，逐渐开始实行中文定稿、各文版内容大同小异的方针，曾设立"稿件供应部"为各文版提供稿件，任其采纳编选。

1953年8月，胡乔木针对多语种出版《人民中国》的编辑策略问题，在中宣部部务会议上发表长篇讲话，为杂志提出了几条具体的编辑意见，成为其后《人民中国》各文版发展的编辑指导思想基础。

首先，涉及《人民中国》的报道内容。胡乔木指出，《人民中国》总体内容性质应是对中国社会现状作系统、生动、广泛的报道，包括工业建设、农村生活、贸易、教育等，也包括一部分时事性文章。报道中国的基

---

[1]　张彦：《〈人民中国〉诞生记》，《对外大传播》1998年第Z1期。

本信息和知识要力求准确、丰富、翔实和全面，以矫正西方人对中国事物的歪曲性理解。对于中国科学、文学与艺术的译介，可以根据外国读者兴趣和本身价值有选择地介绍一些科学成就，并侧重普及性；通过精确漂亮的翻译文字有计划地介绍一些文学艺术作品。

其次，谈到《人民中国》组稿问题。胡乔木建议关于中国现状的权威论述文章，主要由中央负责同志、部长和专家（强调非秘书撰写稿件）提供原稿，具体可采取请作者改写、编辑部改写后经作者同意两种方式；同时组稿编辑要积极在各级干部中间发现、组织和培养有思想、有写作能力的作者群。《人民中国》编辑部要组织、团结起以作家、教授为主体的二三十人的核心作者群，这些主力作者要得到充分尊重而不能采取官僚主义的方式来应付，文章的题目、内容和长短必须与这些作者协商决定。编辑部要在培养编辑队伍之外，逐渐在各界发现、训练出自己的优秀特约评论员队伍，发出自己独立的声音。

第三，《人民中国》日文版的沿革。1952年，国际新闻局（后改名外文出版社）曾在郭沫若领导的文化工作委员会参加敌情研究和对日宣传的日语专家康大川，递交了创办《人民中国》日文版的申请，编译局局长兼外文出版社社长师哲肯定了康大川的建议报告，遂逐级上报，得到周恩来、郭沫若和胡乔木的一致首肯，于是《人民中国》日文版于1952年年底开始筹备。杂志的编辑阵容主要由东北地区的日语新闻工作者组成，由主编康大川从东北各城市招募而来，其中日本人占很大比例，包括《赤旗报》（地下版时期）的总编辑池田亮一夫妇、原同盟通讯社资深记者菅沼不二男及夫人、戎家实及冈田、松尾、林弘等八九位原在东北工作的日本新闻人；中国编辑有李熏荣、刘德有、安椒渠、李玉银、于鸿运、李佩云、冯宜英等。

《人民中国》日文版月刊创刊号于1953年6月5日正式出版，第1期运到日本后即被抢购一空，不得不再版1000册。随后发行量水涨船高，到"文化大革命"爆发前，个别期号的发行量高达12万册。杂志在日本请了三人顾问小组（即资深报人岩村三千夫、东方书店经理安井正幸、菅沼不二男）来具体指导、管理杂志在日本的发行事宜。

《人民中国》日文版的编辑思想是基于中日关系的特殊性和日文杂志

编辑资源特点形成的，主要包括以下几点：第一，坚持名家撰稿路线。中国的著名作家、艺术家如巴金、冰心、郭沫若、赵朴初等都曾为杂志撰稿。日本方面的名作者如中岛健藏、龟田胜一郎、井上靖、梅原猛、驹田信二、水上勉、陈舜臣、近藤芳美、安藤彦太郎等，无一不是日本文化界的一流作家、学者和文化名人，在长期供稿过程中，他们与《人民中国》编辑部结成了稳定持久的友好关系。第二，始终以促进中日民间交流、增进两国的理解和信任为己任。《人民中国》日文版对日本全面展现中华文化与文明，客观反映中国当代的社会变革和经济、文化、科技的发展。

二、《人民画报》的创刊与发展

《人民画报》1946 年 8 月 1 日创刊于河北省邯郸市，由晋冀鲁豫军区政治部人民画报社编辑出版。1948 年 5 月晋察冀画报社与人民画报社合并成立华北画报社。至此，《人民画报》胜利完成了历史使命。《人民画报》在两年时间里共出版画报 8 期、增刊 1 期，发表照片共计 210 幅，共发行1.3 万册。

1950 年 6 月，毛泽东主席为《人民画报》题写刊名。当时，他分别在两张纸上写下了六条"人民画报"字样，并在他最满意的一条的右上方画了两个圈，这便是被一直沿用至今的《人民画报》刊名。

1950 年 7 月 1 日，全国性的大型画报《人民画报》正式创刊，对外称《中国画报》，是我国第一家大量使用彩色胶片和彩色印刷的期刊。《人民画报》的《发刊词》由中宣部黎澍撰写，胡乔木审定。《人民画报》隶属新闻总署新闻摄影局，总署署长胡乔木负责审核画报的全部稿件。1951 年

图 5-11　《人民画报》

9 月，新闻摄影局分为人民美术出版社、新华社摄影部两个机构，《人民画报》编辑部由新闻摄影局划归人民美术出版社。从 1953 年 7 月起，《人民画报》编辑部由人民美术出版社划归外文出版社领导，《人民画报》的机构职能由普通的新闻业务变为对外出版，完成了向完全对外宣传功能的转化，是其后《人民画报》在新中国外宣工作中权威地位的基础，并直接影响到其办刊理念和风格。

《人民画报》的行政和业务归属变化，体现了从新闻期刊到外宣期刊的功能演变的过程。

《人民画报》行政和业务归属管理的外文出版社，在行政上先后由出版总署及文化部出版事业管理局领导，业务上先后由中宣部、中联部领导。1958 年后，外文出版社改为对外文委直属的企业单位。对外文委属于外事部门，因而《人民画报》业务一度曾由国务院外事办公室直接领导，后来外办把业务领导完全下放给对外文委。1960 年 1 月，外办副主任廖承志召集了一次研究画报工作的会议，会上要求画报开印前要送美术专家审查，并指明画报稿件今后直接送外办由廖承志亲审。由此，国务院外办重新直接领导《人民画报》工作。1962 年 8 月 1 日，外文出版社向对外文委党组报送《关于调整外文出版社机构体制的意见和建议（修订稿）》，提出《人民画报》编辑部必须具备中央一级新闻单位的地位和独立进行处理业务资格，否则在实际的调查、采访、组稿及组织作者等方面都会遇到困难。1963 年 2 月，国务院外办向邓小平报送《关于加强外文书刊出版发行工作的报告》，建议外文出版社改为直属国务院的一个行政单位，名称改为外文出版发行事业局，在业务方针上受国务院外办直接领导，并在政治理论书籍的出版发行工作上受中宣部和中联部的领导；同时，《人民画报》等五个编辑部，改为对外独立的《人民画报》社等，在编辑方针上受国务院外办领导。9 月，这个申请被国务院通过，《人民画报》等五个杂志编辑部均升格为对外独立的期刊社，直接由外文局领导，实际意味着《人民画报》可直接接受国务院外事部门和中共中央对外联络部门的领导。

《人民画报》业务范围的不断扩展，使其成为我国外宣领域的媒介标志。

1951 年 1 月，《人民画报》英文版创刊。1951 年 11 月 5 日，政务院文委批准了一批可供出口的中外文刊物，其中就包括《人民画报》（俄文版、英文版）。随后，1953 年 4 月增出印尼文版，9 月增出朝鲜文版（延边语）；1954 年 1 月增出日文版、法文版，7 月增出西班牙文版；1956 年 7 月增出越文版、德文版；1957 年 8 月，芬兰文译稿随英、德、俄三种外文版《人民画报》发行，9 月增出印地文版，成为用印度国语宣传中华人民共和国的唯一杂志；1960 年 1 月增出瑞典文版；1964 年 1 月新出朝鲜文版（平壤语），3 月增出斯瓦希里文版，9 月增出意大利文版；1967 年 2 月请示外办拟增出乌尔都文版，5 月试刊，8 月正式出版发行。

《人民画报》巨大的发行量和稳定的发行渠道，从技术和管理层面保障了外宣功能的实现。《人民画报》主要发行渠道是国际书店，基本上通过贸易方式，辅以非贸易方式发行。《外文出版社一九五三年工作总结与一九五四年的方针任务》（1954 年 6 月）提到：1953 年《人民画报》并入外文社后共出版了 6 期，其中，中文版 62. 39 万册，俄文版 26. 23 万册，英文版 10. 03 万册，印尼文版 3. 67 万册，总共出版 102. 32 万册。1958 年 10 月 9 日，对外文委向国务院外办提出《关于〈人民画报〉改出半月刊后出版发行规划的请示报告》，提到每期《人民画报》国内外各种文字版本共发行 45 万多册，其中有 30 万册发行到国外，发行范围有 126 个国家和地区（主要是苏联、亚非和拉丁美洲地区），是中华人民共和国成立后外宣刊物中文字版本最多、发行数量最大的一个刊物。1976 年，《人民画报》对外发行创最高纪录，总共达 52. 2 万册。[①]

《人民画报》在特殊身份之下的编辑风格，也具有文化双重性。

作为具备大众传播媒介以及对外宣传媒介双重身份的《人民画报》，其政治任务与普通的期刊媒介具有共性，也存在明显特殊之处。《人民画报》的编辑工作直接受中宣部领导，编辑部按年度制订并上报宣传计划，同时在中联部和国务院外办领导下服务于国家外交事务总方针。1952 年 6 月，中宣部明确《人民画报》的宣传任务是以图片形式进行国际、国内宣传，而以国际宣传为主。其编辑方针的要点：减少国内时事

---

① 参见梁君健《政治性与艺术性：外宣史视角下的〈人民画报〉办报观念研究》，载《中国传媒大学第五届全国新闻学与传播学博士生学术研讨会论文集》，中国传媒大学，2011 年，第 12 页。

报道，并使其内容适合国际宣传要求和国外读者；以报道我国建设成就、生活面貌、文化艺术、自然风物为主；国内政治运动要正面地报道；加强报道的系统性、组织性与目的性；加强报道的思想性与艺术性。[①]1960 年 4 月，国务院外办明确《人民画报》的编辑方针是"以图片和文字来宣传社会主义制度的优越性，报道我国经济和文化建设的成就，反映我国各族人民物质生活和精神面貌的变化，以及对保卫世界和平所作的贡献"。[②] 1964 年 9 月，外文局发布的《外文出版发行事业局工作条例（试行草案）》中第三条宣称："外文图书和期刊，是进行国际阶级斗争的工具之一"，[③] 赋予《人民画报》强烈的意识形态功能，以正面积极形象和手法报道中华人民共和国的建设成就成为它的最高传播目标。

基于特殊的外宣政治身份，《人民画报》在编辑理念中认可"内外有别"的观念，但实际体现并不明显，编辑业务特点最为突出的是其政治性与艺术性并重的办刊思路。《人民画报》的图片报道在中外读者中受到同样的欢迎，汉文版画报在国内也一直有着巨大的发行量，1955 年即达到 15万多册。[④]

艺术性被视为实现《人民画报》的意识形态功能的最好手段。在围绕其画报办刊理念的表述中，核心观点即强调政治性与艺术性的结合。由此，对画报摄影艺术和理论的钻研便成为必然。1960 年 2 月，外文出版社制定的《一九六〇年工作规划》提出，《人民画报》须以毛主席提出的革命现实主义和革命浪漫主义相结合的思想为指导思想，做到画报画面生动感人，主题思想鲜明，标题简练醒目；文字中心突出、精练优美；版样设计力求突出主题、新颖活泼，力求多样化。[⑤] 人民画报社摄影记者在创作实践中体现了比一般记者更高的艺术水准，其摄影理念对艺术性的强调，

① 晋永权：《红旗照相馆：1956—1959 年中国摄影争辩》，金城出版社 2009 年版。
② 转引梁君健《政治性与艺术性：外宣史视角下的〈人民画报〉办报观念研究》，载《中国传媒大学第五届全国新闻学与传播学博士生学术研讨会论文集》，中国传媒大学，2011 年，第 12 页。
③ 转引梁君健《政治性与艺术性：外宣史视角下的〈人民画报〉办报观念研究》，载《中国传媒大学第五届全国新闻学与传播学博士生学术研讨会论文集》，中国传媒大学，2011 年，第 12 页。
④ 廖盖隆：《中华人民共和国的报刊》，见宋应离等编《中国当代出版史料》，大象出版社1999 年版，第 6 页。
⑤ 参见《中国外文局五十年史料选编》，新星出版社 1999 年版，第 171 页。

除了画面"内部"的美学要素之外，更为重视画报整体报道题材中对艺术类内容、时政类内容和建设类内容不同的报道比例，避免枯燥乏味的政治说教削弱艺术表现。1962 年第 3 期的《人民画报》被公认为是政治性与艺术性相结合的典范，成为同类画报和其后《人民画报》自身的一个标杆。因画报的出版周期长达两个月，且以图片为主进行新闻报道，《人民画报》摄影记者和编辑在长期工作中自然习惯于考虑如何用场景而非时事新闻和政治文件展现人物叙事，完成新中国的国家形象建构，使《人民画报》成为国外了解中华人民共和国面貌不可替代的外宣期刊。

三、《中国建设》的创刊与发展

《中国建设》杂志的创刊，是新中国成立初期中国共产党对冷战初期国际形势审时度势的战略决策。中华人民共和国成立的同时，西方国家也开始了对中国政治、经济、文化的多重封锁。美国国内新闻舆论也一边倒地攻击中华人民共和国。面对这种严峻形势，急需用本国媒体的报道向国外读者全面、真实地介绍新中国，以争取理解和友谊，改变被动的外交形势。

（一）《中国建设》的诞生与变迁

宋庆龄以自己特殊的政治身份和在国外文化、新闻界的巨大影响，对外宣工作保持着密切关注。中华人民共和国开国大典后刚两个月，她便致信中国人民救济总会的伍云甫，建议"出版一个月刊或者通讯以领导救济工作"，"建立国际宣传机构……向各国人民介绍中国人民在自力更生建设新国家中所取得的成就"。[①] 1950 年，宋庆龄在中国福利基金会作的工作报告中，第一次正式提出国际宣传工作的命题。她强调国际宣传将是一件重要工作，可以采取政府正式报告、新闻报道，以及通过更易被接受的、人民间关系来进行报道的非正式方法，把中国真实的情况传达到国外。

随后，中国福利基金会围绕外宣工作怎样突破的中心议题，曾多次讨论。具体议及怎样运用宋庆龄的名义展开人民外交，人民外交的内涵，人

---

① 《宋庆龄书信集》（下册），人民出版社 1999 年版，第 230 页。

民外交的主要对象国，宣传新中国的媒介策略等，最后达成基本的战略共识：把新中国的成就介绍到苏联、东欧等新民主主义国家，与其人民建立友谊，并表明新政府得到了中国所有民主人士的拥护，向苏联学习；将新中国的伟大成就传达给殖民地人民，鼓励他们与统治者斗争，密切联系其国内进步人士和积极分子；通过中国福利基金会的国际友人，开展面向西方国家的人民外交，争取进步人士，告知中国革命的伟大成就，鼓励其向统治者斗争，争取其到国际和平阵营。①

图 5 - 12　时任国家副主席的宋庆龄

周恩来总理自 1950 年 10 月，曾三次亲自到宋庆龄寓所拜访，建议宋庆龄以自身丰富的政治经历和国际经验为基础，创办一本对外宣传刊物。宋庆龄同意并决定：关于杂志的规划先行"保密"，并限于在家里进行。再经反复磋商，1951 年 1 月，周恩来拍板中国福利会预算计划，并提议不够可追加，由中国人民救济总会负责供给；对于刊物的主要业务负责人，二人达成协议：曾在香港编过英文《远东通讯》半月刊、又在美国从事宣传工作的陈翰笙，以及曾协助宋庆龄出版《保卫中国同盟通讯》且正受麦卡锡主义迫害的美国友人爱泼斯坦担任主要编辑。

　　1951 年 6 月，宋庆龄为杂志定名《中国建设》，该杂志是《保卫中国同盟通讯》的继承刊物。② 8 月，宋庆龄在上海主持召开《中国建设》首次筹备工作会议，确定该杂志的基本定位为内容充实通俗、图文并茂的民

---

　　① 见中国福利会《1950 年工作报告及目前工作问题讨论总结》，上海市档案馆藏，档案号 C45 - 1 - 18。

　　② 《保卫中国同盟通讯》系保卫中国同盟创办的宣传刊物，保卫中国同盟是宋庆龄等人于抗日战争期间创建的抗日救亡组织。

间团体刊物，淡化政治和政府色彩，一般情况下不刊登政府文件、报告、理论和军事文章；读者对象是"资本主义和殖民地国家的进步人士和自由主义者以及同情或可能同情中国的人。特别针对那些真诚要求和平，但在政治上并不先进的自由职业者和科学、艺术工作者"；报道中心为"中国社会、经济、文教、救济和福利方面的发展，以使国外最广泛的阶层了解中国建设的发展，以及人民为此所进行的努力"。①

1952年1月，《中国建设》英文双月刊创刊号正式在上海面世。其《发刊词》明确杂志宗旨为："集中报道我国的重建和新的建设以及我国人民生活的变化。……他将用权威的文章、生动的特写、典型的图片、插图和表格来记录中国人民的生活，并将报道他们是如何克服困难和解决问题的。"

《中国建设》杂志社的编委会，由各界知名人士组成，包括金仲华、陈翰笙、钱端升、李德全、刘鸿生、吴贻芳、吴耀宗、唐明照、陈麟瑞等人。金仲华为编委会主任，陈翰笙为副主任，宋庆龄主要在幕后负责总筹、约稿或撰稿工作。《中国建设》在筹办阶段，实际只有6位工作人员，即李伯悌（记者）、爱泼斯坦（执行编辑）、邱茉莉（印刷）、顾淑型（美编）等，负责组稿、撰稿、翻译、联络、图片、设计和校对等全套工作。开始没有固定办公地点，中山公园成了李伯悌等人临时撰稿点，创刊号即由宋庆龄、陈翰笙和李伯悌在公园里草拟。后杂志社设在北京的一座四合院。

1953年3月，《中国建设》为减少京沪两地办公的浪费，杂志社除推广组外，全部迁至北京。同年，中央宣传部指示《中国建设》，基于新中国建设成就报道的目标，本杂志文字内容要突出教育性、引导性和启发性，淡化新闻性，与《人民中国》的报道避免重复，给《中国建设》提供了更为明确的方针和任务。

随着杂志影响的扩大，1955年1月，《中国建设》改为月刊，为大16开本，共32页。本年英文版第1期发表了宋庆龄的文章《第一个五年》，

---

① 陈翰笙、李伯悌：《〈中国建设〉杂志的诞生，中国福利会五十年（1938—1988）》，中国福利会出版社1988年版，第156页。

阐述了 1949 年以来中国社会改造和建设的总体成就，成为向海外展示中国新社会面貌的经典文本。1957 年《中国建设》创刊 5 周年时，许多亚非拉友好国家、组织的领导人，如印尼总统苏加诺、印度总理尼赫鲁、缅甸的吴努、南非黑人领袖莫西·科坦、英国坎特伯雷大主教休利特·约翰逊等人发来贺电庆祝。周恩来总理题词祝贺："继续做好同各国人民增进了解和友谊的工作。"并对杂志的编辑方向又作了强调：在社会主义范围内，"以生活为内容，积极地、正确地报道新中国的伟大成就"。

《中国建设》的创刊背景较为特殊，该刊由周恩来直接领导并参与创办，业务主管部门则一直未明确，尤其是 1952 年 2 月新闻总署撤销后，其归属问题影响了工作效率。1958 年 9 月，《中国建设》编委会主动接受国务院外事部门领导，准备在报道中加重政治报道的成分，并希望宋庆龄进一步深度参与杂志建设工作。周恩来对这个想法持保留态度，转告当时编委会的负责人唐明照，《中国建设》报道中国的建设内容已经具备政治性，"不要'政治化'过多，改变了它原有的风格。"① 同年，毛泽东主席对《中国建设》工作做了明确肯定："《中国建设》用事实说话，对外宣传就应该这样做。"②

1990 年 1 月，《中国建设》更名为更富有时代感、更符合综合性对外报道刊物性质与特点的《今日中国》（China Today）。

（二）《中国建设》初期的出版传播成就

《中国建设》首期杂志刊载的文章，主要是杂志编委会成员和知名民主人士的作品：陈翰笙的《中国工业的新发展》、李德全的《人民的保健事业》、赵朴初的《城市的善后救济工作》、傅作义的《制止洪水为害》等，以及宋庆龄的《福利事业与世界和平》。宋庆龄的文章特别突出了和平、进步和人民的需要几个大主题，为《中国建设》杂志奠定了文本基调。

---

① 《中国建设》编委会：《〈中国建设〉创刊 35 周年纪念册》，中国建设出版社 1987 年版，第 8 页。

② 爱泼斯坦：《宋庆龄与中国福利会》，载《爱泼斯坦新闻作品选》，今日中国出版社 1995 年版，第 228 页。

《中国建设》在海外发行初期，即得到良好反响，成为当时大陆对外发行量最大的刊物，以及唯一公开、合法在美国发行的中国出版物。作为《中国建设》对外宣传的主要目标，美、英两国的对外宣传处秘书工作非常关键，其承担者是经过精心挑选的美国友人耿丽淑。耿丽淑熟悉英美两国国情，有丰富的国际交际资源，并曾在中国的基督教女青年会任职，参加过"保卫中国同盟"上海分会，返美后在援华会工作，系宋庆龄长期的事业合作者。宋庆龄亲自推荐耿丽淑为《中国建设》国际宣传负责人。从其后效果看，耿丽淑基本不负众望。耿丽淑通过特殊途径回到中国后，通过向世界各地朋友写信介绍、邮寄刊物，不断拓展海外发行渠道。尤其在中美关系紧张、美国禁止中国出版物直邮的困局中，她转道香港，托友人改换《中国建设》杂志包装，采用瞒天过海的方法辗转寄往美国。①

后来美国财政部苛刻地规定，订阅、购买《中国建设》杂志者必须先登记，甚至要收件人"在文件上签字声明他要读这个'共党宣传'"②。对此，以爱泼斯坦（及夫人邱茉莉）、耿丽淑为主的特殊身份的美国文化人，发掘各种公私渠道，在《中国建设》的北美市场拓展中发挥了巨大作用。他们积极利用自己的语言、文化背景的便利，通过个人关系圈资源的调动，一定程度上在海外改变了《中国建设》的敌对形象，并逐渐受到更多的理解和欢迎。正如爱泼斯坦所说："当时，只有《中国建设》能够进入

图 5 – 13　《中国建设》

美国市场，在美国的书店、报摊上公开出售，中国的其他英文报刊都做不到这一点。"③

①　参见肖岗《耿丽淑》，辽宁人民出版社 1993 年版，第 135 页。
②　张彦：《爱泼斯坦》，人民日报出版社 2005 年版，第 46 页。
③　鲁平口述：《在宋庆龄领导下创办〈中国建设〉杂志》，《百年潮》2012 年第 4 期。

　　《中国建设》杂志作为中华人民共和国成立初期唯一的海外宣传窗口，其宣传效果很快超过预期，以官方主流媒介身份被很多国外媒体所关注。到1952年年底，《中国建设》的发行已经覆盖118个国家，杂志销数最多的依次为印度、美国、英国，其次是澳大利亚、缅甸、巴基斯坦等国。驻外使馆不断反馈回外界对《中国建设》的正面评价：苏联的《新时代》曾转载其图片，英国著名大报《曼彻斯特卫报》公开赞誉《中国建设》是"绝好的宣传杂志"，[1] 日本和平促进会要求发行《中国建设》日文版，法国共产党机关报《人道报》国际栏主笔古达德也曾建议中国同行出版法文版，拉丁美洲读者也希提议出版西班牙文版。

　　到1953年，在世界和平运动推进和友好人士协助的大背景下，《中国建设》编委会精心的编辑、出版和推广工作得到明显回报。当年年底，《中国建设》杂志每期在国外发行已达二万二千余册。据中国福利会当时的档案记载，转载或介绍过《中国建设》的国家有16个，期刊累计37种，其中印度、美国各有5种期刊转载；智利《人民中国》的30页文本中，转载《中国建设》杂志的内容竟达18页。[2] 虽然介绍《中国建设》杂志的媒体多同情并倾向社会主义，但从中国当时艰苦的外交条件和《中国建设》的零基础来看，杂志已经取得对外宣传的可贵突破。

　　到1956年，《中国建设》进入中亚、西亚地区国家，总共出版数达到62.3万册，产生了巨大的累积效应。到1957年，销量有所下降，但市场仍继续推进，拓展到泰国、希腊、非洲等国家和地区。

　　从1960年起，《中国建设》在长期的准备基础上，陆续增设新语种版本，如西班牙文版（1960年）、法文版（1963年）、阿拉伯文版（1964年）、俄文版（1966年）、德文版（1978年）、葡萄牙文版和中文版（1980年）、英文北美版（1983年）。杂志社纳入外文出版社编制，1963年改归外文局。后又与中国盲文书社合作，出版《中国建设》盲文英文版。长期以来，《中国建设》的所有文版，内容基本保持一致，但是根据地区的差

------

① 参见《中国福利会儿童时代社、文化馆、图书馆、保健院、中建社等单位情况概述和工作总结》（1952年），上海市档案馆藏，档案号C45-2-50。

② 参见《中国福利会托儿所、中国建设社、时代社、剧院、保健院1953年工作总结》（1953年），上海市档案馆藏，档案号C45-70。

异，在"其他报道"和"特写"部分的内容报道和风格都有所调整，适当根据文化差异采取了不同的传播策略。

（三）《中国建设》新闻报道的两大支柱

《中国建设》对中华人民共和国成立初期建设成就的报道，从内容深度、传播手段和文本策略综合来看，最关键的前提，是离不开对系统专题报道的重视，以及依赖于图文互补和强大的撰稿队伍。

《中国建设》创刊第一年的7月，宋庆龄建议主编爱泼斯坦，要配合中央人民政府发布的政策方针，刊登报道大规模的爱国卫生运动文稿，同时公布周恩来总理的新医疗工作指示，将其与新劳动保险法推广联系起来，以向海外客观展示中国民众正在享受国家提供的免费医疗待遇及未来发展趋势。宋庆龄之所以抓住卫生运动这个报道要素，是基于卫生运动是中国共产党在中华人民共和国成立初期成效最明显的民生建设运动，对树立中国的新形象具有典型意义。遍布中国各地的疫病流行问题，是中国历史上的长期积弊，也是新中国成立初期面临的社会问题：鼠疫、天花、霍乱等烈性传染病，血吸虫病、黑热病等寄生虫病以及地方病，严重威胁着民众的健康和社会生产；民间巫医和迷信思想回潮，谈疫色变成为普遍心理；没有现代医疗防疫体系，民间中医对大范围传染疾病应对能力微弱。1951年9月，毛泽东主席起草《中央关于加强卫生防疫和医疗工作的指示》，指出"今后必须把卫生、防疫和一般医疗工作看作一项重大的政治任务"，将"卫生、防疫和一般医疗工作"放到"政治"的高度。由此各地开始大规模布局卫生防疫工作。《中国建设》及时把握国家政策脉搏，迅速跟进报道，成功地呈现了中国人的崭新精神面貌，同时也展示了自身良好的媒介形象。

此外，《中国建设》从创刊伊始一直到1965年，对中国民族地区发展和民族政策的报道亦较为系统和成功。报道利用丰富的写实手法，形象地诠释了中华人民共和国成立后民族自治政策的推广和效果。民族区域自治政策是党中央对地域广阔的中西部落后地区有效治理的国家战略，挑战性和创新度极强。《中国建设》几乎实时报道这个战略推进的每一步重大举措，令人信服地传达出中国政府强大的施政能力和改造旧社会基础的决心。对内蒙古、广西、宁夏和西藏自治区成立的专题报道，是《中国建设》较典型的专题系列新闻报道，对各自治区系列报道分别侧重于自治制度推广（内蒙古），民族自治区理论的民主讨论过程（广西），国家对民族区域自治制度的扶持（宁夏），以及民族区域自治制度内涵的深刻解读（西藏），基本形成了一个有序的专题报道体系，有助于帮助读者完整深入地理解中国政府的民族政策。

对民族专题的报道，在注意体现宏观逻辑和线索基础上，注重抓取和凸显典型的新闻、文化或历史要素。主要表现之一是凸显民族区域自治制度下的民族文化要素，如藏族新时代妇女特点和新式婚礼中引入毛泽东画像，人民公社时代的傣族婚俗，奖励生育政策下的蒙古出生礼以及贵州苗族传统端午节的延续。表现之二是采用开放式报道视角，用外国记者报道文字强化海外读者的阅读代入感。从创刊阶段，《中国建设》便充分利用编委会特殊的文化人资源，敞开一个接近西方人的报道视角。如美国医生马海德（1950 年带领医疗团队支援民族地区医疗事业）、捷克斯洛伐克新闻机构驻北京通讯员 Karel Beba、英国医生 Joshua S. Hom、苏联记者欧福钦都曾因工作关系深入中国民族地区，他们将所观所感撰成文稿并刊登于《中国建设》的《民族报道》栏。其陈述的自然的文化比较角度、相对客观中立的立场，带给国外读者更易于理解和接受的信息。表现之三是《中国建设》在政策方向允许的范围内，尽量保持民族报道的客观中立原则。宋庆龄曾特别说明《中国建设》的重点报道对象应是人民群众，她还强调"必须实事求是"，[①] 杂志也基本上秉承这一编辑宗旨。《中国建设》民族专题报道的撰稿队伍（也是整个杂志社的撰稿人）的专业性和新闻职业素养保证了报道的质量。

《中国建设》一向以图文并茂的风格呈现在读者面前，甚至有人称之为"画报"，其对图片题材和风格的把握，是形成自身报道风格的重要基础。《中国建设》每期的彩色封面、封底和画页，都要做精心选择，赋予与内文和谐一致的深意。每期精选的彩色图片在优质稿源基础上，起到了

---

① 陈翰笙、李伯悌：《〈中国建设〉杂志的诞生，中国福利会五十年（1938—1988）》，中国福利会出版社 1988 年版，第 155 页。

画龙点睛的效果。《中国建设》的文字稿件，从一开始即由宋庆龄牵头，在全国范围内组织每个特定领域内最好的专家学者撰写专稿，而且形成了定制，以保证文稿的高水平。同以上述民族题材文稿为例，重头稿子作者大致来源于四个部分，即民族学、文化人类学和历史学的一流专业学者，如费孝通、吴文藻、白寿彝、李璞、万桐书、马耀、林跃华等；党政部门和国家民委任职的资深文化型管理者，如萨空了、章叶频、张养吾等人；杂志编委和新华社驻民族地区的记者，如陈翰笙等；外国记者和外籍文化人，如爱泼斯坦、欧福钦、马海德等。上述撰稿者或以学术修养见长，或以政治素养见长，或新闻职业素养和文化责任感见长，能够保证文稿的专业性和客观度。在当时国家主流期刊媒体中，《中国建设》的撰稿队伍之强大名列前茅。在《中国建设》刚开始运行时，每期的重点报道文章大半由主编陈翰笙亲自策划和执笔撰写，到1962年之前，他发表过的重量级署名文章26篇，如《土地改革根除了封建主义》《工业化开始》《中国经济的道路》《走向农业集体化》《人民治理国家》《第一个五年计划的含义》和《新成立的100万个农业合作社》等。而宋庆龄作为《中国建设》编委会的精神领袖和各方联络枢纽，是最具有代表性的撰稿人，共撰写了三十多篇稿子，主要涉及中国全面建设成就介绍、民间友谊和世界和平、反帝反封建和争取民族独立、妇女和儿童福利事业，以及纪念孙中山的文章。

如此，《中国建设》杂志在高起点、宽视野和精英撰稿群体的基础上，保持着相对稳定的运行；因杂志以社会（人民）团体刊物的名义出现，宋庆龄的特殊统战角色以及编辑部成员基本都是民主人士和外籍专家，在客观上也避免了卷入更多的政治斗争，能保证杂志基本持续地发展，即使在"文化大革命"期间，仍然承载着对外宣传的国家重担。在统一于中国共产党领导的大前提下，《中国建设》文稿的内容、形式和风格设定拥有一定的自由度，在为新生的中华人民共和国争取世界和平力量和普通民众的理解支持，打破西方政治、文化封锁上，起到了无法替代的作用。

四、《中国文学》与当代文学对外传播

《中国文学》杂志创刊于1951年，是新中国唯一一份以主流意识形态,对外翻译介绍中国文学、推动对外文化交流的官方文学刊物。《中国文学》译介的中国作品,包括中国古典文学和现当代文学作品,是当时外国人了解中国文学和文艺思潮的主要窗口。

(一)《中国文学》的创刊

中华人民共和国成立初期,遭遇英美等西方国家在政治、经济、文化和外交上的全面打压和封锁。在文化策略上,基于国家意识形态、价值取向和中美国家利益之间的冲突,西方国家主要在舆论、教育和文学领域刻意丑化、曲解,甚至颠覆社会主义新中国在国际媒体言论场中的形象。而新中国初期对外传播的经验和能力不足,国家形象在国际上被严重地负面化。塑造正面国家形象,并进而展示和输出新中国的价值观、政治态度和文化思想,便成为当务之急。鉴于《中国报道》《人民画报》等以直接宣传为主的外宣刊物政治性较强、缺乏文化感染力,以文学艺术作品输出补充新闻报道的不足,潜移默化改变国家形象和取得国际支持便提上议事日程。

另一方面的动因,则是国内文学界得知海外读者对现代中国文学拥有潜在的兴趣,但是对大多数新文学作品,尤其是对解放区文学的了解基本上为零,对中国的文学印象仍停留在英文作家赛珍珠撰写的中国题材作品上。留英归国的叶君健非常熟悉这些情况,他建议有关部门应该主动向外译介中国20世纪四五十年代及解放区优秀文学作品,以取得对外文化交流的主动权。他的提议得到文化部副部长周扬和对外联络局局长洪深的明确支持。对于译介的方式,文化部决定模仿《苏联文学》杂志,先试用丛刊出版(以书代刊)的形式对外介绍中国文学作品,作家兼翻译家叶君健负责总筹备工作,

1951年国庆节,英文版《中国文学》创刊并正式推出第一期,中国文学出版社出版。新杂志为大开本,后从东北开山屯订购特制纸,印制出独特的22开本。翻译文学出版物的外部设计是传达文本文化的重要表现手段,与同时期内部发行的外国文学译作"白皮书"系列整体设计的简陋相反,《中国文学》在创刊阶段,外文出版社便明确提出整体装帧、设计和插图要体现中国民族文化风格。因此,《中国文学》的整体设计品位和印

刷质量，尤其是插图水平相当突出，即使"文化大革命"期间译介的样板戏，也都插入多幅精致的彩色剧照。创刊号整体设计简洁、素雅、古典，刊名印在封面顶端，封面中间印出该期主要英文目录（黑色），配以淡黄、淡粉、淡蓝色的印花图案背景。

新刊的总体构想是借助《中国文学》，选择翻译代表性文学作品，扩大当代中国文化的影响力。

第一任主编由中国作协主席茅盾兼任，主要翻译者为翻译家杨宪益与戴乃迭夫妇、沙博理先生（美裔中国籍作家）。该杂志英、法文版五十多年总发行 590 期（英文版发行 396 期），对外介绍作家、艺术家两千多人次，译载文学作品 3200 篇。杂志译介的文学作品题材有古典与现代小说、诗歌、散文、报告文学、回忆录、寓言、童话、评论，文艺动态，艺术家和作家专访，著名画家的作品，考古以及文艺理论，画作欣赏等琳琅满目的内容。

"文化大革命"期间，编辑部人员变动较大，原主编和主翻译人员全部离岗。1979 年茅盾再任主编，杨宪益则任执行编辑。在杨宪益之后，著名作家王蒙、贺敬之、唐家龙、凌原曾先后主持《中国文学》的工作。作为官方主办的对外文学刊物，《中国文学》的编辑思想、题材选择、办刊方针、栏目设置都体现了比较鲜明的主流意识形态特点，同时根据传播对象，在局部会有所调整。

（二）时代变迁中的《中国文学》发展轨迹

《中国文学》杂志的整体发展，在"文化大革命"结束前，基本可以分为两大单元。

从创刊至"文化大革命"爆发前的 1965 年，《中国文学》刊载作品以文学作品为主，兼顾艺术、古今绘画等；作品的翻译包含古典和现代两大类，辅助刊载国内书刊发表的文艺评论和短讯。1951 年、1952 年各出版 1期，1953 年出版 2 期。在得到海外读者的良好反馈后，1954 年改为季刊。1958 年，《中国文学》再改为双月刊，1959 年改为月刊发行。这个阶段集中翻译介绍解放区文学、古典文学作品居多。像《人民文学》一样，作为外向型主流文学杂志的《中国文学》，虽然面对海外读者，但时值 20 世纪五六十年代的政治多事之秋，刊登作品也极大地被政治所左右，准确地反映了文学艺术的时代政治倾向及主要文学思潮。在1958年全社会的政治狂热掀起后，杂志也随之充满政治斗争气息。1958年第一、三期翻译刊载了中国作协党组书记邵荃麟的《文艺界两条路线的斗争》一文，以及周扬的《文艺战线的一场大辩论》等"左"倾文艺跟风文章。"三红"（《红日》《红岩》《红旗谱》）、"一创"（《创业史》）及《上甘岭》《保卫延安》等大量红色经典小说，都集中在该杂志译载。这一年，不但杂志刊载作品偏左，杂志的出版周期也缩短为月刊，以跟上各行各业生产"大跃进"的政治需要，杂志领导也责成主要翻译者戴乃迭在译介作品量上翻一番。

1961年，外文委副主任兼外文出版社社长罗俊在大会上提出，文学的政治标准要高于艺术标准，前者严、后者宽。外文出版社随之根据这个基调开展对外宣传工作。《中国文学》此时开始快速"左"倾政治化，如上述反映反右政治运动的文章在《中国文学》上占了很大篇幅。如此，杂志的文学品质受到极大损害，海外读者快速流失。

进入"文化大革命"时期，《中国文学》虽然没有随停刊潮停刊，但编译主力茅盾、叶君健、杨宪益三人被迫离开《中国文学》。杂志无法独立于"左"倾思潮之外，所刊载的翻译作品，几乎全部被替换为社会上当时流行的"政治挂帅"的文学作品，如样板戏剧本、毛泽东诗词、鲁迅作品等。《中国文学》1967年第8期刊载了《智取威虎山》（Taking Tiger Mountain by Strategy），1967年第11期刊载《沙家浜》（Sha Jia Bang）等，还刊登大量反映阶级斗争观念的小说和大批判文章。具体来看，翻译的原作品选择面极窄，表现出与综合性文化刊物和通俗文学的同质化倾向。这一阶段的作品取材不外乎高大全的英雄主义形象、宣传毛泽东思想和歌颂"文化大革命"运动等主题，如1966年第8期刊载的《无产阶级文化大革命万岁》《无产阶级文化大革命高潮中的中国》等；领袖崇拜也在杂志中凸显，如1966年7月至1972年的《中国文学》各期刊物扉页上，都印有《毛主席语录》的片段译文。同时，《中国文学》也翻译刊载了一些像浩然创作于"文化大革命"前的长篇小说《艳阳天》（The Sun Shines Bright），以及短篇小说集《彩霞集》（Bright clouds）等极少数稍偏离极左基调的作品，但无法改变杂志整体上艺术水准的跌落。在纯古典文学翻译几乎绝迹的情况下，大量毛泽东诗词的翻译为古典审美的传统格律、意境和典故留下了一线空间，但毛主席诗词很多时候是被看作最高指示和政治口号来宣传和译介的。这种情况直到 1979 年年底第四次文代会的召开才得以改变，多元化的开放创作理念也在《中国文学》中重新被提起、研究并运用。

杂志的外在审美也直接映射着内在文学精神的消长。"文化大革命"前，《中国文学》封面较以前图案元素更丰富，选用了许多黄永玉、谭权书、蒋振华等人的木刻画，以及齐白石、吴作人、陈秋草等人的国画。"文化大革命"期间，杂志封面多以革命领袖、红太阳、红卫兵及战士形象等图案为主，封面背景也运用红色等艳色。

（三）《中国文学》的栏目设置

文学期刊的栏目设置、内容及结构，通常是时代内涵在期刊文本组织方式中的具体呈现。

"文化大革命"结束前，《中国文学》的编辑特点体现在其栏目设置及演变中。《中国文学》的官方文化身份，和对外文学传播本身淡化官方意识形态的要求，一直存在或隐或显的内在矛盾，编译者在二者之间一直在做着微妙的平衡。

1959 年，外交部部长陈毅对《中国文学》编辑部讲话，大意强调：《中国文学》总体方针不变，但要增强艺术性，翻译作品的题材，可以有小资产阶级的、有恋爱的、有战斗的、有大花园，也要有盆景（即随笔）……不能大众化，不要追求发行数量，要注意内容面宽，富于趣味。①

根据主流意识形态的指导方针，《中国文学》1951—1953 年创刊时期的栏目，体现了主流意识形态的政治方向感，这时栏目主要有《小说》《诗歌》《编者按》《插图》等，内容主体为解放区人民生活、斯大林文学奖获奖作品、一些作品主题插图和古今画家及作品。从 1953 年开始，杂志栏目范围大幅度拓展，分法细致，包括《小说》《散文》《诗歌》《古典文学作品》《近代作品》《编者按》《插图（画）》等。1955 年又增设了《民间文学》《新书介绍（书讯）》《文艺述评》《文坛动态》等栏目，《编者

---

① 见李辉《杨宪益与戴乃迭一同走过》，大象出版社 2001 年版，第 13 页。

按》栏目取消。到1961年年底，又新辟《作家访问记》专栏。《中国文学》创刊至2001年终刊，每期都有《文坛动态（时事）》栏目；从创刊至1981年，每期的《插页（图）》栏目从无空白。

1962年，随着中国对外文化传播范围的扩展，编辑部为深化和扩大对外交流，新辟了《外国文学在中国》专栏。根据英文读者的阅读习惯，《中国文学》的文章目录在行刊期间反复调整、探索，极见编者的用心：1951—1953年的第1期目录都另附一张繁体中文目录，从1953年的第2期直至1979年取消中文目录，1981年开始在每期的封三又附有该期中文目录，1951年至2000年第5期刊物的内容全部是英文（除"文化大革命"期间出版两期内容为中文外）。

20世纪80年代末，中外学术交流日益频密，海外汉学开始兴起，杂志也随之增加《国际汉学》栏目，选载海外汉学家的文章，双向交流传播日臻成熟，内容越发具有"全球化"视野。例如，1987年第3期《中国文学》刊登的苏联作家索罗金《我看中国当代文学》、联邦德国阿克曼的《"误解"的益处》，1999年第3期刊载法国作家霍尔兹曼的《王维的〈桃李园〉》等。

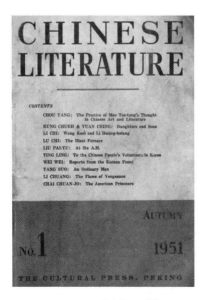

图5-14 《中国文学》

1997年至1999年的《中国文学》各期增设《中外对照》栏目。2000年第6期全面改版，所有栏目及内容由纯英文版改为中英文对照版。

《中国文学》的栏目设置，虽然随政治形势变动和文学艺术方针政策调整而不断调整增减，但有一条不变的内在线索贯穿其中：通过文学作品的翻译进行中外文化交流，宣扬和诠释中国的文化形象。

《中国文学》从创刊到终刊一直保留的《插页（图）》专栏，体现了《中国文学》意在展示和传播中国文化的终极目标。此栏设计理念，建立在文学与文化关系的理解基础上：文化是文学的母体和基础，文学是文化的高级形式。栏目旨在通过为国外读者译介文字作品之外的中国音乐、美术、书法等艺术作品，拓宽、深化读者对中国文化的理解，进而使其更准确地把握中国文学的内涵。

传统中国音乐译介。《中国文学》1964 年第 6 期专门介绍中国传统乐器，文章图文并茂，介绍在河南殷墟出土的鼓、手摇铃两种乐器，以《诗经》为例证，提及乐器 29 种等；进而普及从西周、汉魏两晋、隋唐等各历史阶段传统中国乐器的发展史知识，重点分析四大民间管弦乐器的种类。

传统中国美术创作的译介。《中国文学》持续译介中国古代和现代美术作品含绘画、雕塑、工艺美术等。《中国文学》从创刊即主要以封面、封三、美术插页和对艺术家及作品的评论，向读者介绍中国古今著名画家，到终刊时涉及的画家达到一千余名。同时介绍各类艺术作品，包括绘画、书法创作、壁画艺术作品及其他各类艺术作品一千五百余种。20 世纪五六十年代，该刊偏重译介书法作品，如 1958 年第 1 期译介中国书法，详细描述、解读象形文字和汉字"六书"的内涵；80 年代之后，杂志以译介绘画、雕塑等作品为主。

《中国文学》试图通过学术与文学互动、视觉艺术与文字艺术互补、信息与艺术兼备的栏目设置方法，呈现与传达中国文化深层的魅力，在对外传播中格局宏大、独树一帜。尤其是在 20 世纪五六十年代文学严重政治化的传播环境中，这种尝试十分难得，但是受限于自身的官方身份和主流文化环境，传播效果不尽如人意。

第六章

新中国学术转型中的文科学术期刊

文科学术期刊主要指科学研究机构、学会组织和高等院校所办的综合性哲学社会科学学术期刊、哲学社会科学单科专业期刊，哲学社会科学在此简称为文科。文科学术期刊在"十七年"中担负着深化马列主义、毛泽东思想研究，将马克思主义与社会主义建设有机结合，繁荣学术事业的使命，在历次文化转型和政治运动中，一直是文科学术创新、思想交锋和政治批判的重要媒介平台。因为与政治舆论关系密切，且是文科知识分子集中之地，文科学术期刊也是历次政治运动中受到冲击和伤害较大的刊种之一，其本身的媒介演变史全面地折射着当代中国思想史、学术史和教育史的曲折发展。

第一节　高等院校文科学报的发展概况

大学学报，是现代大学体制的要素之一，承载着学术信息沟通、传播的职能。新中国成立后的大学学报属于综合性学术期刊，一般分为自然科学版和人文社会科学版两个版本，在旧有格局基础上，随着院校调整而变动较大。在"文化大革命"结束之前，大学文科学报的发展大致经过了恢复调整期（1949—1956）、初步繁荣期（1956—1966）、停滞不前期（1966—1976）三个阶段。

1949—1956 年，全国文科学报处于恢复和新创期。这一时期，国家在经济、政治和文化方面的全面整顿措施初见成效，文化初步繁荣，一些著名大学相继创刊学报。主要有创办于 1951 年 5 月的山东大学《文史哲》、创办于 1952 年 7 月的《厦门大学学报》、创办于 1955 年 1 月的《南京大学学报》、创办于 1955 年 7 月的《北京大学学报》、创办于 1955 年的《复旦学报》、创办于 1956 年 9 月的《北京师范大学学报》，以及《南开大学学报》《东北人民大学学报》等。

由于大学学报属于教育系统，其办刊宗旨一般强调研究与教学并重，但是在二者中更为突出科学研究和自由争鸣。如《北京大学学报》的目标，被校长马寅初在《关于出版〈北京大学学报〉的决定》中提炼为"传播我校的研究成果，交流学术思想，开展学术上的自由辩论以推动研究工作"，而把"科学研究工作和教学工作紧密地结合起来"只是他在《发刊词》中对前一个主旨的补充。陈望道在《复旦学报》发刊词中提出学报要办成"开展学术研究风气，提高学术质量的一个重要阵地"。陈垣则在《北京师范大学学报》的《发刊词》中强调"百家争鸣""发展学术""繁荣文化"。

1956 年，党中央提出"向科学进军"的号召，毛泽东主席提出"百花齐放、百家争鸣"的"双百"方针，在一段时期内，学术界和教育界充溢着畅所欲言的宽松氛围，各大学学报文科版的学术创新和争鸣气氛普遍较为浓厚。这段时期，除了《文史哲》大规模展开重大学术问题讨论外，《北京大学学报》也展开诸如曹操评价讨论、《创业史》中梁生宝形象讨论、李自成问题讨论、古典文学中的共鸣问题讨论、山水诗有无阶级性问题讨论、无产阶级艺术标准问题讨论等等。其他学报文科版也程度不同地组织和参与了各种新学术问题的辩论和研究。

这些大学学报基本上是名学者办刊，确保了学术质量。如《北京大学学报》由历史学家翦伯赞任主编，编委会成员有向达、季羡林、陈守一、冯友兰、冯至、游国恩、樊弘、蔡仪、魏建功等。《北京师范大学学报》则由史学家陈垣任主编，钟敬文、陶大镛等名学者为副主编，白寿彝等为常务委员。20 世纪五六十年代的一些知名教育家或名学者如马寅初、陈望道、夏征农、李达、匡亚明、王亚南等，曾经在不同大学的学报（主要为文科版）担任主编，非常活跃，先后成为《北京大学学报》《复旦学报》《武汉大学学报》《东北人民大学学报》《厦门大学学报》的主编，这种情况客观上使各学报之间能够互相交流融汇各校的学术传统。

"文化大革命"期间，大学文科学报基本全数停刊，直到 1973 年才有部分学报陆续复刊。

第二节 《文史哲》的成就与曲折发展

《文史哲》创刊于山东，主要借助的是山东大学的学术资源和学者群，在学者办刊、坚持学术导向、引导学术争鸣上独树一帜，以一份地方性大学文科学报而成为中华人民共和国学术期刊的媒介典型。它在办刊宗旨、编辑思想和学术资源集成、学术管理上的综合优势，成就了其重大的思想影响，同时也浓缩了新中国人文社会科学的学术演变史。

一、创刊背景与沿革

山东大学在"十七年"中地处青岛，1945 年复校后的首任校长赵太侔追慕蔡元培兼容并包学风，百计吸纳人才，使得中华人民共和国成立初的山东大学除了海滨城市的吸引力外，更因有着自由宽松的学术氛围和环境，而聚集了一大批来自全国各地的著名学者和有才华的青年，如杨向奎、陆侃如、冯沅君、赵俪生、徐中玉、孙思白等。1951 年，山东解放区主办的华东大学与山东大学合并，一批革命青年和教师为学校注入了蓬勃的政治热情。因此，新的山东大学很好地融合了新中国的马列主义、毛泽东思想教育和浓厚的传统学风，"无论是政治学习或学术研究，空气都非常活跃"。[1]

1951 年 4 月，山东大学文学院和历史语文研究所的部分教师，创立了同人性质的《文史哲》。推举校长华岗为社长、副校长陆侃如和文学院院长吴富恒为副社长，几位文史专业老教师组成编委，中青年教师参与编辑，编辑部主任是历史语文研究所主任杨向奎。1955 年，杨向奎卸任《文史哲》主编，由历史系教授蒋捷夫接任主编，到 1966 年停刊之前，刘健飞、孙衷文相继任主编。1952 年 9 月成立的编委会有：华岗、陆侃如、吴

---

① 李希凡：《〈文史哲〉培养了我》，《文史哲》1981 年第 4 期。

富恒、王仲荦、朱作云、孙昌熙、殷焕先、吴大琨、黄嘉德、童书业、张健、葛懋春、赵俪生、刘泮溪、卢振华等。这些编委会成员都是学术研究一线的教授和研究人员，期刊经费学校资助很少，主要来自同人自行捐献，每个人出资不等，华岗所出款数最高。主编和编委会全部是各系教师兼职，从组稿、审稿、校对、印刷到发行全部是教师们亲力亲为，且没有报酬。校外来稿只有每千字三元稿费。

初期的《文史哲》采用繁体字竖排版，16 开本，约 3.5 个印张，双月刊。《文史哲》首期刊登了华岗、杨向奎、童书业、赵俪生、郑鹤声、孙昌熙等人的 11 篇论文。1951 年夏天，华东行政区领导人、上海市市长陈毅在公开会议上特别表扬了《文史哲》在体现社会主义大学人才培养方面引领风气的作用，并将《文史哲》作为大学学报今后发展的标尺。

由于缺乏资金和发行渠道，《文史哲》创刊初期的一年多中严重亏损，华岗争取到山东省统战部和青岛市委的 2000 元渡过难关。

《文史哲》在 1953 年第二期刊登"编者按"："自本期起，正式作为山大学报的一部分，由山大学报委员会领导，原'文史哲杂志社'于二月一日结束。"从此《文史哲》不再是学界同人刊物，成为正式的大学文科学报，其经费和发行等转由学校负责，自此销路打开，1955 年国内外客户给《文史哲》第一次带来盈余和积累金。

1954 年第一期（总第 17 期）《文史哲》由双月刊改为月刊，篇幅大增，影响也与日俱增。1955 年第一期（总第 29 期）《文史哲》早于许多刊物采用横排版方式，同时扩容为 4 个印张。

1958 年第十一期，编辑部随学校由青岛迁至济南。1959 年 1 月，《文史哲》停刊，山大采取分期编印分科学报的方式出版学报。1961 年 8 月 1 日，停刊两年的《文史哲》杂志复刊，由孙衷文主编，月刊改为双月刊，定价调整为每册四角。强调其为山东省最大文科学术期刊，由山东大学、山东师范学院、曲阜师范学院、山东省委党校、山东历史研究所、山东哲学研究所、山东省社联、山东省文联等单位共同举办。1962 年第三期起，杂志扩容为 5 个印张，并有临时增加篇幅。至 1966 年第三期（总 106 期），

《文史哲》因"未转载评《海瑞罢官》文章而遭致厄运"，① 被正式停刊。

1973 年 8 月，中共山东省委批准《文史哲》在曲阜山东大学再次复刊，成为季刊，容量为 6 个印张，不定期增加页码。复刊后的《文史哲》由刘光裕任编辑部副主任并主持日常工作。11 月 5 日，出版了复刊第一期（总第 107 期）杂志；"编者的话"强调《文史哲》仍为"山东大学学报之一"，开始每期刊登《毛主席语录》。《文史哲》是在"文化大革命"期间党中央批准复刊的第一份哲学社会科学刊物，一时洛阳纸贵，征订数达到 72 万册，因纸张不足而限量发行，实际订数仍达 24 万册。"文化大革命"结束后的 1978 年，《文史哲》恢复为双月刊，篇幅调整为 5.4 个印张，定价为每册 3.5 角。

二、华岗对《文史哲》的塑造

《文史哲》与其创办者、曾任山东大学校长的华岗教授的关系，是新中国成立以来学术期刊与期刊主办者、作者、读者良性互动的正面典范，正如有学者所言，"华岗办《文史哲》短短四年，结果影响了或掌控了学术界数十年的话语权，可谓一个奇迹"。② 华岗创办《文史哲》是他对山东大学的主要贡献之一，也为后来全国学术期刊界树立了一个学者办刊、政治与学术平衡的模本。

华岗（1903—1972），浙江龙游人，1925 年加入中国共产党。1932 年 9 月，在赴任满洲特委书记途中被国民党逮捕，1937 年 10 月经党组织营救得到释放。1950 年任山东大学校长兼党委书记。1955 年被扣上"胡风分子"帽子被捕入狱，1972 年含冤去世，1980 年获平反。在狱中著《美学论要》《规律论》等著作。

华岗是具有丰富党内领导经验的革命家，同时是有强烈学术追求和深厚学养的史学家、哲学家，曾任《新华日报》总编、地方党务和宣传工作负责人、云南大学社会学系教授、山东大学校长兼党委书记，有《中国民族运动解放史》《社会发展史纲》等多部著作行世。他被推举为同人刊物《文史

---

① 孔繁：《我所知道的〈文史哲〉》，《光明日报》2004 年 4 月 8 日。
② 刘光裕：《华岗与〈文史哲〉》，《出版史料》2006 年第 4 期。

哲》的社长，开始便体现出办刊的高视点、高标准和出色的政治胆魄。

华岗将马列原理的学习和学科研究有机结合，主张将马克思主义渗透到刊物的各个领域。华岗以其个人深湛的马列修养、出色的理论演绎才能，掀起了山东大学钻研马列的热潮，用马列原理研究人文和社会科学也成为潮流，《文史哲》在此学术热潮中应运而生。华岗坚持亲自终审《文史哲》稿件，且在 1955 年前为《文史哲》撰写过四十多篇文章，《文史哲》因华岗和他所领导的兼职编辑团队而在学术上具有鲜明的创新意识和学术锐气。

华岗力倡争鸣和创新，使得《文史哲》一直较好地保持着思想活力。在 20 世纪 50 年代愈来愈浓的政治笼罩一切的氛围中，《文史哲》在不违反马列主义、毛泽东思想和党的方针政策原则下，最大限度上做到了尊重学术规律和坚持独立思考精神。《文史哲》的办刊宗旨曾在创刊号表述为："刊登新文史哲的学习和研究文字，通过写作的实践，来提高我们的理论水平，并借以推进文史哲三方面的学习和研究。"① 求新的宗旨和活跃的氛围，有赖于创立之初便认真贯彻的自由讨论、宽容异己原则。华岗坚持马克思主义立场和尊重学术可以并行不悖，在《文史哲》讨论古史分期问题时，华岗支持的西周封建说与校内和杂志多数人的意见不同，但是个人观点丝毫未影响杂志多元化的讨论。在实际办刊工作中，华岗特别注意区分学术批判和政治批判的界限，使得《文史哲》刊发的批判胡适的文章一直没越出学术探讨的范围。华岗主持《文史哲》工作时期，还安排被批判的文章作者进行自辩和答辩，显示了充分的学术民主精神。

1955 年华岗因冤案被捕。1956 年第二期《文史哲》刊登《批判华岗的〈物论大纲〉》一文，开始了对华岗的一系列批判。在本期"编者的话"中对华岗的学术全面否定，称"自从《文史哲》创刊以来，冒牌学者华岗就曾经在本刊发表过许多所谓论文"。华岗开创的《文史哲》受"左"倾思潮大气候的影响，开始背离其早期相对包容、自由的学风。

---

① 宋应离：《开展百家争鸣的前驱　复制学术新人的摇篮——〈文史哲〉办刊特色》，见宋应离等《名刊名编名人》，大象出版社 2011 年版，第 201 页。

三、《文史哲》的编辑思想

以科学研究为本，坚持文章的学术性。《文史哲》的办刊宗旨明确强调为教学科研服务，其学术的严谨度要求首先是由高等教育培养高级人才的定位所决定，二是由山东大学整体学风和华岗主编的学术追求所决定。在文章绝对比例上，学术文章始终占大部分，如按不完全统计，前10期《文史哲》共发表118篇文章，学术文章即达76篇，涵盖了文史哲各学科，如殷焕先的《新旧文字与声调》、顾颉刚的《穆天子传及著作时代》、赵俪生的《爱国主义思想家顾炎武的反清斗争》等，选题专业、视角独特，且都努力运用新方法和新观点进行分析。从文章的学术深度看，《文史哲》不仅讲究选题言之有物、创新意识强、提倡马克思原理与具体问题研究结合，且因办刊风格逐渐成熟，作者群越来越大，其学术性更以专题或主题的持久讨论呈现出来，表现了《文史哲》把握学术议题和组织科学研究的突出能力。《文史哲》主导的历史学基本理论如古代史分期、农民战争问题、经济制度问题、亚细亚生产方式等问题的讨论，决定了其后几十年问题研究的框架。

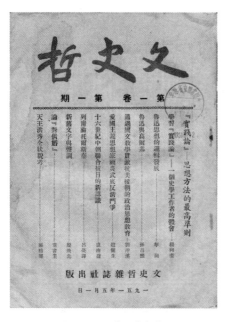

图6-1 《文史哲》

注重学科涵养和整体布局。《文史哲》的取名突出了融汇文、史、哲学科，打牢人文社会科学基础的用心。《文史哲》曾创造性地连载学术著作，将期刊和书籍的学术传播综合优势发挥出最大的效力。《文史哲》从1954年第七期起到1955年第十二期止，用18期连载方式将陆侃如、冯沅君的《中国文学史稿》推向学术界，这是新中国成立后以马克思主义理论构架和阐释的第一部系统的文学史，此书使山东大学文学史研究的重镇地位由此确立。1956年第九期集中刊发中国文学史稿讨论会上高亨、刘泮溪、赵省之、朱德才等人的发言，将《中国文学史稿》的推介评论推向高潮。《文史哲》从 1955 年第四期开始连载 4 期萧涤非的《杜甫研究》，加上此前萧涤非的系列杜甫研究论文先后发表于《文史哲》，山东大学杜诗研究的地位因此而奠定。1957 年 7、8 月间，《文史哲》与中华书局合作出版了《文史哲丛刊》，包含《中国古代文学论丛》《中国古史分期问题论丛》《司马迁与史记》《语言论丛》四种书籍。

发现学术新人，着力扶持培养。《文史哲》所扶持培养的除了一批已有一定声誉的学者外，还有一部分青年学生借助《文史哲》的影响而成为学术大家。最典型的是在 20 世纪八九十年代曾以跨越中西哲学、史学和美学三个领域而在学术界有"通才"之称的李泽厚。李泽厚的第一篇学术论文《论康有为的"大同书"》即在 1955 年第二期《文史哲》刊登，作为李泽厚公开发表的第一篇学术习作，此文经过《文史哲》编辑的修整斧削，在近代维新思想研究方面一直有着广泛的影响。1956 年第五期《文史哲》再发表《论康有为的"托古改制"思想》，使得李泽厚对近代思想史的研究进一步深入。从 1957 年第九期到 80 年代，他的论作不断在《文史哲》发表。《文史哲》对李泽厚学术方向的凝练和深入有发现、培植之功。文学史家、原山东大学中文系学生李希凡的课程作业，被吕荧教授推荐到《文史哲》，得到华岗首肯，最终发表，题文名为《典型人物的创造》。李希凡在改学哲学后还长期与《文史哲》编辑葛懋春通信，得到其持续不断的点拨和鼓励，其后又发表过《略谈〈水浒〉评价问题》（1954 年第四期）、《关于〈红楼梦简论〉及其他》（1954 年第九期）等文章。未受过大学教育的著名哲学家庞朴，50 年代在山东大学做普通干事，他曾总结《文史哲》与他的关系是"教育和受教育"的关系。因长期阅读《文史哲》和受教于《文史哲》的编辑、专家，庞朴逐渐成长为《文史哲》的作者，甚至在 60 年代担任过《文史哲》5 年左右的编委。其他当年受益于《文史哲》并在后来成为某领域著名学者的学术青年，还有钟肇鹏、张传玺、俪纯、汤志钧等人。

四、《文史哲》的学术争鸣及学术史价值

《文史哲》在"文化大革命"结束前的 16 年当中，一直是人文社会科

学界重要的学术争鸣园地。《文史哲》以学者气息浓厚的同人刊物起步，在国家层面尚未提倡"百家争鸣"方针之前的 20 世纪 50 年代初，即践行了鼓励争鸣和多元观点并存的学术传播理念；在"双百"方针贯彻的过程中，又成为鼓励争鸣精神的主力期刊。

除了刊登零星的个别选题论文外，《文史哲》将主要精力放在组织大型学术专题讨论上。主编及团队以学者的准确学术触觉，特别善于发现选题、聚焦问题而后展开广泛讨论，并给予有力的学术引导。《文史哲》以山东大学学术研究的较高水准为基础，聚合了全国大量的优秀专业稿件，其学术讨论的话题往往是在学术界、学科专业领域有代表性的话题。在1951—1978 年的《文史哲》中，多次大型学术争鸣的展开，其理论观点对现实学术进步、高教发展和政治理论的成熟都产生了深刻的影响；同时，这些问题的广泛讨论，为当代马克思主义史学、哲学和文学研究范式的形成和研究方法的推广也起到了不可估量的作用。

1. 鲁迅研究的学术讨论

鲁迅研究是《文史哲》发起最早的主题争鸣，以第一任主编华岗在首期发表的《鲁迅思想的逻辑发展》、孙昌熙同期发表的《鲁迅与高尔基》为发起文章。其后，华岗于 1951 年第二至四期和 1952 年第一期分别发表了《鲁迅论中国历史》《鲁迅论科学》《鲁迅论文艺》《鲁迅论妇女问题》数篇文章。鲁迅研究借助《文史哲》平台，尤其是借助华岗逻辑清晰的研究成果渐次展开。

2. 中国历史分期问题大讨论

这次主题讨论规模和影响非常大，时间延续也较长，整个 20 世纪 50 年代《文史哲》发表了这个主题的文章数十篇，以此掀起了新中国成立初期社科界著名的史学界"五朵金花"① 学术讨论的序幕。《文史哲》编委之一童书业的论文《中国封建制的开端及其特征》在该刊 1951 年第二期发表，明确提出中国封建社会始于西周说；1952 年第一期，杨宽发表《战国时代社会性质的讨论》，提出战国时代属于地方封建社会的新鲜观点；同年第五期，杨向奎发表《关于西周的社会性质问题》一文，亦呼应童书

---

① 即中国古代社会分期、农民起义、亚细亚生产方式等五个重大问题讨论。

业观点，在批驳郭沫若西周奴隶制说的过程中进一步深化了西周封建说。针对自己这个观点，杨向奎在 1953 年第一期《文史哲》上再次发文《中国历史分期问题》，系统探讨古代史分期的问题，用大量论据支撑西周进入封建说，并指出西周奴隶制说的理论漏洞。杨向奎在这次讨论中最大的理论贡献，当属提出中国历史发展的独特路径说，在历史研究努力靠拢马克思主义社会发展五阶段论的当时历史学界，他的客观和理性态度当即引起了较广泛的共鸣，也引起了更大范围的反对意见，事实上将历史学界普通问题讨论推向跨学科的学术大讨论。1956 年第三至五期，3 期连载了王仲荦的《关于中国奴隶社会的瓦解及封建关系的形成问题》一文，又一次掀起古史分期问题讨论的小高潮。当年第八期《文史哲》编辑直接倡议，再次开展古史分期问题讨论。

　　以《文史哲》的核心作者和编委赵俪生、童书业、王亚南、王仲荦等人为中心的积极讨论，很快带动了全国范围内其他学报、理论刊物的参与，在数年之中形成了中国封建社会起源的多种观点并存现状，如西周说、春秋战国之交说、魏晋之后说等等。这次讨论将不同研究方向的历史学学者和相关领域研究者聚合至一个学术话题，在将具体课题推向深入的同时，对中国历史学学术力量的整合、马克思主义史学公共范式的形成及中国社会发展特殊性问题的开端，都有重要的意义。而对期刊媒介本身来说，《文史哲》借助这次讨论迅速为学术界认可，获得了广泛的尊重和学术话语权，牢固奠定了其在同类学术期刊中的地位。

　　3. 农民起义和农民战争问题的讨论

　　鉴于中国农业文明的悠久历史和中华人民共和国的成立基础，党内理论家如郭沫若、范文澜、翦伯赞早在 20 世纪 40 年代便展开了关于中国农民战争和农民运动的历史研究，也是最早尝试运用马克思历史唯物主义和社会发展五阶段论观察农民战争问题的学者。而《文史哲》是真正将这一学术主题推向更成熟、系统、全面研究的推动力量。讨论以《文史哲》编委赵俪生发表在本刊 1951 年第三期的文章《武训当时鲁西北人民的大起义》、1953 年第二期的《北宋末的方腊起义——"中国农民战争史"之一节》两文开其端，以同一作者的《明初的唐赛儿起义》《北魏末的人民大起义》《论有关隋末农民大起义的几个问题》三篇文章，和高昭一的《试论中国农民战争的特点》《秦汉三次农民大起义的比较》两篇文章在《文史哲》上渐次展开讨论。到 1965 年，这个主题文章共在该刊发表六十多篇，除了前述两位作者，王仲荦、卢振华、华山等人也是主要讨论参与者。由《文史哲》作为农民战争问题发起者和绝对主力，关于中国历代农民战争的性质、作用、特点、失败原因、政治思想等问题的脉络越来越清晰，有力带动了全国的历史学界对农民战争（尤其是太平天国战争）的研究，农民战争问题成为史学界的"显学"，一批新中国成立后进入学界的青年学者由此崭露头角。

4. "亚细亚生产方式"的讨论

这个跨越政治经济学和历史学的学术命题，也是由《文史哲》首先掀起讨论的序幕。"亚细亚生产方式"是马克思提出的概念。关于这个概念内涵的理解，《文史哲》在 1954 年第四期刊登童书业的《论"亚细亚生产方法"》一文，秉持亚细亚生产方法即原始共产社会的观点，由此引起史学界对亚细亚生产方式问题的聚焦。其主要观点分为原始公社阶段生产方式说和奴隶制生产方式说。日知在 1952 年第二期《文史哲》发表《与童书业先生讨论亚细亚生产方法问题》，提出亚细亚生产方式应属奴隶制生产方式，指出童的依据主要来自苏联学者旧说，多被否定。童书业在同期的《答日知先生论亚细亚生产方法问题》一文中，则对自己观点进行补充和解释。其后，王亚南、吴大琨、葛懋春等学者也陆续参与《文史哲》的"亚细亚生产方式"大讨论，影响波及全国，并在改革开放后成为在思想解放大潮中重新解读马克思主义的引子问题，主要讨论平台仍在《文史哲》杂志。

5. 批判胡适风潮

国内批判胡适的政治运动也迅速在期刊界引起一轮声势很大的批胡风潮。1955 年第五期《文史哲》集中刊发 5 篇批判胡适的文章，这些文章的标题全部带有"批判"二字，在本期和第六期杂志上，《文史哲》的核心作者、山东大学的郑鹤声、葛懋春、庞朴、童书业、高亨、赵俪生、孙思白、路遥等人，都发表了批判胡适的文章。

6. 批判宋江

宋江专题批判的组织和展开，是《文史哲》在改革开放前最后一次大型学术争鸣，主要集中在 1973 年复刊之后。20 世纪五六十年代的《文史哲》，曾发表过李希凡的《略谈〈水浒〉评价问题——读张政烺先生的〈宋江考〉》（1954 年第四期）、苗得雨的《关于宋江——〈水浒〉问题研究之一》（1955 年第一期）、李永先的《宋江是农民英雄形象吗?》（1965年第五期）等文章，集中在宋江形象和《水浒》性质问题，基本属于学术范围的探讨。复刊后第一期即总第 107 期发表了陈久和、宋庆吉、司继义合作的文章《宋江形象浅析》，肯定了宋江农民起义领袖的政治角色。这篇文章发表后不到一个月，恰逢 12 月 21 日毛泽东主席接见中央军委扩大会议全体成员时发表讲话，指出《水浒》不反皇帝而专反贪官，后来还接受了招安。这个基本否定宋江的结论后又在多个场合被毛泽东强调，使此后宋江问题讨论染上浓重的政治色彩。1974 年第一期《文史哲》发表王尚文的《农民革命的叛变者——试论〈水浒〉中的宋江》和秦家伦的《也谈〈水浒〉中的宋江》两篇文章，都明确否定《宋江形象浅析》肯定宋江的态度。尤其是秦文火药味甚浓，否定了《宋江形象浅析》的基本观点，认为对宋江形象的评析，已超越古典文学艺术形象研究范围，而牵涉几个政治原则，即应如何批判革命队伍中的软弱妥协思想，如何清算革命事业中投降分子的罪行，如何贯彻"古为今用"原则，进而为当前三大革命运动服务。秦文还将批宋江联系到对刘少奇、林彪这些"孔孟忠实信徒"的批判。1974 年第二期的《文史哲》发表了崔殿山、牛澍雨的《评〈宋江形象浅析〉》一文，其质问语气更为对立："把和林彪非常相似的宋江说成正面人物，会对现实阶级斗争和路线斗争起到什么作用，难道不发人深省吗?"这几篇文章使得《文史哲》内部形成否定宋江的主流意见。

　　1975 年第四期《文史哲》集中刊登济南市文化局《水浒》评论组的《〈水浒〉中的路线斗争和投降派宋江》，山东大学历史系《水浒》评论组的《从古代投降派宋江看现代投降派的丑恶面目》，若海的《叛卖者的典型——评〈水浒〉中的宋江》，赵建新的《剥开投降派头子宋江的画皮》，柳宝印的《投降派头子宋江的丑恶嘴脸》，曾立平、沈汉的《投降派面目的第一次大暴露》，王效安的《反动派为什么吹捧宋江》，临沂师专中文科《水浒》评论组的《宋江和高俅》，李恩普的《晁盖与宋江》等 9 篇文章，对《宋江形象浅析》一文及宋江形象发起一边倒的批判，显然已越过了学术争鸣的范围。

1978 年《文史哲》恢复双月刊后，正值实践是检验真理的唯一标准大讨论在全国展开，《文史哲》借助自我纠错的契机和优良的学术传统，很快调整办刊方向，将 20 世纪 60 年代以来刊物的政治化导向重新转向学术研究轨道。1979 年第四期（总第 133 期）《文史哲》开辟首个专栏《现代美国文学研究》，开始将专题性研究和争鸣的组织逐渐固化为学术专栏进行培育。

第三节　《新建设》杂志与新中国成立初期人文社会科学的构建

一、《新建设》月刊缘起及沿革

《新建设》杂志于 1949 年 9 月创刊，编委会由费青、向达、吴晗、李广田、袁翰青、张志让、费于、费孝通、闻家驷、雷洁琼、樊弘、潘静远、钱伟长、钱端升和严景耀 15 人组成，费青任主编。杂志成立董事会，董事长为王艮仲、费振东、潘祖丞。

《新建设》创刊号于 1949 年 9 月 8 日正式出刊，新杂志直接送到全国政协会场。毛泽东主席在政协会议期间应吴晗之邀为《新建设》题写了刊名，字样一直沿用到"文化大革命"停刊。政协会期间毛泽东等国家领导为《新建设》题词，毛泽东的题词为："随着经济建设的高潮的到来，不可避免地将出现一个文化建设的高潮。中国人被人认为不文明的时代已经过去了，我们将以一个具有高度文化的民族出现于世界。"这个题词指明了《新建设》之文化"建设"的侧重点，亦点出其在综合性文化期刊群中"具有高度文化"的学术化定位。

1956 年，《新建设》杂志社与光明日报社合并，到 1958 年之前，编委会和主编变动较大，1957 年，《新建设》元老费青去世，编委会负责人确定为吴晗，孙承佩担任主编。1958 年秋，中宣部决定将党外刊物《新建设》划归科学院哲学社会科学学部之下，组成新的编委会，任命吉伟青为总编辑，刘亚克、刘一农任副总编，原新建设杂志社的部分编辑和刚刚撤销的学习杂志社的几位编辑组成新编辑团队，分为文学、历史、哲学、经济四个组。从 1959 年 1 月《新建设》改组后第一期出刊，成为中华人民共和国第一份党管哲学社会科学综合性期刊。之前在编辑部筹备新刊时，周扬按照毛泽东对《新建设》"开个口子，让党内外的专家学者有个发表意见的地方，以了解思想动向"的期望，强调《新建设》杂志是"在马克思列宁主义和毛泽东思想指导下的一个意识形态领域的刊物"，好比是"有领导的自由市场"，[①] 再一次明确了《新建设》的编辑方针。此后的《新建设》，行政上归口哲学社会科学学部，编辑业务受学部党组领导和中宣部科学处双重领导。大的学术和政治方向定下来后，《新建设》编委会成立，学部的张友渔任主任，潘梓年、尹达、何其芳、刘大年、孙冶方、艾思奇、郑昕、吴晗、张志让、吉伟青等担任编委，《新建设》实际上成为科学院哲学社会科学学部的机关刊物。1966 年"文化大革命"爆发不久，《新建设》被迫停刊。

二、《新建设》杂志编辑思想的发展

《新建设》作为由民主党派主办刊物转为党管刊物的历史，也是其由一个政治文化综合刊物发展到新中国最权威的哲学社会科学综合期刊的发展过程，其编辑指导思想和编辑方法也打上了深刻的时代政治和文化烙印，并成为党办学术期刊的一个经典标本。

《新建设》创刊初期，与其他学习类刊物一起，以宣传、普及马列主义基本原理和社会主义建设基本理论和政策为主要职能。《发刊词》上所提出的中心任务，是宣传马克思列宁主义和毛泽东思想，为学术研究的普及和提高服务，并团结全国的学术工作者，共同为新民主主义的文化建设而努力。《新建设》因在理论界有广泛的作者资源，是 20 世纪 50 年代最早译载马克思恩格斯著作的期刊之一，如季羡林、曹葆华翻译的《不列颠在印度的统治》、贺麟翻译的《黑格尔辩证法和哲学的批判》、何思敬翻译的《疏远化了的劳动》、仲南翻译的《〈黑格尔法哲学批判〉序言》等译文，都首先登载于《新建设》。《新建设》也是积极响应《人民日报》关于深入学习《实践论》《矛盾论》的号召，刊发相关文章的重要期刊，如

---

① 吉伟青：《我所了解的〈新建设〉》，《百年潮》2003 年第 6 期。

1951 年从第三卷第六期至第四卷第三期分 4 次连载李达的《〈实践论〉解说》，1952 年从第一期到第七期 7 次连载李达的《〈矛盾论〉解说》。这两个"解说"通俗易懂、案例生动，全面准确地解释了《实践论》和《矛盾论》，为"两论"的通俗化普及树立了榜样。哲学家学习"两论"的体会和导读文章，如冯友兰的《〈实践论〉——马列主义的发展与中国哲学传统的解决》一文也首发于《新建设》。

1959 年 1 月，《新建设》在改组后的第一期"编者按"中声明其性质和编辑方针：《新建设》是哲学社会科学综合刊物，任务是贯彻"百花齐放、百家争鸣"的方针，读者为学术界人士和中等以上学校师生等。首期《新建设》发表了学部副主任潘梓年《贯彻百家争鸣的方针，把学术批判推向前进》一文，指出了哲学社会科学必须在马列主义思想指导下为工人阶级的政治服务，要彻底批判脱离实际的资产阶级学风，通过学术批判改造资产阶级知识分子思想等。在实际的办刊过程中，在刊物为无产阶级政治服务、为社会主义建设服务的大前提下进行"百花齐放"的学术讨论，实际上很难保持公正，但是《新建设》本着讨论问题尽量用学术原则判断的态度，勉力保持批评者与被批评者的平等交流。这种态度特别体现在对经济学家马寅初《我的哲学思想和经济理论》一文（首发在 1959 年 11 月号）的批判和杨献珍《合二而一与一分为二》一文的大批判中。对前者，《新建设》在批判中基本能对争论双方平等对待，刊登批判文章和反批评文章，对马寅初的批判态度也基本止于学术层面；在后者及另一位经济学家孙冶方受到《人民日报》《光明日报》《哲学研究》等主流报刊连篇累牍的激烈批判时，《新建设》保持了沉默中立的态度。

1963 年 12 月，中宣部科学处处长、国家科委副主任于光远向科学院哲学社会科学学部传达了毛泽东关于倡议社会科学制定规划，并予以资金和外汇支持的意见，着手制定全国哲学社会科学规划，随即主动向编委吉伟青了解社科规划的具体情况，直接建议《新建设》杂志向《东方杂志》类型逐渐转变，因《东方杂志》在学术门类数量、评论质量、内容含量上都具有综合性文化杂志的典型特征，有较高的学术性和资料价值。《新建设》积极响应于光远的建议，抽调专人研究《东方杂志》的资料、栏目、细则、评论设置、学科种类、固定栏目及特点，预算改版花费和扩大发行的具体效益等，并决定率先增加文艺作品或评论板块。从 1963 年年底起，《新建设》为改版做人事准备，陆续从《北京日报》和各重点大学调入曾普、庄建平、裴叔平、余存珍、陈素琰等人做后备编辑人员；从各大学调入人力，新成立地理、数学编辑组和编辑部办公室。由于多种政治和组织的原因，直到"文化大革命"爆发、《新建设》停刊，新的改版方案尚未出台即告流产。但是《新建设》这次动作相当大的改版筹备，实际上是在社会科学综合期刊编辑方针上的一次学术回归和有益探索，对"文化大革命"后《新建设》复刊的办刊思路不无裨益。

三、《新建设》杂志在哲学社会科学领域的建树

《新建设》在创立初期，对马克思主义普及宣传推动十分得力，是马克思主义理论普及中学术性和通俗性结合的典范。1953 年之前，是《新建设》译载马克思、恩格斯、列宁、斯大林经典著作最集中的时期。除了前述曾发表过的文章外，马克思的《不列颠在印度统治的未来结果》《国际工人联合会成立宣言》《论边沁和功利主义》《政治经济学批判之导论》，恩格斯的《关于生物学》《共产主义原理》《〈英国工人阶级状况〉序言》《玛尔克》《论马克思的〈政治经济学批判〉》，列宁的《苏维埃政权与妇女的地位》《工人阶级与新马尔萨斯主义》，斯大林的《社会民主党是怎样理解民族问题的》《论电气化计划给列宁的信》等重要文章也先后发表在《新建设》上，成为马列主义学习和研究的权威参考资料。对《毛泽东选集》第一、二卷中的重要论著和《苏联社会主义经济问题》中所提出的若干论点，《新建设》在此段时间都有计划地发表了相关学习心得和笔记。1953 年 3 月《新建设》杂志举办了马克思逝世 70 周年纪念专题，发表了《马克思与〈资本论〉》《辛亥革命前中国书刊上对马克思主义的介绍》《马克思怎样批判了资产阶级的经济学说》《关于〈马克思、恩格斯论英国〉》等文章。

《新建设》也是紧密配合国家方针政策，研究、阐释、宣传与政策相关的理论的重要期刊媒介。1953 年年初，为配合国家建设任务，第一至三期《新建设》同时发表了多篇有关国家工业化、国家基本建设、国民经济计划化、人民代表大会制度和贯彻婚姻法运动的学术论文。从 1953 年起，

《新建设》密切参与了高等院校课程改革工作，分期连载中国人民大学各教学研究室的各科讲授提纲和讲课计划，如早期的《苏联共产党历史研究提纲》《辩证唯物论与历史唯物论讲课计划》《逻辑学讲授提纲》《国民经济计划讲授提纲》等。《新建设》在中国外交活动十分单一的"十七年"中，是长期保持国际学术视野的期刊之一，它对苏联学术界成果的译介，是其鲜明的办刊特色之一。对苏联成果的推介主要是关于马克思主义与语言学问题、西方哲学史问题、形式逻辑问题、米丘林学说、巴甫洛夫学说、苏联历史学与地理学的发展等具体问题；同时，该刊每期还特辟《国外报刊重要学术论文介绍》栏目，绝大部分内容译自苏联报刊，这些报刊分别是《共产党人》《哲学问题》《经济问题》《历史问题》《苏维埃国家与法律》《计划经济》《语言学问题》《新时代》等。

图6-2　《新建设》

在划归学部管理后，《新建设》实际上成为国内最权威的哲学社会科学综合杂志，它的言论和议题连接着党中央最高政策部门和理论界、学术界与民主党派思想界，往往起到引领全国思想界方向的作用。如从1959年2月开始，《新建设》陆续发表了学部委员周谷城的《八论形式逻辑与辩证法》《九论形式逻辑与辩证法》《论实践和推论真实性和正确性的统一》系列文章，掀起了全国范围内逻辑问题的讨论热潮，这个议题遂成为《新建设》的固定板块之一。毛泽东主席密切关注《新建设》的讨论内容，并为此专门召开专家座谈会，公开支持周谷城等人观点，进一步推动哲学问题讨论在全国的展开和《新建设》在逻辑学探讨中"意见领袖"地位的形成。其后，1959年2月冯定发表的《掌握客观规律，充分发挥主观能动作用》、1959年12月艾思奇发表的《我们需要歌颂风雷》、1962年2月艾思奇发表的《外行与内行》三篇文章先后得到毛泽东的首肯。借助《新建设》的政治地位，对理论联系实际学风的倡导、对浮夸风的反思得以凸显为权威的"官方话语"。1963 年 12 月，《新建设》发表北大教授任继愈的《关于谈谈佛学》一文，毛泽东以肯定此话题为出发点，在《关于加强研究外国的工作报告》中阐发了关于用历史唯物主义研究宗教问题的看法，强调"不批判神学就不能写好哲学史，也不能写好文学史和世界史，这点请宣传部门的同志考虑一下"，这个批示成为其后世界宗教研究所和其他外国研究机构陆续成立的依据。

从 20 世纪 60 年代初期开始，《新建设》发起和参与讨论的学术问题涉及了当时社会科学界的所有焦点问题，文学领域的有文学作品共鸣问题、写中间人物问题、文学遗产批判继承问题，史学领域有孔子评论、让步政策、历史主义与阶级观点、时代精神问题，哲学领域有抽象继承法、合二而一与一分为二、封建伦理道德继承与批判问题，以及美学问题、逻辑问题等等。

1960 年 6 月，《新建设》发表了平心的《论生产力和生产关系的矛盾运动》一文，正式掀起关于生产力发展动向问题的全国性大讨论。同年《新建设》还发表了陶德麟的《主观能动性与客观规律的关系》，同样引起学术界关注，引发了主观能动性问题大讨论。1961 年 1—10 月，《新建设》参与唯物主义和唯心主义同一性与斗争性的问题讨论，发表贺麟、冯友兰等知名学者的文章，成为支撑这一讨论的重要期刊媒介之一。1959 年 10 月后，《新建设》参与由于世诚发表于《光明日报》的《思维与存在的同一性是唯物主义原理吗?》发起的思维与存在关系问题讨论，发表了几篇重要文章。在这些哲学讨论中，除了一些成名的哲学大家外，一批青年哲学学者也借助《新建设》平台崭露头角，如汝信、邢贲思等后来成名的哲学家。

《新建设》在 20 世纪 60 年代的经济学理论建设上也有明显的推动之力，薛暮桥、于光远、许涤新、王亚南、千家驹、骆耕漠、管大同等著名经济学家皆在《新建设》刊登过理论文章，主要研究我国价值规律的作用问题、商品生产问题、国民经济有计划按比例的发展问题等社会主义计划经济的专有主题，成为社会主义经济学理论建设的重要基础。吴敬琏、董辅礽等年轻经济学研究者在这些讨论中也十分活跃。

《新建设》对历史学问题的贡献主要体现在对热点问题的参与和推动。

北京大学历史教授翦伯赞发表的《打破封建王朝体系问题》一文，对历史研究和教学中的"左"倾偏向提出批评，引起了较为广泛的关注。著名历史学家侯外庐、尹达、刘大年等和青年学者林甘泉、蔡美彪等，是《新建设》历史学论文的主要撰稿者。

第四节 "十七年"史学期刊及《历史研究》杂志

中华人民共和国成立后，最早创刊的历史学期刊为河南大学的《新史学通讯》（后改为《史学月刊》）、天津的《历史教学》，二者均创刊于1951年1月。此后，随着人文社会科学与马克思主义理论相结合的官方学术导向的推动，以及各高校历史系的不断增设和教学改革，在新理论框架下编写各级历史教材成为史学界一大景观。同时，新史学研究机构的设立，通史、专史、断代史和专题研究的先后展开，新的史学期刊《历史研究》《史学集刊》《近代史资料》《中学历史教学》《历史教学问题》《中国史学史资料》也陆续问世。与其他门类人文社科期刊相比，这段时间中史学期刊总数量不多，但因历史学在新型意识形态建构中的特殊作用，以上期刊的社会辐射力和文化影响普遍超越了学科和期刊地域的限制，皆具备了全国性刊物的特征。"文化大革命"期间，历史学成为"左"倾路线的重灾区，真正意义上的史学期刊无一存世。《历史研究》杂志因其在学术上的高起点和对重大理论问题探索的贡献，可视为新中国成立初史学期刊发展的缩影。

一、新创史学期刊的编辑和沿革概况

总体来看，新中国成立初的史学期刊大致可分为两大类：历史学研究类和历史教学类。两种类型期刊的办刊方向不同，但在不同的领域中都对中外历史学的普及和深化发挥了重要的作用。《新史学通讯》和《历史教学》两种杂志同时创刊于1951年1月，为中华人民共和国成立后最早正式创刊的历史杂志，是历史学研究和历史教学两种历史类期刊的最早代表。

（一）《新史学通讯》（《史学月刊》）

《新史学通讯》1951年1月31日创刊于河南开封，由河南大学校长兼史学家嵇文甫等发起，中国现代史学者黄元起为主编，河南省历史学会和河南大学主办，其创刊宗旨为"宣传马克思主义新史学观点"[①]"为人民服务，为各级历史教学服务，特别是为中小学教师服务"，后逐渐发展成影响仅次于《历史研究》的全国性历史专业学术期刊。《新史学通讯》是中国史学界第一份正式以"新史学"[②] 命名的史学刊物，"新史学"意指以马克思主义唯物史观为指导的唯物主义历史学。

创刊伊始，《新史学通讯》的性质近于一份小型史学通讯或简报，未明确出版周期，第5期后方定为月刊；栏目不固定，主要刊登理论学习经验和思想改造心得、中学历史教材分析和教学经验介绍、史学小论文、考古报道及问题解答等；每期只有16页，版面简朴随意，无封面和封底，首页印有考古学家朱芳圃所题"新史学通讯"刊头。《新史学通讯》在头两年里脱期现象常有发生，1953年后逐渐能按时出版。1955年4月，郭沫若为《新史学通讯》题写新刊头，之后刊物由16页增至26页，且基本能按时出刊。

《新史学通讯》初期的编辑工作，由河南大学历史系的教师业余兼职完成，在专业上却表现了不凡的水准。发表的文章多数现实性和针对性很强，涉及文化遗产、人物评价、民族战争、农民起义、具体教学问题等；《问题解答》专栏为各地历史教师解决了大量实际困难，其文章在1957年汇编成《史学问题解答》出版。《新史学通讯》问世不久，其发行量由几百册、几千册迅速上升至1.5万册，最高发行量达三万余册，不仅受中小学教师的欢迎，而且高校历史学生和研究者也对之青睐有加。《新史学通讯》成为许多大学历史系师生的案头必备资料，[③]"那时大学图书馆都陈列着《新史学通讯》，学生们似饥若渴地争着阅读，以期扩大史学视野，提高史学涵养"。[④]

1956年年底，社会主义改造完成，马克思主义新史学的人才队伍和学

---

① 朱绍侯：《回忆与展望——为〈史学月刊〉六十华诞而作》，《史学月刊》2011年第9期。
② "新史学"概念在中国最早由梁启超于1902年提出。抗战时期的重庆曾经成立过一个"新史学会"，宗旨就是以唯物史观为指导研究中国历史，嵇文甫先生是其初创者和组织者之一。新中国成立后，嵇文甫任"新史学会"河南省分会会长。——笔者注。
③ 参见牛致功《感谢〈史学月刊〉对我的帮助和鼓励》，《史学月刊》1991年第1期。
④ 陈学文：《我与〈史学月刊〉——铭记、感激、祝愿、期望》，《史学月刊》2011年第9期。

术基础已初步形成，杂志的理论视野也更加开阔，已出版 63 期的《新史学通讯》对"新史学"常识的普及工作基本完成，编辑部决定从 1957 年开始，杂志改名为《史学月刊》，以示向史学学术研究的转向。《史学月刊》的栏目设计更为规范和充实，新开辟 12 个栏目，包括《论文》《教学参考》《问题讨论》《教学经验》《学习指导》《书刊评价》等，篇幅增加到 40 页。

《史学月刊》从 1957 年到 1960 年，与《历史研究》《文史哲》等大刊互相呼应，组织了多次重大学术问题讨论，表现了敏锐的理论触觉，其中在 1960 年发起的关于历史主义问题的专题讨论，是最早发起此主题讨论的学术期刊。1960 年 7 月号、9 月号的《史学月刊》共发表了 7 篇探讨历史主义问题的文章，将讨论步步引向深入，其对马克思主义新史学基础理论构建的价值不容低估。史学理论大家蒋大椿对此总结得十分中肯："50 年代末和 60 年代初河南历史学界最先提出了马克思历史主义和阶级观点相结合，并组织了关于历史主义问题的专栏讨论，对马克思主义和阶级观点的研究作出了贡献。"①

由于"大跃进"后经济和政治环境的掣肘，《史学月刊》从 1960 年 10 月到 1964 年 6 月停刊三年零九个月，1964 年 7 月复刊；到 1966 年 7 月"文化大革命"全面展开时再次被迫停刊，直到 1980 年才再次复刊。

（二）《历史教学》

1951 年 1 月，《历史教学》创办于天津民间，发起人是京津两地从事历史教学和研究的张政烺、李光璧、杨生茂、傅尚文、孙作云、丁则良及关德栋等 7 人。他们开始时完全自筹资金办刊，张政烺甚至卖掉收藏的二十四史凑齐费用，成立了历史教学月刊社和编辑委员会，李光璧任主编，其他人为编委。徐特立、马叙伦先后为《历史教学》题写了刊头，马叙伦字样沿用至今。从 1952 年第 7 期起，《历史教学》由民办同人杂志转由天津史学分会主办，并扩大了编委会编制，郑天挺、魏宏运、来新夏、尚钺、荣孟源、嵇文甫等史学名家都被吸收进编委会。在 1966 年停刊之前，编委会组成又变更过两次，但人选一直都在专业史学家范围内选择。1953

---

① 转引自《史学月刊》编辑部《总结过去，开辟未来，为建设 21 世纪新史学而奋斗》，《史学月刊》2001 年第 1 期。

年前，《历史教学》编辑工作为编委轮流担任，之后建立了专职编辑部。

《历史教学》编委会对稿件的严格甄选和编辑工作，使其发行量由创刊时的 2000 册，很快上升到 1952 年的 1 万册，1954 年已达 4 万册。1954年，历史教学杂志社并入天津通俗出版社（1956 年改为天津人民出版社），并确定其服务于中学历史教学的总方向。1956 年，教育部开始参与杂志的指导，令人民教育出版社指定专人参加编委会。1959 年，编辑部从天津人民出版社独立出来，成立历史教学社，归由中国科学院河北省分院领导，后又相继归口到河北大学、天津市文教委员会、天津市教育局代管。1966年"文化大革命"开始后，《历史教学》被迫停刊，1981 年复刊至今。

20 世纪 50 年代初，各级学校历史教育面临马克思主义史学构建的大变革，浩如烟海的典籍、史料由历史教师个人单独研究处理非常不现实，不仅有历史理论结合实际素养不足问题，还有重新编教材缺乏合适资料的问题，天津的《历史教学》杂志便为满足这一需要应运而生。其发表的文章大方向为服务各层次历史教学，一部分是以历史唯物主义观点阐述问题的论文，旨在从理论和史学的层面上提高历史教学；另一部分是对新历史教材的书评和阅读指导，作者包括著名历史专家和教材编者，旨在在教材和教学之间、编者和教师之间建立顺畅的交流通道；还有一部分是组织撰写的文章，结合教材，有针对性地解决教学上的重点难点问题，或具体提供补充资料。《历史教学》坚持请历史大家写小文章，郭沫若、范文澜、陈垣、吕振羽、侯外庐、季羡林、翦伯赞、罗尔纲、雷海宗、郑天挺、周一良、齐世荣等著名学者都曾为其供稿。《历史教学》针对教材和教学的专题论文，篇幅适中，具有学术严谨性而又能避免流于空论，积累了很多经典之作。例如，1956 年第 6 期发表的北师大陈垣教授介绍中国古代史新教材的文章，第 7 期发表的南开大学雷海宗教授介绍世界近现代史新教材的文章，50 年代连载的谢理、穆林辅导历史教学的文章等，都曾脍炙人口、嘉惠学林。

（三）其他史学期刊的发展

《近代史资料》是"十七年"学术类史学名刊，也是最早的史料性历史研究期刊。《近代史资料》1954 年创刊于北京，中国社科院近代史研究所主办,成立《近代史资料》编辑组,近代史学者荣孟源任主编,中华书局出版,分为期刊和专刊两种形式,由郭沫若题写刊名。《近代史资料》是当时唯一专门刊载近代史文献档案史料的学术刊物。

《近代史资料》主要选载鸦片战争以来一百多年中国政治、经济、军事、外交和文化等各方面的历史文献和资料,服务于历史教学和历史研究者。主编荣孟源于史料考证独有心得,同时对《近代史资料》编辑具有较大的主动权,在工作中始终秉持两个重要原则:"杂"与"专"的统一,去伪存真。《近代史资料》每期一般围绕某一历史问题选辑重要史料,其他篇幅则汇编各种史料;专刊如《五四爱国运动资料》《辛亥革命资料》《义和团资料》和《太平天国资料》,则只汇集专门历史问题的史料。《近代史资料》的编选遵循实事求是的原则,形成了一套行之有效的编纂原则和方法,并长期保持下来。

《近代史资料》创刊之初,编辑组在全国各大报刊发布《中国科学院历史研究所第三所征集中国近代史资料办法》,资料征集范围广涉档案、函电、日记、著述稿本、回忆录、调查记、罕见书报和地方志、史料长编、年表、统计图表、资料目录、资料考订、照片、拓片、遗物、遗迹等。主编荣孟源以其深湛的史料编纂造诣和对史料的热情,带领编辑部扎实推进工作,《近代史资料》在20世纪50年代即已实际成为权威的中国近代史资料整理中心,也成为全国各高校和研究机构的近代史必备参考资料,并在欧美和日本历史学界产生巨大影响,以致《近代史资料》每出一辑,国外很快就会跟进翻译本。到1966年停刊时,《近代史资料》共编辑出版了35辑,对中国近代史资料的搜集、整理和近代史研究产生了重要的影响。1978年复刊,继续由中华书局出版。

《中国史学史资料》,1961年6月创刊于北京,北京师范大学历史系主办,历史学家白寿彝主编。前4期名为《中国史学史参考资料》,第5期改为此名,《史学史研究》的前身。《中国史学史资料》由史学家陈垣题写刊名,不定期出版,1965年停刊,共出版11期,其中两期为教学专号。1979年3月复刊,因所选资料涉及外国史内容,又改名为《史学史资料》,1981年刊物再更名为《史学史研究》。《中国史学史资料》的改名过程,实际上体现了史学史学科方向的发展历程:由中国史学史资料到中外史学史资料，再到中外史学史。1961 年，教育部召开了文科教材工作会议，周扬把中国史学史和西方史学史作为必须编写的教材要求提出来，并指定相关学校的学者负责编写。

《中国史学史资料》的创立契机，源于 1961 年教育部委托白寿彝、吴泽分别代表北京师范大学和华东师范大学编写中国史学史教材，吴泽负责近代，白寿彝负责古代。为辅助史学史教学和教材编写，白寿彝在北师大历史系成立了中国史学史编写组，并招收研究生、组织讨论会，筹办而成《中国史学史资料》。在经营这份期刊过程中，编写组大量搜集有关史学史领域的材料，努力梳理中国旧有史学史和了解西方、日本、苏联史学史写作。在出版的前 11 期中，共发表中国史学史作品 15 篇，外国史学史作品 6 篇；刊登了苏联史学家顾托诺娃写的《中世纪史学史大纲》、克柳切夫斯基的《论历史》，还有一些关于史学史问题讨论的详细报道。期间编写组还按计划集中对"前四史"等史学名著做重点介绍和评论，为其后史学史研究打下了较好的文献基础。

《史学集刊》，1956 年诞生于长春，由教育部委托东北人民大学（1958年改名吉林大学）以历史系学术委员会的名义创办的历史类学术期刊，亚洲史学者丁则良主持筹备工作，最初是半年刊，为第一个系办的国家级学术刊物。办刊宗旨为"实事求是，探索创新"。创刊号刊载了省吾的文章，第 2 期刊载了金景芳等名家的作品，兼收古今中外的史学论文，并兼顾外国历史学论文的中译文。该刊于 1958 年停刊，1981 年复刊后发展很快，尤其在促进外国史研究和辽金史研究上成就突出。

《中学历史教学》，是中华人民共和国成立后第一份直接面向中学历史教学的期刊，1956 年创办于广州，华南师范大学历史系主办，服务于中学历史教师、各级教研员及各层次学生。《中学历史教学》由郭沫若题写刊名，广州的陈旭麓、吕思勉等历史大家对其多有扶持，在华南地区的影响大于其他地区。该刊 1959 年停刊，1980 年复刊。

二、《历史研究》与中国历史学创新

（一）《历史研究》的创刊与宗旨

《历史研究》的创刊，最初缘于毛泽东对历史研究问题的指示：建议

将中国历史分作古代、魏晋到鸦片战争、近代三段来研究，"三个历史研究所合办一个杂志，定名为《历史研究》，方针是'百家争鸣'"。① 1953年，中共中央批准设立中国历史问题委员会，创办《历史研究》杂志，组成由郭沫若为召集人的编委会，刘大年和尹达负责具体工作。编委会囊括了大陆最优秀的一批历史学家：白寿彝、向达、吕振羽、杜国庠、吴晗、季羡林、侯外庐、胡绳、范文澜、陈垣、陈寅恪、夏鼐、嵇文甫、汤用彤、翦伯赞，1961年补充黎澍、田家英。

1954年2月，《历史研究》正式创刊，主编为尹达，副主编为刘大年；1961年主编由黎澍接任，实际主编为丁守和。最开始是双月刊，每期20万字；从1956年起改为月刊，篇幅时常超过20万字；1960年全年，因"拔白旗"运动和知识分子下放劳动的影响，稿源不继，实际上变成了双月出刊。对于该刊的编辑宗旨，郭沫若在首期发表的文章《开展历史研究，迎接文化建设高潮》中做了清晰的说明：《历史研究》要用马克思主义观点研究中国各民族史和世界史，"提倡用科学的历史观点，研究和解释历史（《共同纲领》第四十四条），这就是我们所遵守的原则，但只要所进行的'研究和解释'不违背'科学的历史观点'，也就有可能逐渐获得这样的历史观点，因而我们的范围虽然比较宽畅，但也不是无批判地兼收并蓄"。

《历史研究》杂志在创刊之初，的确履行了这种在不违背科学原则基础上鼓励开放性、创新性思考的办刊思路，而且表现了不拘一格、扶持后学的可贵学术民主精神，对中国历史学和历史学人极富感召力，近代史学家章开沅曾称"《历史研究》仿佛是一座史学殿堂，从第一期开始就以严谨的学风和极高的水准出现，刊物上经常出现众多名家名文，确实具有大家气象"。②

（二）《历史研究》对历史学重大问题讨论的贡献

《历史研究》在1967年停刊，到1974年12月才在毛泽东批示下复刊。在1966年之前的十多年中，它发起和主要参与了马克思主义史学形成期几

---

① 黎澍：《记〈历史研究〉杂志》，载《黎澍集外集》，社会科学文献出版社2003年版，第139—140页。

② 章开沅：《笔墨缘结五十年——寄语〈历史研究〉》，《光明日报》2004年4月1日。

大基础问题讨论，对新中国历史学科的成熟和史学人才队伍的培养作出了重大贡献。

20世纪五六十年代，是中华人民共和国将马克思主义基本理论方法和传统史学创造性结合的重要时期，历史学的成就在人文社会学科中较为突出，其重要的契机就是著名的历史专题大讨论，如中国古代史分期问题、中国封建土地制度问题、中国古代农民战争问题、汉民族形成问题、中国资本主义萌芽问题、"亚细亚生产方式"问题、中国封建社会长期延续原因问题、阶级观点与历史主义关系问题、历史人物评价标准问题、中国近代史分期问题，等等。在上述问题中，前五个问题俗称为历史学界的"五朵金花"，直接关涉新中国的国家历史观和社会发展观。这些问题的讨论，有的是《历史研究》首先发起的，有的是它作为重要参与者而大量登载传播的。

1. 《历史研究》直接发起的主要议题及讨论

首先，关于中国封建土地所有制形式问题的讨论。《历史研究》在创刊号上发表了北京大学教授侯外庐的论文《中国封建社会土地所有制形式的问题》，提出关于中国古代土地所有制的全新看法：驳斥中国封建土地的地主（或领主）土地所有制说，认为"皇族所有制"（国家所有制）才是封建社会土地所有制的实质。这篇文章如一石击水，掀起巨大波澜，全国历史学界就封建社会主流的土地所有制性质问题展开大讨论，到20世纪60年代初，《历史研究》先后发表了侯外庐、杨向奎、李埏、束世激、韩国磐、蒙默、孙达人等新老学者的十余篇文章。

其次，关于中国近代史分期的问题。《历史研究》创刊号刊登了胡绳的《中国近代历史的分期问题》一文，成为这一问题讨论的导火索。胡绳作为早期的马克思主义学者，主张以阶级斗争观点来做划分近代史阶段的标准，将中国近代史以太平天国革命、义和团运动和辛亥革命三次革命高潮作为依次递进的标志，从而将近代史分为七个阶段。这个提法建立在较为成熟的马克思主义暴力革命和社会发展理论基础上，因而被广为接受，但是在理论细节和局部问题上，很多学者也不断对其质疑或补充，这些意见主要发表在《历史研究》上，主要作者有荣孟源、黎澍、刘大年、金冲及、孙守仁、戴逸等人。

最后，关于汉民族形成的问题。这个问题的讨论，由发表在《历史研究》1954年第3期上范文澜的《试论中国自秦汉时成为统一国家的原因》一文直接开启。范文澜也是延安时期即进入党内的马克思主义史学家，他运用马克思主义经典作家的理论，从全新角度对汉族形成问题进行阐述，引起了史学界较大反响。

2. 《历史研究》主要参与的议题及讨论

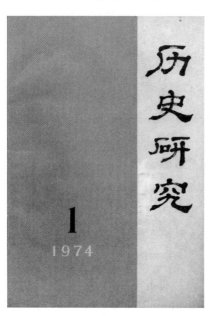

图6-3 《历史研究》

《历史研究》参与并将之推至深入讨论的学术主题，最典型的当数中国古代史分期问题，也即中国古代奴隶制与封建制的时间划线问题。这个历史问题在新中国理论界被提出最早，由1950年3月19日、21日《光明日报》所发表郭宝钧的《记殷周殉人之史实》和郭沫若的《读了〈记殷周殉人之史实〉》两篇文章开其端。郭沫若对郭宝钧观点的质疑，带动了各报刊关于奴隶制内容、性质、是否存在和在中国何时开始诸多问题的讨论。时隔多年，在这个讨论已较为深入的基础上，发起者郭沫若在《历史研究》

1959年第6期发表《关于中国古史研究中的两个问题》一文，观点鲜明、大胆假设，再次将此问题推向热点地带，各地重要报刊纷纷加入讨论队伍，此问题的争论再次迎来高潮。关于中国封建社会的起始朝代，可谓意见纷出，如西周封建说、春秋封建说、战国封建说、秦统一封建说、西汉封建说、东汉封建说、魏晋封建说等。而这些观点中最有分量的文章，如束世澂、徐中舒、王玉哲、李诞、唐兰、吴大琨、田昌五、黄子通、夏甄陶、侯外庐、日知等学者的文章，全部在《历史研究》上首发。

关于农民战争系列问题的讨论，是《历史研究》发表文章数量较多的题材。农民战争是中国古代王朝更替的主要方式，也关涉到我国以工农联盟为基础的人民民主专政政体的理论基础，所以它成为"五朵金花"中最为耀眼的一朵。这个问题的重点主要包含农民战争与政权的性质、农民战争中的皇权主义与平均思想、农民战争与宗教关系、农民战争的历史作用等等，是 20 世纪五六十年代史学研究最大的争论热点之一，《历史研究》先后发表了侯外庐、白寿彝、贺昌群、蔡美彪、戎笙、宁可、孙柞民、史绍宾、郑昌淦、胡如雷、田昌五等人的论文，这些作者很多当时还是青年史学工作者，后来都成为相关研究领域的重量级专家。著名隋唐史学者胡如雷的名著《中国封建社会形态研究》《唐末农民战争》于 1979 年出版，它们与作者在《历史研究》发起的农民战争问题讨论中所奠定的学术基础和理论视野直接相关。

3.《历史研究》对历史大讨论的学术整理

《历史研究》编辑部出于对历史学发展的使命感，除积极发起和参与专题讨论外，还密切关注历史学界整体动态，及时将讨论成果结集出版。例如，1957 年编成《中国古代史分期问题讨论集》《中国历代土地制度问题讨论集》《中国近代史分期问题讨论集》、1962 年编成《中国的奴隶制与封建制分期问题论文选集》，四部论文集都由三联书店出版。

4.《历史研究》在"文化大革命"前夕的挫折与后期复刊

《历史研究》相对平稳的学术争鸣环境在 1961 年被打破，出现了一次不大不小的危机。黎澍接任主编后，接受召开学术讨论会组稿的建议，在 1961 年组织了由中国史学会、北京市史学会联合举行的太平天国讨论会和巴黎公社讨论会（先后两次）两个学术会，以及由中国史学会和湖北省社联合办的辛亥革命讨论会，中国史学会副会长范文澜在第二次巴黎公社讨论会上发言，题目为《反对放空炮》，主要针对有些历史研究者不够重视史料、学风浮夸的问题，删改后发表在《历史研究》第 3 期，未料范文澜这篇文章被曲解为目的是要"反对马克思主义",[①] 甚至《历史研究》杂志还被告到中央，编辑部也被迫迁到近代史研究所。

到 1965 年年底，《历史研究》开始迎来更大的政治风浪。1965 年 11 月 10 日，姚文元经毛泽东主席亲批的《评新编历史剧〈海瑞罢官〉》一文在上海《文汇报》发表，点名批判吴晗的《海瑞罢官》，批判风潮迅速蔓

---

① 黎澍:《记〈历史研究〉杂志》（节录），见宋应离等编《名刊名编名人》，大象出版社 2011 年版，第 244 页。

延至全国各大报刊。12 月,《红旗》杂志发表戚本禹的《为革命而研究历史》,激烈批判翦伯赞的历史观点,到 1966 年《五一六通知》发表后,"文化大革命"爆发的巨浪第一时间冲击到《历史研究》。《人民日报》先是直接点名批判《历史研究》和主编黎澍,接着在 6 月 3 日发表社论《夺取资产阶级霸占的史学阵地》,针对历史学界出言激烈,指出很多历史学者是"资产阶级代表人物,把史学当作他们反党反社会主义的一个重要阵地";同期的《假批判真包庇》一文,则向黎澍和《历史研究》直接开火:"自一九六一年来了一个新主编,《历史研究》便成了资产阶级霸占的阵地,发表了一系列大毒草。"10 月 23 日,《人民日报》对《历史研究》的批判进一步升级,发表《〈历史研究〉是资产阶级史学的反动堡垒》一文,此文"编者按"将《历史研究》定性为历史学界"一小撮反党反社会主义的右派分子和反动学术'权威'"长期霸占的"一个反动堡垒",黎澍是"反革命分子周扬"的爪牙,认为黎澍"利用《历史研究》作掩护,极力维护和散布剥削阶级的旧思想,旧文化,旧风俗,旧习惯。流毒甚广,害人不浅"。

面对这种情况,主编黎澍为保护杂志过关,在 1967 年的最后两期连续刊登批判吴晗的文章,但是仍然没有得到极左势力的认可。其中《评吴晗胡适通信》一文,被《人民日报》6 月 3 日以整版刊登的文章《吴晗投靠胡适的铁证》严词批判,《历史研究》和黎澍被认为对吴晗是假批判、真庇护。至此,《历史研究》已无处可退,终于在 1967 年出刊 3 期后被迫停刊,此时正逢《历史研究》出到总第 100 期。

1973 年 4 月,毛泽东在对姚文元的谈话中,谈到恢复《哲学研究》和《历史研究》等学术期刊的意愿,5 月,驻学部工宣队传达了毛泽东的指示。其后学部工宣队和业务领导小组提出恢复原刊、原主编,并向上请示。姚文元批示同意后,却让主管教育部的迟群负责复刊工作,1974 年 12 月出版复刊第 1 期。直到 1975 年全国四届人大召开后,新教育部部长提议《历史研究》转回学部管理,仍由黎澍担任主编。《历史研究》的复刊本身带有适应"批林批孔"和阶级斗争的政治任务,所以在其后一年多中,不得不循着"左"倾大方向发表文章,但是仍顽强地保持了不发表粗暴、武断的大批判式文章的底线,在尽可能的范围内维护《历史研究》杂志的学术品质。

第七章

社会主义文艺思潮与文学艺术期刊的兴衰

文学艺术期刊是"十七年"中数量最庞大的期刊群,其对社会主义新生活、新人物、新思想的艺术化表现,在意识形态语境中具有特殊的思想宣传和政治动员的功用。文学艺术期刊,尤其是以刊登作品为主的文艺期刊,在聚焦社会关注的同时,往往也率先成为触及敏感政治禁区的期刊。从"十七年"到"文化大革命"结束期间的文学艺术期刊的发展,紧密伴随着社会主义革命时期文艺思潮和文学生产体制的变革。期间文艺期刊的管理体制,一直在政治性与艺术性、普及与提高、真实性与倾向性、群众路线与专家路线之间反复摇摆:当激进思潮占上风时,国家对文学期刊的行政监管便会强化,阻碍文学的健康发展,文学期刊的数量也必定会减少;当思想领域相对宽松时,对刊物的行政监管便会有所松动,刊物的自主性和创造性明显增强,文学期刊的出版也出现阶段性繁荣。

第一节 "十七年"文学艺术期刊的发展分期

根据《1949—1955年全国总书目》的划分方法,文学与艺术期刊被归为同一类期刊,之后各年基本按照这一标准划分。"十七年"中,文艺期刊中的文学性内容占绝大多数,故当时文艺期刊也被划入文学期刊范畴。

1949—1966年间文学期刊的发展概况,与该时期整个期刊业的消长起落密切相关。图7-1是1950年至1966年全国期刊出版统计,从图中不难看出,在"十七年"中,期刊出版事业起伏曲折,"泛政治化"的指导思想是其根本原因。1959 年、1964 年的小高潮，正是文化政策较为宽松的短暂调整期。

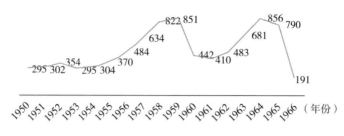

图 7 - 1 1950 年至 1966 年全国期刊出版数量统计

资料来源：《中国出版年鉴》1980 年卷。

一、1949—1955 年

"十七年"的前六年，期刊出版面临着巨大的真空，百废待兴，需求巨大。这一时期，各种名目的文学期刊如雨后春笋般涌现。1949—1952 年间连续出版的文学期刊多达几十种。

根据《1949—1955 年全国总书目》的统计，1949 年到 1955 年 10 月间创刊的文学期刊共有 38 种：《文艺报》《人民文学》《解放军文艺》《民间文学》《译文》《文艺学习》《北京文艺》《文艺月报》《河北文艺》《山西文艺》《内蒙古文艺》《文学月刊》《辽宁文艺》《旅大文艺》《吉林文艺》《黑龙江文艺》《陕西文艺》《工人文艺》《甘肃文艺》《江苏文艺》《安徽文艺》《浙江文艺》《河南文艺》《湖北文艺》《长江文艺》《工人文艺》《湖南文艺》《江西文艺》《广东文艺》《作品》《工农兵》《广西文艺》《西南文艺》《群众文艺》《贵州文艺》《少年文艺》《山东文学》《山花》。

1949 年至 1952 年 5 月，国家对文学期刊的管理规范初步形成，等级制期刊出版格局建立，推行群众化、通俗化、地方化的办刊方针。1952 年 5 月文艺整风接近尾声，文艺界开始调整文艺政策。某些文学期刊带头发起纠正文艺刊物管理的偏差、改善刊物管理方式、提高刊物质量的讨论，高度政治化的文学刊物管理体制出现某些松动的迹象。在这个短暂调整期，文艺期刊管理体制相对宽松，多数文艺刊物面貌大有改观。稍后，随着 1954 年批判《文艺报》，1955 年批判胡适、胡风运动的开展，政治激进思潮卷土重来，文艺期刊再次被推向极端政治化的轨道。从文艺报刊管理体制的角度看，批判《文艺报》真正的目标是强化对所有文艺期刊的意识形态控制。其后，文艺期刊和文学界的公式化、概念化趋势日益严重。

二、1956—1957 年

随着"双百"方针的出台，中国作协于 1956 年召开文学期刊编辑会议，鼓励文学刊物"百花齐放"。1956 年至 1957 年间，文学期刊的出版出现了短暂的繁荣，1956 年《新港》《长春》《火花》《延河》《青海湖》《天山》《东海》《四川文学》《边疆文艺》《萌芽》等文学期刊陆续创刊；1957 年文学期刊迎来了"十七年"间最繁荣的时期，《收获》《诗刊》《蜜蜂》《激流之歌》《花的原野》《草原》《鸿雁》《花蕾》《处女地》《春雷》《鞍山文艺》《五月》《海燕》《江城》《阿里郎》《陇花》《青海湖》《曙光》《塔里木》《雨花》《热风》《奔流》《牡丹》《桥》《星火》《群艺》《漓江》《星》《绿洲》等期刊创刊。这一时期的文艺刊物政治性明显弱化，艺术性增强，刊物之间确立了彼此平等的竞争关系，自主权、积极性和创造性亦明显增强。许多地方刊物试图突破"群众化"与"地方化"的限制，努力向全国有影响的老作家和专业作家约稿，以谋求在全国范围内发展。

三、1958—1960 年

1958 年至 1960 年间，随着反右运动的扩大化，文艺界加强了对文艺期刊、文艺类出版社编辑的思想改造，重申政治性重于艺术性、倾向性重于真实性、普及重于提高等基本原则。多数文艺期刊都把重点放在组织群众创作与批评上，发表社论，批判歧视群众创作的观点，声明主要依靠群众的办刊方针。一时间，知识分子和专业作家在文艺期刊中销声匿迹，工农兵和老干部的作品占据了刊物的主要版面。在 1959 年、1960 年不正常的政治气候中，"群众路线"成为悬于文艺工作头顶的双刃剑。期间，《草原》《宁夏文艺》《安徽文艺》《奔流》《长江文艺》等均在 1960 年停刊。

四、1961—1966 年

随着毛泽东主席发出"两个批示",1961 年至 1966 年间,激进的意识形态对文艺期刊的控制再次加强。工农兵形象成为文艺刊物上的主角"'文化大革命'文学"已初具雏形。到 1966 年,全国的文学期刊基本全部停刊,除了"八个样板戏"之外,文艺创作基本上是一片空白。

图 7-2 《民间文学》

图 7-3 《文艺学习》

第二节 新中国文艺期刊创办概况

第一次文代会之前,中华全国文学艺术界联合会筹备委员会于 1949 年 5 月 4 日试行出版了《文艺报》周刊 13 期,1949 年 9 月《文艺报》半月刊正式创刊于北京。中原文协筹委会主办了《长江文艺》(1949 年 6 月创刊于郑州,后迁至汉口,由中原新华书店总店发行,1952 年 12 月出完七卷后停刊,1953 年 8 月复刊);中外出版社主办了《文艺劳动》(1949 年 6 月创刊于北京,月刊);华北文协筹委会主办了《华北文艺》(1949 年 7 月创刊于北京,月刊,出 6 期即停)。

第一次文代会后，又有一批文艺杂志相继创刊。如中华全国文学工作者协会主办的《人民文学》（1949 年 10 月创刊于北京，茅盾任主编，月刊）；吉林省文学艺术工作者联合会出版的《吉林文艺》（1949 年 10 月创刊于长春，月刊）；湖南省文联筹委会主办的《湖南文艺》（1949 年 10 月创刊于长沙，半月刊，1956 年 7 月改为《新苗》，1959 年 1 月改为《湖南文学》，1974 年 1 月改为《湘江文艺》，1984 年 4 月改为《文学月报》）；河北省文联主办的《河北文艺》（1949 年 11 月创刊于保定，月刊）；湖北省文联筹委会主办的《湖北文艺》（1949 年 11 月创刊于武昌，半月刊）；全军文艺工作委员会主办的《部队文艺》（1949 年 11 月 10 日创刊于武汉，陈荒煤、刘白羽任主编）等。

综合上述内容和其他资料可知，1949 年全国共创办文艺刊物 18 种。

另一种情况是 20 世纪 40 年代旧期刊的改刊和续刊，情况各自不同。1949 年之前创刊的中共边区文艺刊物，如冀鲁豫边区区委主办的《平原》，在 1948 年 11 月创刊于聊城，为半月刊，后迁到河南省新乡市，改由平原省文学艺术工作者联合会主办，为月刊，后随平原省撤销而停刊。赵邦嵘发行的《小说》属于同人刊物，1948 年 10 月创刊于上海，编辑委员会成员有茅盾、巴人、欧阳山、张天翼等，1950 年 10 月出至第四卷第二期时改由商务印书馆发行；1951 年 2 月第五卷第一期再改由中华全国文学工作者协会上海分会编辑出版，任命章靳以为主编；1952 年出至第六卷第六期停刊。广东南光书店发行的《文艺生活》初创于广州，后因战争迁到香港，1950 年 2 月迁回广州，司马文森任主编。黄嘉德发行的《西风》初创刊于上海，后迁至重庆。上述 40 年代延续下来的文艺期刊在中华人民共和国成立后仍然保留下来，继续出版。据统计，到 1949 年年底，全国共有文艺刊物 40 种。

随着新政权的建立和各地形势的稳定，1950 年之后全国又创办了一批文艺刊物。20 世纪 50 年代自然新增的文艺期刊数量超过 40 年代，据统计，1950 年一年即创刊 58 种，到 1951 年 5 月时，全国出版发行的文艺期刊超过 90 种,① 到同年 7 月时即增加到一百多种。② 为控制全国文艺期刊的过快增长、抑制期刊结构的失衡,全国文联在 1951 年 11 月作出了《关于调整北京文艺刊物的决定》,明确了北京地区各种大型文艺刊物的办刊目的,也整合停办了一些重复和多余的刊物。随着北京文艺期刊的整顿,地方文艺刊物也进行了合并调整。据统计,1957 年全国文艺期刊的总数为 83 种,③ 1959 年全国文艺期刊的总数为 86 种。④ 这些文艺刊物还包含音乐、美术等非文学杂志。"十七年"的文学期刊在五十种左右。

第三节 《人民文学》与"十七年"文学创作

《人民文学》是中华人民共和国第一家全国性文学月刊和中国作协机关刊物,无疑是"十七年"最具有地位和实际影响力的国家文学刊物,它对 20 世纪五六十年代的文坛有着举足轻重的影响,是全国作艺政策和文学创作的政治"风向标"。作为新中国成立后"十七年"时期的权威文学期刊,《人民文学》集中反映了时代的文学流变和新社会风貌。《人民文学》的办刊方针是"文艺为政治服务",从这个意义上看来,"十七年"间的《人民文学》在客观上充分发挥了文学的政治导向作用。因为具有国家刊物的优势,《人民文学》能吸引一大批当时最优秀的作家参与策划和编辑工作,如巴金、丁玲、茅盾等都对《人民文学》的办刊方向产生过巨大的影响。

一、《人民文学》的创刊及发展

(一)《人民文学》创刊概况

《人民文学》于 1949 年 10 月 25 日在北京创刊,月刊,1966 年 5 月停刊,共出版 602 期;1975 年 12 月再次复刊。《人民文学》的编辑者名义是"中华全国文学工作者协会人民文学编辑委员会",主编是全国作协主席茅

---

① 参见丁玲《为提高我们刊物的思想性战斗性而斗争》,《文艺报》1951 年第 5 期。
② 参见全国文联研究室《关于地方文艺刊物改进的一些问题》,《文艺报》1951 年第 4 期。
③ 参见《文艺报》1957 年第 7 期。
④ 参见《文艺报》1959 年第 18 期。

盾，副主编为艾青。毛泽东应茅盾之邀为创刊号题词："希望有更多好作品出世"，中国文联主席郭沫若为新刊手书了刊名，主编茅盾撰写《发刊词》（发表于内页页首）。因与中华人民共和国同时诞生，且由中国作协直接领导，《人民文学》从首期起便承担起在文艺领域实践党的文艺方针政策的历史使命，与侧重文艺政策（文艺思想和理论批评）的《文艺报》不同，《人民文学》办刊定位是以发表各类文艺作品为主的国家最高文学刊物。《人民文学》的诞生是"新政权、新政治、新政策为建构新的文艺和意识形态而进行的一次制度化、组织化的具体（程序）运作的产物。换言之，它是被赋予了应当代表中华人民共和国新文艺的最高（政治文化）使命"。[1] 1955 年，《人民文学》的发行量曾达到 13 万多册，[2] 在中央级大刊中位列前十。

图 7-4　《人民文学》

　　《人民文学》从创刊至第三卷第 2 期，出版发行均由新华书店承担。从第三卷第 3 期起改为人民出版社出版，第四卷第 1 期起改为人民文学出版社出版，发行者不变。早期版本分甲种纸本、乙种纸本分别出版，时间略有先后。版权页上注明"本刊文字均保留著作权"。

　　（二）《人民文学》主编的更替

　　由于《人民文学》的文艺期刊龙头地位，主编的思想倾向如何将直接影响刊物的走向，所以国家对于《人民文学》主编的甄选非常严格。在新

　　① 吴俊：《〈人民文学〉的创刊和复刊》，《南方文坛》2004 年第 11 期。
　　② 廖盖隆：《中华人民共和国的报刊》，见宋应离等编《中国当代出版史料》（3），大象出版社 1999 年版，第 6 页。

中国成立后的 17 年期间,《人民文学》主编更迭频繁,每次主编或实际负责人的变化,都会直接导致该刊办刊风格的变化,期刊栏目和专栏作家也便产生了相应的变化。

《人民文学》的首任主编为文化部部长、作协主席茅盾,到 1953 年 6 月离职时,茅盾共主编了 44 期。其后在《人民文学》先后任职的主编和副主编,大致情况见表 7 - 1 和表 7 - 2。

表 7 - 1　1949—1980 年《人民文学》历任主编①

主　编	任职时间
茅　盾	1949 年 10 月至 1953 年 6 月
邵荃麟	1953 年 7 月至 1955 年 11 月
严文井	1955 年 12 月至 1957 年 11 月
张天翼	1957 年 12 月至 1966 年 5 月
袁水拍	1976 年 1 月至 1976 年冬
张光年	1977 年年初至 1978 年 10 月 1980 年 4 月至 1983 年 7 月
李　季	1978 年 11 月至 1980 年 3 月

表 7 - 2　1949—1976 年《人民文学》历任副主编

副主编(副社长)	任职时间
艾　青	1949 年 10 月至 1952 年 2 月
丁　玲	1952 年 3 月至 1953 年 6 月
秦兆阳	1955 年 12 月至 1957 年 11 月
葛　洛	1955 年 12 月至 1959 年 4 月
陈白尘	1957 年 12 月至 1965 年 6 月
韦君宜	1958 年 1 月至 1960 年 10 月
李希凡	1976 年 1 月至 1976 年冬
施燕平	1976 年 1 月至 1976 年冬

在 20 世纪五六十年代的《人民文学》实际运作中,副主编(副社长)的岗位实际上常常全面负责编辑工作,如秦兆阳担任副主编期间,便对

---

① 资料来源于"作家张扬的博客"。

《人民文学》的发展产生了重要影响。

在创刊初期的编委队伍中，严辰任执行编辑，即编辑部主任，负责实际编辑工作，大多数编委则只是挂名。在创刊最初两年多时间里，《人民文学》未正式召开过编委会议。1952 年第 3、4 期合刊开始，丁玲任副主编，列出的编委为艾青、何其芳、周立波、赵树理四位作家。陈涌继严辰之后任编辑部主任。

二、"十七年"《人民文学》编辑风格演变

（一）《人民文学》创刊初期的栏目格局及内涵

创刊号的栏目格局和整体面貌，对《人民文学》杂志的基本编辑风格的重要性不言而喻。创刊号的文字内容基本可分为政治信息和思想言论、诗歌、特辑或专辑、小说、理论批评五大部分。

政治信息和思想言论基本体现在社论或专论，首期刊登了 3 篇社论和 1 篇周扬的专论《新的人民的文艺》；诗歌板块以政治诗、抒情诗歌为主，后又增加了新民歌民谣等；特辑或专辑内容主要以文学人物、题材、类型来划分，小说板块是《人民文学》的主打板块，创刊号的小说共有 3 篇，即刘白羽的《火光在前》、康濯的《买牛记》、马峰的《村仇》，分别代表了革命战争、农民社会生活和农村阶级斗争三大题材；创刊号的理论批评板块，刊登了 3 篇文论，其中 2 篇是关于苏联文艺的内容，一为译介，一为评介。画页和插图是文学期刊的重要组成部分，《人民文学》首期的美术作品紧密贴合板块内容，呈现出鲜明的时代特点。其中图画或照片共 9 幅，包括毛泽东的照片和题字 2 幅，鲁迅故居和书法等照片 3 幅，法捷耶夫和西蒙诺夫的照片 1 幅，文联代表照片 1 幅，"工业生产"木刻 2 幅，以此与五大文字板块共同囊括了新中国代表"人民"性的工、农、兵三个领域的社会生活，并隐现对苏联文艺思想、左翼文艺传统的重视和继承，共同勾画出"人民的""大众的"新时期文艺精神。

从《人民文学》创刊号及第一至三卷的整体内容构成看，涉及人民军队、农村生活和苏联东欧社会主义国家的作品，在数量和版面空间上都占统治地位。因为生活积累不足和缺乏成熟作者，工业题材的文艺作品在第

一年仅有 15 篇,《人民文学》编辑部曾在第二卷第 2 期和第 6 期发表检讨,足见对工业题材内容的重视。而城市日常生活作品、西方文艺作品基本被排除出《人民文学》的视野。

《人民文学》初期 3 卷的理论批评板块,虽然只是其内容的一个方面,但在体现早期文学风格上却有着思想引领意义。与《文艺报》的文艺评论文章具有突出政治立场的高压、强势特征不大相同,《人民文学》的批评话语在明确原则前提下尽力对被批评者采取公允客观的态度,提倡正面的肯定和鼓励式的意见表达,更贴近文学评论本身的学术性一面。对一些主流媒体已定论的否定性、批判性文学批评案例,《人民文学》往往以一种消极、回避、沉默的态度回应,如《人民文学》第一卷第 5 期刊登的方纪的小说《让生活变得更美好吧》被《人民日报》指名批评,《人民文学》第二卷第 1 期的回应方法是:转载《人民日报》批评原文,并选用持论较客观的一篇批评文章在同期发表;第二卷第 2 期又发表方纪的来信摘录《我的检讨》,在"编者按"中对作者采取了一种温和的宽容姿态。第二卷第 1 期还同时刊登关于陈学昭《工作着是美丽的》的批评文章,"编者按"首先基本肯定作者意见,同时指出这篇文章"对于陈学昭同志这样一个具体作家还并没有作历史考察",表示本刊愿发表"真有比较切实的对读者和作者有益的意见",后又在第二卷第 3 期发表了陈学昭的回应《关于〈工作着是美丽的〉》。这种对于批评文章的批评,是《人民文学》编辑主体意识的突出体现,大约从第二卷开始。《人民文学》第二卷第 3 期《编后记》中明确指出:"看问题过分简单片面或者专门吹毛求疵的批评也是不应该提倡的。这对于创作,对于批评风气,都会起一种不好的影响",并直接举例批评这种主观苛刻的批评文字。在坚持健康批评的同时,宣称"对于较好的作品的推荐和分析也是不可缺少的另一个方面",确立了《人民文学》以扶持新人、引导方向、学术探讨为主调的文学批评立场。

(二)《人民文学》在政治运动中的角色调整

《人民文学》在创刊初期,其引导、组织、管理全国文学创作的领导角色至为鲜明而突出,是推进全国文艺事业制度化的主要期刊媒介。《人民文学》第一卷第 3 期发表了"中华全国文学工作者协会编辑部启事",

向全国作家征询 1950 年"创作计划",发动作家们来信详细说明创作计划的作品、主题、形式、字数、完成时间、发表和出版地点、具体困难。经过一段时间的信息搜集和整理,《人民文学》从第一卷第 6 期起分期刊登《一九五〇年文学工作者创作计划调查报告》,方纪、田间、吕剑、何其芳、周立波、洪深、秦兆阳、袁水拍、孙犁、马烽、康濯、张庚、贺敬之、杨朔、碧野、赵寻、刘白羽、萧殷、萧也牧、关露、卞之琳、老舍、徐迟、(冯)雪峰、靳以、巴金、柯灵、魏金枝、唐弢、徐调孚等大批新老作家信息都被列入其中。第四卷第 1 期接着发布《一九五一年文学工作者创作、研究、翻译计划调查摘录》。第三卷第 5 期、第 6 期和第四卷第 1 期等,连续发布《一九五〇年文学工作者创作计划完成情况调查》,发布了丁玲、老舍、方纪、白刃等作家的创作完成情况。通过这种大规模的发起调研和后续调查,《人民文学》基本掌握了全国作家作品的动向、趋势和成果,也为其有重点地扶持、鼓励新人和新作品奠定了基础,同时为相关国家部门制定文学政策提供了资料依据。

1953 年 7 月,据中宣部副部长胡乔木的指示,《人民文学》将其工作重点和编辑方针转移到广泛团结作家、提倡题材广阔性和风格多样性的文学实践上。《人民文学》第一次大规模改组领导机构,中国作协党组书记邵荃麟兼任主编,作家严文井代替丁玲任副主编兼编辑部主任,胡风进入编委会。主编者坦承其编辑方略为:"我们认为,像《人民文学》这样全国性的文学刊物,它应该积极扶持初学的青年的作者,但首先应该依靠专业的作家,没有人数众多的专业作家经常撰稿来,没有中国的创作由沉寂衰退转变到活跃和繁荣,要办好这样的一个刊物,要使这个刊物成为真正能够代表中国的刊物,是不可能的。"① 从 1953—1955 年的 35 期杂志中观察,有 23 篇刊物头条作品由"十七年"《人民文学》头条作品作者中的16 位作者创作,占作者的 65.71%。② 此时,后来很快被推离主流文学圈的作家丁玲、柯仲平、路翎、舒群、郑振铎和游国恩等名家也活跃于《人

---

① 《编后记》,《人民文学》1953 年第 2 期。
② 参见黄发有《文学风尚与时代文体》中的《人民文学》头条作品重要作者统计表,《文学评论》2012 年第 11 期。

民文学》，与前述头条作品作者共同构成了"文化大革命"前《人民文学》力量最强大、风格最为多样的作家阵容，刻意走"名家路线"是这个阶段的编辑导向。

1955 年到 1957 年，《人民文学》在执行副主编秦兆阳的《〈人民文学〉改进计划要点》（即"十八点计划"，1955 年未刊稿），以及 1956 年发表的《现实主义——广阔的道路》一文指导下，进行了短暂的"现实主义"道路探索。秦兆阳在后文中以宏大的理论气魄和视野，提出文学要反教条主义，即反对创作的概念化、公式化；提出了文学创作中的三对关系问题，即"批判现实主义"和"肯定现实主义"关系、政治正确性与艺术创造性关系、行政干预和创作自由关系；"提倡严正地正视现实，勇敢地干预生活，以及对艺术的创造比的追求"，"决不一般地配合当前的政治任务，对全国性或世界性的重大事件和社会变动，要表示热情的关切，但也不做勉强的、一般化的、枯燥无味的反映"，"刊物不避免与任何不同的主张和意见发生有意义的争论，但不做平庸琐碎的讨论"。秦兆阳以其编辑智慧与敬业精神，在刊物风格上留下了深刻的个人烙印。但是这些计划半途而废，从《革新特大号》之后，刊物又返归沉重和枯燥，反右及其扩大化尤其给《人民文学》设置了严格的边界。

1958 年，以新民歌运动为中心的文艺"大跃进"和"两结合"创作方法的推广，给《人民文学》带来了明显的变化。1958 年 8 月该刊推出《群众创作特辑》，1960 年第 2 期的头条是《春光明媚（工人诗选八首）》，同期还发表了工人创作的小说和工厂史。本期《编后记》明确肯定："大跃进以来工人文艺创作不仅在数量上有了极大发展，在质量上也迅速地提高了。一支工人作家队伍正在形成。"工农兵题材作品的数量确实在迅速增加，就其文学含量来看，不但没有迅速提高，反而显露出日益粗糙的倾向。

从 1964 年以后，受到文学时风的影响，《人民文学》头条作品的作者多为工农兵作者，相对之前的作者身份构成发生了重大转变。以已成名作家为主的、具有知识分子审美意趣的创作活动，在巨大政治压力下迅速淡出文坛。这一阶段的《人民文学》，除转载了毛泽东主席的《诗词十首》、胡乔木的《词十六首》、姚文元的《评"三家村"》之外，还发表了冰心的《咱们的五个孩子》、刘白羽的《写在两篇短篇小说前面》、李英儒的《敢叫敌血染刀红》、金敬迈的《欧阳海之歌》和越南、印尼、日本等国作者反帝题材的作品，其他大多为工农兵作者表现劳动生活和阶级情感的作品，艺术表现质朴简单，同时凸显了艺术上的粗糙感，狂热的口号化倾向愈益明显。1964 年和 1965 年，该刊三次推出旨在推介新人的组合性头条《新花集》，编者对此有专门的阐释："新人的作品，尽管在艺术上还可能有粗糙之处，却往往要更敏锐地反映了时代的革命精神，更直接地表现了劳动人民新的思想感情；而这正是革命文艺的基本要素。"

三、《人民文学》在"十七年"中的文化价值

（一）政治语境中的文学期刊标本

1949 年 7 月召开的中华全国文学艺术工作者代表大会，在文艺思想、文艺方向上形成共识，把毛泽东《在延安文艺座谈会上的讲话》所提出的"为工农兵服务""为无产阶级政治服务"的"二为"方针作为文艺工作的指导方针，也是国家级文学期刊《人民文学》中占主导地位的话语形态。"二为"方针代表主流叙事的理论、创作和批评，是《人民文学》编辑工作的指针。《人民文学》更在引领中国当代文学创作主潮、保持其主流叙事绝对权威地位的同时，也兼容了另类思想话语的存在，即不同于与政治运动密切配合的题材，与表现工农兵的革命实践活动、强调对光明面的直接歌颂等主流叙事相悖的文学作品，这些作品触及生活中的矛盾、涉及工农兵斗争生活以外的题材，描述日常生活的平凡的事件和复杂的心理活动，更贴近文学的本质特性。

到了 1956 年，中国社会主义改造完成，社会整合基本完成，文学的变革也趋于稳定，人民内部矛盾的讨论得到中央鼓励。5 月 2 日，毛泽东正式公开提出"双百"方针："在艺术方面的百花齐放的方针，在学术方面的百家争鸣的方针，是必要的。"在"百花齐放、百家争鸣"的方针指引下，文坛一度呈现出繁荣景象。《人民文学》及时发表了一些触及时弊、大胆探索的创新之作，如 1956 年第 4 期刊出了刘宾雁的报告文学《在桥梁工地上》，副主编秦兆阳在"编者按"和"编者的话"中给予很高评价：

"我们期待这样尖锐提出问题的批评性和讽刺性，像侦察兵一样勇敢地去探索现实生活里的问题的作品已经很久了。"之后，又刊发了刘宾雁反响更大的报告文学《本报内部消息》及续篇。紧接着，《人民文学》9月号发表秦兆阳的《现实主义的广阔道路——对于现实主义的再认识》一文，对"社会主义现实主义"的提法提出公开质疑，并代之以"社会主义时代的现实主义"；认为"改造和教育人民"的提法使创作成为"政治传声筒"，作家应从"教条主义"解放出来，扩大现实主义的创造性范围。这个阶段《人民文学》还发表了成为一时争论话题的《组织部来了个年轻人》（王蒙），以及《办公厅主任》（李易），《田野落霞》《西苑草》（刘绍棠），《芦花放白的时候》《灰色的篷帆》（李准），《沉默》（何又化，即秦兆阳），《入党》《明镜台》（耿龙祥），《美丽》（丰村），《红豆》（宗璞）等一批题材与风格新颖别致的小说，"人的文学"内涵在一定程度上得到复苏。

1957年年底反右斗争开始，秦兆阳前述一系列的言论和主编思路迅速被中国作协否定和批判，《人民文学》短暂的文学探索被迫停止，在政治上进入回缩状态。1958年《人民文学》调整主编后开始自我修正，重新向主流靠拢，尽可能在主流的"二为"方针内体现文学的艺术特质。1963年之前，国内文艺界尚未进入更严酷的政治高压状态，《人民文学》发表了小说诸如陈翔鹤的《陶渊明写〈挽歌〉》、汪曾祺的《羊舍一夕》、西戎的《赖大嫂》、刘真的《长长的流水》，报告文学如徐迟的《祁连山下》、黄宗英的《小丫扛大旗》等，散文如秦牧的《土地》、杨朔的《茶花赋》、刘白羽的《长江三日》、吴伯箫的《记一辆纺车》、冰心的《樱花赞》、方纪的《挥手之间》、沈从文的《过节与观灯》，以及何为、曹靖华、朱光潜等人的散文，这些作品在艺术手法上皆充溢着隽永、恬淡的诗意风格。

1963年秋后，"左"倾思潮重新回潮，《人民文学》再次受到局限。虽然杂志试图以开辟《新花朵》《故事会》等栏目来贴近主流方针，但影响十分有限。1964年后的《人民文学》陷入创新无力的尴尬状态。1966年春中国作协召开专业创作会议，又一次批判《人民文学》主编邵荃麟的"中间人物""现实主义深化"论，《人民文学》于本年被迫停刊，直到1976年才复刊。

（二）主流文学审美的探索者和实践者

中华人民共和国文艺工作的"二为"方针，树立了一个全新的文学审美框架，对传统文学和西方文学审美标准具有颠覆性，它对众多文学写作者都是尚未经过实践的理论概念，尤其是对工人阶级、工业题材的把握，以及对新的社会主义日常生活语境，是一个非常模糊的未知地带。《人民文学》作为国家级文学期刊，在新题材的打造和艺术探索方面是卓有成效的。

20 世纪 50 年代初的《人民文学》，面对在政治和经济上双重强势的"工业"语境，采取了深入工厂生活，鼓励、提倡、扶持工人作者和工业题材的积极态度，同时尊重文学本身发展规律。编辑部指出工人作者应克服创作面目千篇一律的毛病，也对工人诗歌创作进行认真分析、评论。经过一段时间的酝酿后，推出了《红花朵朵开》等一批优秀的工业题材作品。

《人民文学》在"十七年"期间共发表中国作家创作的小说 896 篇（无译作），其中农村题材为 386 篇，占 43.08%；军事题材为 258 篇，占 28.79%；工业和其他题材为 252 篇，占 28.13%。工业及其他题材比重很小，显示了国家主流文学话语审美对农村题材欣赏的惯性，但是对一个创新性题材来说，《人民文学》的努力仍然难能可贵。

《人民文学》在中华人民共和国成立初期号召作家积极投身新时代大潮，努力创作出好作品，同时也创造机会让作家们深入各行各业的一线生活，发表了大量当代文学经典作品。例如，小说有刘白羽的《火光在前》、杨朔的《三千里江山》、康濯的《正月新春》、白桦的《山间铃响马帮来》等，诗歌有何其芳的《我们最伟大的节日》、阮章竞的《漳河水》等，散文有茅盾的《剥落"蒙面强盗"的面具》、碧野的《李长顺机班》、巴金的《生活在英雄们中间》等，话剧剧本有集体创作、胡可改作的《战斗里成长》，电影文学剧本有孙谦的《葡萄熟了的时候》，儿童剧本有张天翼的《蓉生在家里》等。这些作品是在《人民文学》的刻意倡导和打造下面世的真正意义上的新时代文学作品，在表现工农兵生活和新中国建设图景的大框架下，其情感特征普遍表现为明朗、热情、昂扬和饱满的特点，文学人物基本兼备新时代的人格特质和艺术和谐感，并不乏诗意的流露，在文学史中开始增添充满自强自立精神和强烈民族自尊心的中华人民共和国劳动者形象。

（三）引导新中国文学创作主潮

《人民文学》作为国家级的文学期刊和执政党领导的作家协会的机关刊物，创刊之初即以引领当代文学创作主潮为己任。从"十七年"的文学环境来看，《人民文学》的自身命运和文学道路演变都在证明着这个目标基本实现。《人民文学》的自身定位自觉贴合政治与文化主流意识，也的确是半个世纪以来主流文学的代表期刊，它不但极力探索中华人民共和国不同的文学作品样式和题材，也塑造培植了新中国的主流作家群。

到 1966 年年初，中国文学领域持久的"人民"化潮流始终是国家文化的核心，《人民文学》引领的创作实践带动了这个潮流，又将这种思想力量反馈于整个社会，极大地影响了文学创作群体。在朝鲜战争爆发后，全国广泛开展抗美援朝运动，《人民文学》立即聚焦于朝鲜战场，很快帮助作家推出《在朝鲜战场上有这样一个人》（李瑛）、《三千里江山》（杨朔）、《生活在英雄们中间》（巴金）等作品，树立了一个抗美援朝创作文学样式，也为抗美援朝运动营造了更坚实的社会基础。在"文化大革命"爆发之前对胡风的批判运动中，《人民文学》接连几期发表了影响深刻的批判文章，代表了国家级文学期刊对有文学界和政治界双重身份的胡风的明确态度，预示着文化风暴即将来临。

《人民文学》创刊伊始，就明确以现实主义为主调，以"革命的现实主义与革命的浪漫主义相结合"（简称"两结合"）为主流叙事方法，革命历史题材作品作为"十七年"文学的主导作品，其宏大、硬朗、明晰的叙事风格，亦深刻地影响到该刊。《人民文学》的作品除表现为偏重农村和部队军事题材外，还有塑造人物初显概念化、整体淡化爱情亲情的突出现象，如 20 世纪 50 年代刊登的小说《龙河岸上的英雄》《唐兰的婚姻》《初到工地》《新客》《美丽》，人物塑造已经隐现其后"文化大革命"文学叙事的"三突出"特征。

第四节　《诗刊》与新中国诗歌创作

　　《诗刊》月刊是在"双百"方针出台后创刊的中华人民共和国权威的诗歌期刊。它于 1957 年 1 月在北京创刊，其基本定位是在"'百花齐放'的方针指导之下，繁荣诗歌创作，推动诗歌运动。它的内容包括：诗创作，诗翻译，诗的理论批评，诗歌活动报道等。它将是全国诗歌作者和诗歌爱好者的共同园地"。①《诗刊》是汉语现代诗诞生后读者最多、影响最大的一份诗歌刊物，在当代诗歌创作和诗歌理论建设上具有诗坛风向标的意义。

一、《诗刊》的创刊背景

　　1956 年，诗人臧克家、徐迟等人聚会时萌生创办诗歌刊物的想法，这个想法后被证实很快反映给当时的中国作协副主席、党组副书记刘白羽和作协党组书记邵荃麟二人，并得到首肯和实际支持。《诗刊》的主编定为臧克家，编辑部工作由沙鸥、徐迟各管半年，编辑组由吕剑、唐祁、吴视组成，编务组成员有刘钦贤、楼秋芳，筹备方案经作协批准后，《诗刊》正式创立。后来确定的第一任主编为臧克家，副主编为徐迟、严辰，编委由沙鸥、吕剑、袁水拍、田间、艾青组成。《诗刊》在 1957 年的创刊和风行，在文艺期刊中有独特的背景及价值。

图 7-5　《诗刊》

---

　　①　参见 1956 年 12 月 8 日出版的《人民文学》封底的征订信息。

第一，《诗刊》是对汉语新诗刊物长期空白的填补。新文化运动前后，很多杂志报纸开始流行刊载白话诗，最典型的是《新青年》和《时事新报》，但文艺期刊中仍没有专门登载新诗的期刊，诗歌作品一直作为文学期刊中叙事文学和散文作品的补充角色存在，与古典诗歌在古代文学中的地位大相径庭。从 20 世纪 20 年代至 50 年代初，专门诗歌刊物开始不断出现，但是影响小、存世时间短，且因基本是同人性质的刊物，属于自娱自乐和结社交际的手段，不太注重经营和管理方法，难以持久行刊。因此，创建一份国家级的大型诗歌刊物，是诗歌爱好者和期刊业的双重需求。

第二，1956 年"双百"方针的颁布，对文学期刊的发展产生了明显的激励作用，文艺界一时间生机勃勃。这年年底，中国作协专门召开有关文学期刊的会议，集中讨论文学期刊贯彻执行"双百"方针、推动文学繁荣的问题。会议主张文学期刊可以自由平等竞赛，允诺刊物可有一定的自主权和文学个性。在这种文学政策鼓励下，文艺类期刊增长势头很快。同时，较为宽松的文化环境和新中国数年建设的成就催生了诗歌创作的复兴，诗歌短小精练、可以直抒胸臆的特点也使得更多的人对诗歌写作产生兴趣，老诗人、专职创作者、初学写诗者在这个时期发表了大量的诗作，内容风格多样，显示了文学界的新气象，"报纸期刊大量发表诗歌及印行专号，这些都正力求与我们正在乘风破浪地前进的社会主义改造相适应，这也正是诗的时代"。①《诗刊》就在这种文艺界思想活跃、诗歌界创作力喷涌的环境下应运而生。

第三，《诗刊》筹备团队浓厚的同人氛围促成了杂志的创办。1956 年11 月 21 日到 12 月 1 日，在北京召开了有 47 个编辑部代表参加的文学期刊工作会议。会上有人重新提出刊物个性和独创性的问题，设想每种刊物以编辑部为中心，团结一批艺术趣味、思想见解相近的作者，作为稳定的作者群，使得刊物形成特有的艺术风格和流派特征。这个提议在会内会外影响都很大，其类似于民国时期同人杂志的办刊观念，当对《诗刊》的主创者有很大的启示性。而从《诗刊》的筹议者和后来主要编辑的创作和活动背景看，他们都具备组织同人期刊的条件。发起人兼主编臧克家，与他的

---

① 参见邹获帆《读〈诗刊〉》，《文艺报》1957 年第 4 期。

合作者徐迟、严辰、沙鸥、吕剑、袁水拍、田间、艾青，都是在当时已成名的著名诗人，他们在诗歌创作历程上有明显的同质化倾向：都在20世纪30年代开始诗歌创作，都有过文艺期刊的编辑经验，其中几位具备资深的革命工作和领导工作经验，他们的诗歌创作能力代表当时最高水平，且皆熟悉作协与创作者关系规则。虽然《诗刊》直接隶属于作协，但在行政归属之外，其编辑队伍和相关文化背景都符合同人办刊的要素。

第四，首发毛泽东主席旧体诗词，是促成《诗刊》顺利面世的原因。《诗刊》创刊之前，毛泽东的诗词虽然已经广为流传，但只有《沁园春·雪》曾经正式发表。在传抄过程中，出现了很多人为的错漏，如"张寥廓，问苍茫大地，谁主沉浮？"中的"张"字以讹传讹，冯至提议请毛主席发表一个定本，建议徐迟等人以为传抄的诗词改错字为由，请求在新刊上正式发表毛主席的旧体诗词。徐迟写好信后，由吕剑抄录好送毛主席。[1]这封信据臧克家记载，其中有一段的内容是：

> 我们希望在创刊号上，发表您的八首诗词……因为没有公开发表过，群众互相抄诵，以至文句上颇有出入。有的同志建议我们：要让这些诗歌流传，莫如请求作者允许发表一个定稿。其次，我们希望您能将外边还没有流传的旧作或新诗寄给我们。

毛主席很快回信：

> 遵嘱将记得起来的旧体诗词，连同你们寄来的八首，一共十八首，抄寄如另纸，请加审处。这些东西，我历来不愿意正式发表，因为是旧体，怕谬种流传，贻误青年；再则诗味不多，没有什么特色。既然你们以为可以刊载，又可为已经传抄的几首改正错字，那么，就照你们的意见办吧。[2]

毛主席同意并整理出自己的旧诗词，让《诗刊》创刊号上发表了他的18首旧体诗词。在这件偶然性大于刻意为之的求诗典故中，《诗刊》得以恰到好处地借助毛主席作品的首发效应，初创刊便获得了较为广泛的社会影响。

---

① 参见谢克强《同志仍需努力——著名诗人徐迟同志访谈录》，《诗刊》1997年第1期。
② 贾金利：《臧克家与〈诗刊〉》，《出版史料》2004年第3期。

二、《诗刊》的发展和沿革（1957—1976）

1957 年 1 月 25 日，《诗刊》在北京创刊，在编后记中发出一段独特的编辑宣言："我们完全了解，读者要求读到好诗，要求读到歌唱和反映生活的诗，精炼的诗。我们希望今后能够团结、鼓舞全国的诗人们来创作优秀的作品，以满足读者的渴望。"

创刊号除刊登毛泽东的《旧体诗词十八首》和《关于诗的一封信》外，其他创作作品主要有艾青的《在智利的海岬上》、冯至的《西北诗抄》、孙静轩的《森林抒情诗》等。因刊登毛泽东的《旧体诗词十八首》和《关于诗的一封信》，使《诗歌》创刊号 3 万册被抢购一空，出现读者冒雪排长队购书的场面，《诗刊》编辑部又加印两万多册方满足了需要。《诗刊》创刊号加印后印数达到 50760 册，已经超过了文化部所批的 5 万册印数。应读者要求第三次又加印创刊号 8000 册，使得《诗刊》创刊号的总印量达到 58760 册。因为与毛泽东的特殊关系，《诗刊》在遇到纸张困难之类难题时，要比其他期刊得到更多的关照。不但毛泽东、朱德、陈毅等领导人常为《诗刊》雪中送炭，"亲自安排解决纸张困难问题"，也会把自己创作的诗歌寄给《诗刊》发表。第 1 期的 5 万册付印数量也是得到毛泽东的支持而后确定的。擅长旧体诗创作的陈毅对《诗刊》的关注很细致，除了内容，"连纸张、编排、印刷，也希望它做到'精美'"。[①] 在 1959 年 4 月诗刊社举行的诗歌座谈会上，陈毅为《诗刊》提出几点建议：《诗刊》变为通俗性群众《诗刊》不可取；选诗需严格；编辑要不徇私情，按照艺术水平取舍诗歌；刊物印制力求美观疏朗。在三年困难时期，陈毅曾要求外交部调拨一部分道林纸给《诗刊》使用。陈毅向《诗刊》投稿的诗作数量，仅次于毛泽东，作品有《赠郭沫若同志》《莫干山纪游词》《冬夜杂咏》等诗作。

除了创刊号上发表的 18 首毛泽东诗词之外，《诗刊》直到 1976 年复刊时，又陆续发表了毛泽东诗词 5 批共 21 首。这五批的作品见表 7 - 3。

---

① 臧克家：《陈毅同志与诗》，载《臧克家散文小说集》，长江文艺出版社 1982 年版，第 468—472 页。

表 7-3　《诗刊》发表毛泽东诗词一览表（1958—1976）

发表期次	诗　词　名　称
1958 年第 1 期	《蝶恋花·答李淑一》
1958 年第 10 期	《七律二首·送瘟神二首》
1962 年第 3 期	词六首： 《清平乐·蒋桂战争》《采桑子·重阳》《减字木兰花·广昌路上》《蝶恋花·从汀州向长沙》《渔家傲·反第一次大"围剿"》《渔家傲·反第二次大"围剿"》
1964 年第 1 期	诗词十首： 《七律·人民解放军占领南京》《七律·到韶山》《七律·登庐山》《七绝·为女民兵题照》《七律·答友人》《七绝·为李进同志题所摄庐山仙人洞照》《七律·和郭沫若同志》《卜算子·咏梅》《七律·冬云》《满江红·和郭沫若同志》
1976 年 1 月复刊号	词二首： 《水调歌头·重上井冈山》（作于 1965 年 5 月） 《念奴娇·鸟儿问答》（作于 1965 年秋）

　　《诗刊》为跟进反右派斗争的形势，1957 年 7 月号刊出《反右派斗争特辑》，又在此后的几期杂志中发表了批判右派诗人的文章与诗歌。《诗刊》从 1957 年 11 月号起，编委会改组，新编委成员包含卞之琳、田间、严辰、阮章竞、沙鸥、徐迟、郭小川、臧克家。

　　1958 年《诗刊》发表的作品为呼应工农业"大跃进"的形势，明显增加了工业题材和民歌的比重。例如，4 月号刊出《工人诗歌一百首》《工人谈诗》，5 月号刊出茅盾的《工人诗歌百首读后感》、老舍的《大喜事——"工人诗歌一百首"读后》、袁水拍的《向民歌学习浪漫主义精神》和《民歌选六十首》、贺敬之的《三门峡歌》等，8 月号刊出《民歌选一百首》，10 月号刊出上海中国药物公司工人雷霆的文章《祝贺钢铁与诗歌的熔炼者——读〈诗刊〉的〈工人诗歌一百首〉》，12 月号刊出《天津海河工地民歌选》《河南登封县民歌选》等民歌。

　　1959 年 6、7 月号连续刊登谢冕、孙绍振、刘登翰、孙玉石、殷晋培、洪子诚合作撰写的《女神再生的时代——"新诗发展概况"之一》《无产阶级革命诗歌的高潮——"新诗发展概况"之二》，系统总结汉语新诗的历史。

1960 年 8 月 9 日至 12 日，《诗刊》邀请出席全国第三次文代会的诗人 82 人举行诗歌座谈会，《诗刊》1960 年 9 月号刊出部分诗人发言。8 月号《诗刊》以"文代会代表歌颂毛主席"为总题，刊出福庚的《太阳歌》、陈山的《幸福的会见》等诗，以及田间的《作红色的歌手》、黄声孝的《在党的培养下不断成长》等文。

1962 年 4 月 19 日，《诗刊》编辑部在人民大会堂福建厅召开诗歌座谈会，到会五十多位诗人，朱德、陈毅、郭沫若、周扬出席，新华社当日发了简讯。

1964 年 12 月 1 日，《诗刊》将 11、12 月号合刊出刊，为总第 80 期，此后休刊。1975 年 7 月，民办教师谢革光给红旗杂志社写信，呼吁《诗刊》复刊："各种文艺书刊相继复刊或创刊问世"，"因此《诗刊》的复刊，已成为广大革命群众热切盼望的一件事"。① 《红旗》编辑部将此信转给邓小平，9 月 19 日经邓小平圈阅、同意《诗刊》重新出版的《关于〈诗刊〉编辑出版工作的请示报告》被呈送予毛泽东，毛泽东在报告上批示"同意"二字。

1976 年元旦，《诗刊》在北京复刊，由人民文学出版社出版。复刊号除刊载毛泽东诗词外，发表了首都钢铁公司工人评论组的《继续革命勇攀高峰——读〈水调歌头·重上井冈山〉》、成志伟的《为无产阶级文化大革命放声歌唱》等文，还刊有唐运程等的《革命高潮滚滚来——农业学大寨民歌选辑》、司徒华枫等的《钢铁工人评〈水浒〉——贵州省冶金系统赛诗会作品选》、李松涛的《深山创业》和黄声笑的《大江奔腾浪千层》等组诗。

三、臧克家的《诗刊》编辑思路

倾力挖掘诗坛新人，培养诗歌新生力量。发掘有潜力的年轻诗人作品，是主编臧克家的一贯做法。他早年便持有"新作家全是选拔出来的"② 观念，认为编辑有责任扶植文坛新人。因此，在《诗刊》的创刊号上既有

---

① 转引自《〈诗刊〉纪要》，《诗刊》2007 年第 1 期。
② 臧克家：《一个理想的实验——四个半月副刊编辑的回味》，《申报》1947 年 1 月 1 日。

毛主席的诗词 18 首，著名诗人艾青、萧三、冯至这些五四时期老诗人的诗作，还有严阵、周良沛、孙静轩等年轻作者的作品。为了发现和培养有创作潜力的新人，同时也为了诗歌的群众化和鼓动众多读者的创作热情，《诗刊》先后发表过工人作者和解放军作者的诗，也刊登了大量较接近原生状态的民歌，从中培养了一大批诗歌新秀，像黄声孝、晓凡、温承训、刘镇等，其中相当一部分作品达到了较高的艺术水准，如温承训的《动人的音乐》、刘镇的《光荣颂》等等。为了帮助新作者成长，《诗刊》专门开设《新花坛》《新作短评》等栏目刊登无名诗人的作品。

　　形成刊物遵从国家意识形态的编辑导向，刻意使诗歌创作靠近官方主流话语。如前述，一方面，《诗刊》在创刊号即通过发表毛泽东诗词，形成了实际上较为特殊的媒介地位，之后经常发表其他国家领导人的作品，先后达到五十余首，使得《诗刊》带上浓重的官方色彩；另一方面，作为《诗刊》主编，臧克家对现实政策和意识形态话语的变化采取融入、跟随的策略，对诗歌的评论标准和自身示范创作出现某种以诗歌阐释政治口号的现象。1957 年，臧克家在《诗刊》上密切配合时事主题，发表了类似政治大批判的文章，如 1957 年 7 月号的"代卷头语"《让我们用火辣的诗句来发言吧》、1958 年 9 月号的反美帝国主义军事挑衅的《两个巨大的声音》、1962 年 11 月号的《中国人民的吼声》（支持古巴革命）等等。1957 年 3 月号发表的《在 1956 年诗歌战线上——序 1956 年"诗选"》一文，主要谈 1956 年诗歌的艺术特点，语调比较平实、客观，指出发表的诗作有直露、粗糙和"诗的意境不完美"的缺陷，甚至自省"生硬模拟古典诗歌，结果弄得半文不白，非驴非马"。而在不久后的 1958 年年初，反右高潮接近尾声，社会主义经济建设和"大跃进"运动开启，配合歌颂工农兵和社会主义建设的主题，全国的新民歌运动兴起，臧克家在 1958 年 4 月号发表的《1957 年的诗歌创作轮廓——〈1957 年诗选〉序言》一文，采用了与刚开始的"大跃进"运动很一致的高亢、激烈语调，说"一九五七年，是诗歌的丰收年"，用大量篇幅歌颂社会主义建设成就、赞美毛主席的伟大，近似于一篇政论文章。同时，他自己这一年在《诗刊》发表诗文相对频繁，热情歌颂领袖和时代、对国家大事或颂扬或控诉，不再谈诗歌艺术，而是试图以诗歌图解政治主题。

四、《诗刊》对中国当代诗歌的影响

《诗刊》第一次行刊 8 年，共发行 80 期，对当代中国诗坛产生了多方面的影响。在新中国文艺期刊中表现了诗歌艺术特有的跳跃、敏感和善变性，在宣传社会主义建设成就、新诗艺术探索、民歌发展和促进全社会诗歌素养方面，都为 20 世纪 80 年代后诗歌的繁荣打下了基础。

1. 促进新诗艺术的多元化

《诗刊》的文字作品除了新诗、旧体诗，还发表散文、诗歌评论。从创作者看，臧克家、田间、李瑛、郭小川、何其芳、艾青等老诗人创作力仍很旺盛，他们对工农业建设、国际关系、政治运动和理论探索的多方关注，使得新诗的表现内容更加丰厚广泛，即使在艺术上不免粗糙化，但是在开拓诗歌内涵上起到了很好的示范作用。青年诗人如闻捷、谢冕、公刘等人富有创作活力，他们在诗歌理论、社会观察力和表现手法上更有优势，也是《诗刊》非常重要的作者群体。这些诗人本身的艺术个性和新的社会题材与场景的结合，使得杂志的面貌异彩纷呈。编辑部对工人作者的提携非常重视，给工人作者留出了很大的版面空间，使得《诗刊》洋溢着鲜明的时代感，并呈现出一种宏大刚健的时代气质。

正如《诗刊》的老编委吕剑所言："艾青的新作，以一群世界著名作家在诗人聂鲁达的海滨别墅中的聚会为背景，形象绮丽，颇耐深思。冯至以一百行深厚的诗剧歌颂了我们新的生活。萧三的诗充满了激情。对许多人是个陌生名字的甘永柏，其实是一位早在二十多年前就开始歌唱了的诗人。朱丹的《海》也是颇有气魄的作品。青年诗人严阵和孙静轩的作品，也各有特色。闻捷的散文，饶有诗意。张光年的论文，对女神时代的郭沫若作了评论，能帮助我们认识这一位当代的大诗人。"①

关于艺术性和创新性的追求是《诗刊》的理想，一位编委曾回忆道："创刊之初，在团结各派诗人以及组稿方面，都企图开拓出一个新的局面。我们首先发表了艾青的《在智利的海岬上》，这首诗的构思及其表现手法，当时并不是所有的人都能接受的。公刘的《迟开的蔷薇》，就是冒着风险

---

① 吕剑：《未完的回忆》，《诗刊》1976 年第 1 期。

发出的，那时'爱情'在文艺作品中是个禁区。我们既请张光年评论郭沫若，也约陈梦家来读徐志摩，徐这个题目一直是犯忌的。除了关心新人之外，正如徐迟为吕亮耕诗集作的序中所说，我们也还想打捞一下'沉船'。"① 编辑部达成的共识是："坚持质量第一，绝不盲目崇拜名人，也不轻视无名小辈。"② 面对大量来稿，作品组编辑淘选作品达到了"沙里淘金"的功夫，发现稍有可取的，就留下认真处理，加工润色，或提出中肯的意见，鼓励修改。发现了有才华的新人，编辑部甚至派人专访、面谈。诗刊社通过这种办法发现并培养了不少如河北诗人刘章这样的新人。编辑部将新人名字登在专设通讯录上，以随时关注和指导，在几年之内就积累了有上百个有潜力的新作者的候选队伍。

2. 促进诗歌大众化和民族化

编辑部追求《诗刊》的大众化，是对"二为"方针的呼应，也是新诗人群体本身对新时代和新生活的响应。在"大跃进"年代，1958 年至1959 年诗刊社陆续编发过《工人诗歌一百首》《战士诗歌一百首》《新民歌六十首》等群众题材和群众创作诗歌，并单独集结、由中国青年出版社出版。1958 年之后，诗刊社多次集中刊登工农兵作品，引起较大反响。在主动推动群众诗歌创作活动、不断举荐新人并发动诗人创作广泛反映基层生活作品的进取氛围下，《诗刊》从内容到形式都呈现出昂扬奋发、丰富多彩的气息，充溢着时代精神和蓬勃生机。从 1963 年起，编辑部多次与广播电台合作到北京郊区红星公社、西红门、黄土岗等地举办诗歌朗诵会，以实践诗歌的民族化和群众化主张；多次组织涉外的支持亚非拉美反帝斗争诗歌朗诵会、主办各种诗歌研讨会和座谈会，极力将诗歌欣赏和诗歌创作知识普及化、生活化。在 1958 年"大跃进"掀起的新民歌创作高潮中，《诗刊》编辑部由副主编徐迟、编辑部主任丁力发起，全体参与"街头诗"创作活动。每个编辑都创作了短小通俗、朗朗上口的宣传鼓动性小诗，用毛笔抄成壁报形式，贴到文联大楼门外，并按期更换。这些活泼的"街头诗"吸引行人驻足观看，受到了广泛关注。《人民日报》还为此特辟专栏

---

① 吕剑：《未完的回忆》，《诗刊》1976 年第 1 期。
② 白婉清：《〈诗刊〉忆旧》，《新文学史料》2010 年第 4 期。

介绍选登，肯定这种做法。

3. 推崇领袖诗人和政治家诗人

《诗刊》的诞生与毛泽东诗词紧密联系在一起，一方面使得毛泽东诗词得到更广的传播，另一方面也使《诗刊》与领袖诗人和政治家诗人有着解不开的关系。由于毛泽东诗词 18 首在《诗刊》的发表，创刊号供不应求，一再加印。创刊号出版当天，王府井新华书店外读者排队购书的场景，被外电向全世界作了报道。《人民日报》于 1957 年 1 月 29 日、30 日分别转载了其中的 12 首诗歌。

由于毛泽东作为领袖的超凡魅力和其文字本身的清奇脱俗，《诗刊》发表毛泽东旧体诗词对古典诗创作的复兴，以及培养群众对诗歌本身的兴趣都有某种心理暗示；同时也使《诗刊》从创刊开始就成为作者、读者和同行聚焦的焦点，这对它的权威度和传播效果有加倍扩大的效应。仅在 1957 年至 1958 年期间，除毛主席在《诗刊》上发表作品外，中国作协主席、文化部部长茅盾，国家副主席董必武，中共中央政治局委员林伯渠，国务院副总理陈毅，中国文联主席郭沫若，中国作协副主席、党组副书记刘白羽等高级干部兼作家或诗人，在《诗刊》上共发表诗歌、评论五十余篇。

这种刻意贴近权力、对艺术创作原则表现出背离倾向的政治化导向，实际上在"文化大革命"前夕曾成为《诗刊》被官方文艺管理部门批评、怀疑的理由。1964 年，根据毛泽东主席指示，中国作协开始被作为重点整顿对象，刘白羽在 9 月 9 日以作协党组的名义，向中宣部递交了对《诗刊》的调查报告，文中写道："《诗刊》这个摊子可以说烂了，主编臧克家（非党员）资产阶级个人主义极端严重，长期以来，以《诗刊》作为个人的资本。近年来更发展到妄图垄断主席诗词发表权，招摇撞骗，极其恶劣。编辑部成分复杂，党员力量薄弱，实际上整个编辑部已被资产阶级所溶化，我们建议停刊或暂时停办，以后看情况，再决定办不办。"[①] 这种明确的定性给了《诗刊》毁灭性的打击，《诗刊》左右摇摆的政治态度和对

---

① ［荷兰］D. 佛克马等讲演：《文学研究与文化参与》，俞国强译，北京大学出版社 1996 年版，第 120 页。

权力的刻意迎合，并没有得到官方的青睐，不久即宣告休刊。

第五节　《文艺报》与新中国文艺思想运动

《文艺报》是一份在全国文艺界影响深远的典型"机关刊物"，是当时中国文联和中国作协的核心期刊，直属中央宣传部。一直到 1966 年"文化大革命"停刊以前，《文艺报》都充当着阐释党的文艺政策、发表文艺理论研究和文艺批评文章为主的最高文艺理论刊物的角色。它与以发表文学作品为主的《人民文学》杂志，都是中华人民共和国成立时即创办的国家级的文艺刊物。

一、《文艺报》的创刊及沿革

《文艺报》（半月刊）创办于 1949 年 9 月 25 日，中华全国文学艺术界联合会的机关刊物，开始主编署名"文艺报编辑委员会"，第一卷第八期开始署主编丁玲、陈企霞、萧殷三人；内容除理论、评论文章外，还有少量文艺消息和文学作品。《文艺报》主要承担反映全国文艺界状况，宣传、阐述中共中央对文艺工作的方针、政策，并批评当前文艺创作、讨论文艺问题等任务。1952 年第二期主编改为冯雪峰。1954 年先后增加副主编陈企霞、侯金镜；第二十三、二十四两期合刊号编者改署"中国文学艺术界联合会文艺报编辑部"。1955 年以后康濯、侯金镜、秦兆阳、张光年曾分别任常务编委。1957 年，中国文联决定将《文艺报》委托中国作家协会主办，将半月刊改成周刊，加强了新闻性与社会性，加重了对外国文学的评介；总编辑张光年，副总编辑侯金镜、萧乾、陈笑雨；共出 38 期。1958年至 1960 年为半月刊，主编张光年，副主编侯金镜、陈笑雨。1961 年改为月刊，主编张光年，副主编侯金镜。1962 年 7 月副主编增加冯牧。1966年 7 月起被迫停刊。1978 年 6 月中国作家协会恢复活动后复刊，改为月刊；主编为冯牧、孔罗荪。

二、《文艺报》基本功能——监督与指导

《文艺报》是中国作家协会的机关刊物，是当时中国共产党领导文艺

工作的主要宣传途径，体现着党中央对文艺事业发展的指导思想、方针、政策，对全国的文艺事业发展有着直接的影响。全国文联曾在 1951 年调整北京的文艺刊物，决定加强《文艺报》《人民文学》等刊，使其成为领导全国文艺创作和批评的核心。《文艺报》则被赋予监管所有文艺刊物的使命，在文艺报刊管理体制的生成与变革中起着重要作用。全国文联曾规定："《文艺报》上重要的社论和文章，地方文艺刊物亦应及时予以转载和介绍。"在接下来的日子中，《文艺报》承担起监管的角色，1950 年 4 月 19 日，党中央颁布《关于在报纸刊物上展开批评和自我批评的决定》，《文艺报》率先检讨编辑工作，并发表社论《加强文学艺术工作的批评与自我批评》（1950 年第二卷第五期），号召"所有的文学艺术的杂志和报刊，努力提高自己的思想水平和艺术水平，展开和加强对作品、对工作、对思想、对作风各方面的正确的批评与自我批评"。所以说，文学批评是《文艺报》的重要内容，我们从研究《文艺报》上刊登的文学批评入手，研究《文艺报》对"十七年"文学期刊的作用和影响。

《文艺报》曾批评多数刊物的工农通讯员比例太低，《长江文艺》的五百多名通讯员中，工农的仅占十分之一。在受到《文艺报》批评前，《苏北文艺》的通讯员主要是机关干部和学校师生，改进后发展的 120 名通讯员，多数来自工农群众。各期刊还必须反复对通讯员进行思想政治教育。《文艺报》曾把读者对《金锁》的意见转交《说说唱唱》编辑部，《说说唱唱》编辑部不得不反复检讨和整顿。读者姜素明致信《文艺报》，尖锐批评《人民文学》不能正确对待读者批评，对编辑思想检讨不够深刻，这才使得《人民文学》把检讨上升到向资产阶级、小资产阶级思想投降的高度。1954 年、1964 年整顿《文艺报》和文艺报刊，《文艺报》批判卞之琳、阿垅、朱定、王亚平、碧野、路翎、张季鸾、草明、胡风、丁玲、陈企霞、周谷城、邵荃麟、康濯，通讯员和读者来信都发挥了重要作用。工农兵的批评话语，巩固了政治化的文学规范，同时也加剧了文学的教条主义倾向。为了体现监管文化的作用，除了批评，《文艺报》还曾嘉奖《河北文艺》《湖北文艺》能把通俗化与思想教育结合起来。鉴于《文艺报》在文坛上的权威地位，它的批评或者赞扬对当时文坛和读者都有直接导向作用。

当时文学批评的典型路线是"各打五十大板",讲究客观,既不充分肯定也不充分否定一件事。但是这样的批评套路也存在"假""大""空"的问题,批评不能落到实处,不能对实践产生指导意义。"十七年"时期的重大文学事件对于当时的文学批评观念都产生了重要的影响,而且因为《文艺报》的实际影响力,这也使得它在所有的文学事件中都起着重要的推动作用,其文学批评对文学活动起着实际的指导作用。

三、《文艺报》与 20 世纪 50 年代文艺论争

（一）现实主义问题的论争

1953 年,在中华文学艺术工作者第二次代表会上,社会主义现实主义被正式确定为文艺创作和批评的最高准则。稍后,关于社会主义、现实主义的论争起源于对这一权威概念的两次质疑。第一次是胡风挑起的,他强调现实主义创作中的主观战斗精神,引起了激烈的论争,《文艺报》1953年第二、三期分别发表林默涵、朝风的《反马克思主义的文艺思想》和何其芳的《现实主义的路,还是反现实主义的路?》两篇文章,批判胡风的文艺思想。胡风则写了近三十万言的《关于解放以来的文艺实践情况的报告》,反驳林默涵与何其芳,重申自己的文艺观点。不久,《文艺报》第一、二期合刊附发胡风的《意见书》,并从 1955 年第三期起,连续 4 期发表了大量的批判文章。苏联文艺界也密切关注这场论争,《真理报》及时报道了胡风事件,《文艺报》很快转发了《真理报》的报道。《文艺报》刊发苏联文讯是想借重苏联在意识形态方面的权威性从正面引导国内理论界,以影响论争方向。第二次是在 1956 年前后。随着苏共二十大批判斯大林的个人崇拜,苏联文艺界开始批

图 7-6　《文艺报》

判"无冲突论"和粉饰现实的倾向，提出了"干预生活"口号，被译介到中国后，促进了中国文艺界宽松活跃氛围的形成。《文艺报》在传播苏联"干预生活"的口号和解冻文学的过程中起到了桥梁作用。

1956 年前后，《文艺报》刊发了苏联共产党（布）中央委员会书记马林科夫在联共（布）第十九次代表会上所作关于文学艺术的报告、《西蒙诺夫论苏联文学中的几个问题》《把思想水平和艺术技巧提得更高一些》等，这些文章都强调写真实，要反映生活中的矛盾。在这样的背景下，秦兆阳于 1956 年发表《现实主义——广阔的道路》一文，对"社会主义现实主义"这一概念进行批评，引起了文艺界的论争。张光年在《文艺报》上发表《社会主义现实主义存在着、发展着》，对秦兆阳的文章提出质疑。1958 年，《文艺报》连续发表茅盾的《夜读偶记——关于社会主义现实主义及其它》，茅盾对现实主义的基本特征及其历史轨迹作了深入阐释，目的是维护现实主义的正统性，维护社会主义现实主义的合理性。1955 年第一、二期《文艺报》发表《第二次全苏作家代表大会向苏联共产党中央委员会致电》，指出社会主义现实主义是人类艺术发展史上的一个新阶段，社会主义现实主义的方法是作家充分发挥个性、采取多种风格和各种不同的创作走向竞赛的先决条件，必须坚持不懈地寻求新的艺术方法，来最好地表现我们思想的伟大真理和我们生活的丰富与多样性。

由此，《文艺报》推动了文艺论争，又试图通过译介苏联有关社会主义现实主义的理论文章，引导国内文艺界沿着社会主义现实主义的创作道路前进。

（二）文学真实性问题的论争

真实性问题论争是和现实主义论争紧密联系在一起的。1956 年，在"双百"方针的影响下，秦兆阳、胡风、陈涌、于晴、蔡田、唐挚、冯雪峰等对新中国成立以来文坛充斥平庸的、公式化和概念化的作品不满，他们质疑社会主义现实主义存在的根据，主张以"真实性"为文学创作和理论批评的最高标准。为此，他们提出了"写真实"和"干预生活"的创作口号，提出大胆揭露生活中的矛盾和冲突，关于文艺真实性的论争由此开始。当时《文艺报》发表的关于真实性问题论争影响比较大的文章有：

1956年第二十三期钟惦棐的《电影的锣鼓》，1957年第四期于晴的《文艺批评的路》，1957年第八、九期蔡田的《现实主义，还是公式主义?》，1957年第十期唐挚的《繁琐公式可以指导创作吗?——与周扬同志商榷几个关于创造英雄人物的论点》。《文艺报》在此前后刊发了大量的苏联文章，传播苏联解冻文学兴起后关于真实性的文艺观点，设法从苏联的文章中寻找艺术真实性的理论根据。《文艺报》1952年第十三期发表塔拉森柯夫的《艺术的真实》，1952年第十四期发表索弗罗洛夫的《争取生活的真实》，1953年第十六期发表戈尔卡柯夫的《感情的真实性》，1953年第十八期发表道布伯申考的《真实的法则》，这些文章站在拥护的立场回答了论争中的真实性问题。

这种情形在文学特写问题上表现得更为明显。20世纪50年代初期，特写在苏联受到重视，作家们主张特写要真实再现生活，反映生活中的矛盾与冲突，揭露一切阻碍社会主义革命和建设的消极现象。《文艺报》成了传播苏联特写的阵地，无论是苏联关于特写动态还是关于特写理论的论著都大量译介过来，如1954年第二十二期刊载《文联召开全苏特写创作会议》的消息，报道了苏联特写创作发展的情况；1955年第二十三期译介《集体化农村中的新事物和文学的任务》，此文把特写分为两类，深入论述了不同特写的特征；1955年第七、八期发表了刘宾雁翻译的瓦·奥维奇金论文《谈特写》，详尽介绍了特写这种文学式样的意义，以及特写作家应具有怎样对待生活的态度，并把特写称为"侦察兵式"的文体；1956年第八期发表刘宾雁的散文《和奥维奇金在一起的日子》，介绍了他有关文学特写的思想。在苏联众多的文学问题中，《文艺报》把目光投向特写，旨在为文学真实性问题推波助澜，营造国内比较自由宽松的创作环境，促进写真式的文学浪潮的兴起。

四、《文艺报》对工农兵创作活动的影响

"十七年"中《文艺报》基于"二为"方针，非常重视工农兵的文学创作，不仅在理论上深入研究，且身体力行，通过一系列措施指导和组织工农兵业余创作，其方法方式大致可归结为以下几种：

培养文艺通讯员。《文艺报》从创刊第一卷第一期起，就不断以编辑

室名义在广大工农兵群众中征聘文艺通讯员："凡在文艺工作岗位上的同志，或在工厂、农村、部队、机关、学校工作而对文艺感到兴趣的同志们，只要愿意协助我们的，都可以成为文艺通讯员。"最初通讯员的文学素质不高，所写稿件不符合要求，但《文艺报》并没有放弃，经过几年努力，培养出三百多个文艺通讯员，还要求各地文艺刊物仿效。《文艺报》通过他们的通讯报道文章，直接指导工农兵业余文艺创作活动。如1949年第一卷第七期王菊芳的通讯报道《我们是怎样学习写作的》，介绍如何学习写剧本，并总结写作经验，尤其说明"好的"工农兵创作的政治性教育意义；同期来自晋城的白迹的通讯《晋城剧运的我见》，反映农村业余剧团创作活动缺乏组织领导，尤其缺乏政治思想性的引导，并向全国剧协提出建议。在肯定业余文艺开展的同时，《文艺报》总结工作经验，指明不足，欲借助通讯员之手，推广工农兵业余创作经验，针对写作缺点，推进工农兵业余写作。

树立和推广业余文艺典型。工农兵作者在文学选材、主题、语言各方面都存在诸多不足，《文艺报》就如何帮助工农兵业余创作者克服困难进行积极探索，充分利用机关刊物的影响力，介绍、推广典型培养经验。1950年第二卷第十期推出《天津日报》副刊帮助工人文艺小组写作的典型范例，文章《副刊怎样帮助工人创作——天津日报副刊的工人文艺小组介绍》，仔细介绍了《天津日报》副刊帮助工人创作的情况，希望各地副刊效仿。文章反映，通过讲习和训练，工人作者学习了如何取材、搜集材料，站稳立场，写出有内容、有思想主题的作品。从这篇针对业余写手的推广文章中，《文艺报》树立了一个推进业余创作的典型范例，号召其他各地文艺组织团体、刊物学习。这种典型推广方式，带有极强的政治色彩，指导工人业余写作，主要目的是使工人的创作更符合主流意识形态的需求。

以专家评论方式推荐业余作者。《文艺报》在刊物上组织专家评论文章，直接针对工农兵业余创作中存在的问题进行指导，并且推荐新生的业余作者，鼓励他们的创作热情。发表在1949年第一卷第六期的《从四十四篇群众文艺作品中看到了什么》一文，以石家庄地委宣传部收到的44篇工农兵作者创作的文艺作品为例，提供了内容、主题、写作方法、语言各方面的具体指导，以通俗的分析指出群众创作的普遍问题。1951年第三卷第九期吕荧的《关于文艺创作的几个问题》，指出工人诗歌在形式上受旧形式的束缚；报告文学和短文还很粗糙；工人的诗歌、报告通讯、小说，还应在思想上再提高等。此外，《文艺报》还开辟《文学写作常识》专栏，以浅显的文字说明文学写作思想、创作方法等基础问题，普及文学常识。《文艺报》主编之一的萧殷亲自上阵，于1951年第五卷第二至五期连登他的3篇文章，分别从写作者的阶级立场、思想情感、政治观察水平角度出发，讲解如何提升材料、主题、手法各方面的写作水平。整组文章介绍理论过程中，作为主编身份指导写作者，其背后的政治倾向性极强，反复强调创作者政治意识的重要性。《文艺报》还对业余作者作品进行推荐，通过具体作家作品分析，指导工农兵写作。如沙驼铃的《谈工人董迺相的小说》，首先肯定董迺相作品的革命集体主义思想，赞扬作品充满强烈生活气息，同时指出作品主题窄小，语言有生硬现象。

发挥"编者按"功能。"编者按"是报刊编辑在刊载的文章前，针对某种事物和现象发表自己的观点。《文艺报》的特殊性质，使它的"编者按"具有多重的意味。1949年第一卷第十期转载了一篇署名杨野的读者来信《一个衷心的呼吁》，转载前有一段"编者按"，如下："我们接到读者杨野同志的来信，在这封信里，他热情地提出了一般初学者迫切需要帮助的呼喊，而且提供了具体的建议。他的意见代表了广大初学写作者和爱好文艺的青年同志的要求，《文艺报》愿在这一工作上担负起一部分应尽的责任，同时把原信发表，希望引起各地文艺工作的机关、团体，文艺杂志、报纸的同志注意，并作为研究工作时的参考。"① 来信虽以一个读者的口吻提出建议，但配以"编者按"，使这封来信不同寻常。来信提出业余写作者急需得到帮助和培养，并提出具体建议，其实质是《文艺报》代表党政宣传机关，要求各地文艺工作组织、团体及文艺杂志、报纸的工作人员把这些建议作为工作行动指南，大力培养业余写作者。显然这不是一个普通读者向《文艺报》编者们提出建议，而是《文艺报》以机关刊物身份借读者名义，要求全国文协及地方文协有计划地进行这项工作。

---

① 杨野：《一个衷心的呼吁》，《文艺报》1949年第一期。

第六节　戏剧电影期刊与新中国戏剧电影业

戏剧电影期刊，在民国都市娱乐期刊中是影响较大的期刊类型，曾经在 20 世纪三四十年代相当繁荣。中华人民共和国成立后的戏剧电影事业，成为建设民族的、大众的新型社会主义文化的重要组成部分，"十七年"间社会主义戏剧和电影事业的迅速发展，带动了戏剧电影期刊从内容到风格的全面革新，并在群众文化生活中起到了一般文化期刊难以起到的艺术启蒙作用。这一时期的戏剧电影期刊具有新时代的鲜明特点，表现出更多政治引领和艺术干预的现象。

一、中华人民共和国戏剧期刊的消长与影响

（一）戏剧期刊的兴起和中心转移

1949 年 7 月，第一次文代会召开，确立了新生政权对文艺界的领导地位，期刊领域破旧立新就此拉开帷幕。新中国专业戏剧期刊的探索，首先从上海开始。1949 年 8 月，中华人民共和国第一份专业戏剧刊物《影剧新地》在上海创刊；1950 年 6 月，中华全国戏剧工作者协会的机关刊物《人民戏剧》在上海创立。但与其他文艺期刊不同，戏剧期刊新办者大多没有办刊经验，亦缺少地方资源，这些编者对整个期刊运作的流程和期刊定位显然还未得要领。不久，同人刊

图 7-7　《人民戏剧》

物《影剧新地》停刊，中华全国戏剧工作者协会主办的机关刊物《人民戏剧》也因经验不足，缺乏专职编辑，无法承担起机关刊的多重职责，从上海移至北京，改由剧协与中央文化部艺术事业管理局合办。

由此，戏剧期刊中心北移到政治中心北京。1950 年 10 月，文化部戏曲改进委员会创办《新戏曲》杂志，中央戏剧学院则推出新院刊《戏剧通讯》。1951 年 5 月，《人民戏剧》在北京第一次出版。但《戏剧通讯》仅在 1950 年出版 1 期即告结束，《新戏曲》和《人民戏剧》因"作为全国戏剧运动的指导刊物来说，是很不称职的"，① 也在 1951 年年底宣告停刊。

（二）戏剧期刊逐渐规范化和体制化

1952 年，文化部艺术事业管理局和中华全国戏剧工作者协会共同创办了《剧本》。这种以解决戏剧演出"剧本荒"为目的戏剧刊物带着浓厚的政治使命："配合当前的革命斗争，经常地、有计划地选载具有一定思想内容和艺术水平的新歌剧、新话剧、新戏曲剧本，供应全国工农兵群众业余团和全国专业的剧院、剧团、戏曲团体采作上演节目。"② 但《剧本》的单一功能显然不能很好履行中国剧协机关报"指导全国戏剧运动"的责任。1951 年，中国剧协又创办了以理论研究为主的刊物《戏剧报》。在中国剧协的机关刊物《剧本》和《戏剧报》进入体制化轨道后，1956 年，上海戏剧学院和中央戏剧学院的学报的发展也相继步入正轨。

截至 1956 年 6 月，中国戏剧家协会接受了全国 21 个省、2 个自治区、3 个直辖市和解放军、工矿、铁路系统的戏剧工作者合计 1681 名。③ 随着剧协地方分会的成立，有条件的大行政区或大城市也先后设立地方戏剧协会并创办地方戏剧刊物。一个自中央到地方渐次延伸的戏剧期刊体系初步形成：《戏剧学习》（中央戏剧学院）、《戏剧教学》（上海戏剧学院）、《剧本·农村版》（中国戏剧家协会）、《戏剧论丛》（中国戏剧家协会）、《戏曲研究》（中国戏曲研究院）。

1957 年第一家省级戏剧刊物《南国戏剧》创刊，为中国剧协广东分会创办。尽管这本刊物在 1957 年年底即停刊，但显示出体制化的国家戏剧期刊体系已开始向地方衍生。1959 年前后，各省、自治区、直辖市的文化系

---

① 《剧本发刊词》，《剧本（创刊号）》1952 年第 1 期。
② 《中国戏剧家协会接受第三批会员入会》，《戏剧报》1956 年第 6 期。
③ 《中国戏剧家协会接受第三批会员入会》，《戏剧报》1956 年第 6 期。

统和剧协系统相继创办戏剧期刊,包括 1958 年创办的《戏剧战线》《安徽戏剧》《四川戏曲》《陕西戏剧》;1959 年创办的《湖南戏剧》《上海戏剧》《江苏戏曲》;1960 年创办的《山西戏剧》《福建戏剧》《北京戏剧》《山东戏剧》。

(三) 20 世纪 60 年代前后戏剧期刊的缩减及原因

20 世纪 50 年代"大跃进"运动过后,中华人民共和国的全国性经济困难随之而来,各项物资陷入严重短缺状态,期刊业在 1959 年的基础上加大调整力度,清理关停了一大批无法生存和维持的刊物,刚刚稍具雏形的戏剧期刊体系也不得不开始大规模减缩停闭。1959 年,《四川戏曲》停刊;1960 年,《山西戏剧》《湖南戏剧》《山东戏剧》《福建戏剧》《北京戏剧》《江苏戏曲》停刊,同年中国剧协的《小剧本》和《戏剧研究》、中央戏剧学院院报《戏剧学习》也相继停刊;1961 年,《戏剧战线》《安徽戏剧》停刊。

经过一轮大规模的关停行动,1958 年至 1960 年间创刊的 11 种省级戏剧期刊,在 1960 年至 1961 年两年中多达 10 种停刊,只有《上海戏剧》硕果仅存,而中央戏剧刊物也在整顿后只剩下《剧本》《戏剧报》两种继续行刊。

1960—1962 年,国民经济各部门贯彻党中央"调整、巩固、充实、提高"的八字方针,仅存的 3 种戏剧期刊也开始反思戏剧行业和戏剧期刊本身的问题。1959 年 2 月,《戏剧报》发表社论,委婉批评"大跃进"式、"赶任务"式的戏剧创作:"有些同志对于'赶任务',即迅速及时地配合政治任务而进行创作演出,还理解得不全面。来了一个政治运动,就立即创作演出配合这个政治运动的戏,这是完全应当和必要的。戏剧工作者对于配合政治运动的突击性宣传任务决不应袖手旁观,置身事外,而应该热情地参加。但'赶任务'只是艺术为政治服务的一种方式,不是唯一的方式。"1961 年年初,《戏剧报》在当年第 1、2 期合刊中,编辑部发表社论《努力提高戏剧质量》,更明确地直接提出"必须努力提高戏剧作品的思想质量和艺术质量,以求其能符合于当前时代的大好形势","提高戏剧的质量,包括剧本的质量和演出的质量,是一个艰巨的任务"。

《上海戏剧》作为仅存的省级戏剧刊物，对《戏剧报》重视戏剧质量的号召迅速跟进。1961 年 3 月，《上海戏剧》也刊登社论《总结经验提高质量》，重申期望能"进一步提高戏剧创作和舞台艺术的思想水平和艺术水平"。在发表社论表明总体态度的同时，《戏剧报》和《上海戏剧》选登如老舍、郭沫若、欧阳予倩、夏衍、阳翰笙、陈白尘等戏剧大家的系列理论探讨文章，阐明戏剧艺术的客观规律，呼吁作为马列主义戏剧工作者，更应掌握戏剧规律而非无视规律。探讨文章还从创作技巧、经验总结等方面对提升戏剧质量提出建议。戏剧理论的新秀，如戴不凡等人也在戏剧期刊发表文章，进一步阐述需尊重戏剧规律的意义，强调重视戏剧艺术的娱乐功能，娱乐与教育功能并非矛盾；在承认艺术作品有阶级性的同时，还必须遵守艺术创作领域中超越阶级的艺术通则。基于 20 世纪 60 年代初的总体政治环境，以上这些问题的探讨尺度相当大，对当时的戏剧创作和表演起到了良性的促动作用。

1961 年 3 月，《戏剧报》等刊物在进行理论反思的同时，展开关于"演员的矛盾"、关于历史剧"历史真实与艺术真实"等问题的专题讨论，对艺术规律的探讨更加深入具体；对斯坦尼斯拉夫斯基体系表演艺术的思考和历史剧创作原则的再认识，表明这个阶段的剧协机关刊物已经进入成熟时期。

（四）戏剧期刊的短暂恢复和全面停刊

随着经济政策调整的奏效和 1962 年文艺政策的解冻，戏剧刊物又逐渐恢复生机。这个时期陆续新创办了一批戏剧杂志，如 1962 年中国戏剧家协会创办的《外国戏剧资料》、广西壮族自治区文化厅创办的《广西戏剧通讯》；1963 年河南省文联创办的《奔流》（戏剧专刊）、河北省文联创办的《河北文学戏剧增刊》、上海文艺界联合会创办的《小舞台》。在三年困难时期停刊的戏剧期刊并没有随经济的复苏而恢复。

1962 年以后，戏剧和戏剧期刊逐渐被推到意识形态斗争的前台。1963 年 11 月，毛泽东两次严厉批评《戏剧报》和文化部，他斥责《戏剧报》宣传牛鬼蛇神，文化部被比喻为"帝王将相部"。毛泽东在 1961 年、1963 年关于文艺的"两个批示"，最终使处于政治批判前沿的戏剧期刊很难以立足，戏剧期刊在 1964 年终于尽数停刊，全军覆没。

二、《大众电影》的沿革

（一）《大众电影》的创刊

1950 年 6 月 16 日，《大众电影》在上海创刊，为半月刊，是由著名电影艺术家张骏祥筹资，梅朵、王世祯任主编，大众电影编辑委员会编辑，当时的大众电影社直属中央电影局，由当时设在上海的中国科学公司印刷。

1950—1951 年的《大众电影》为大 32 开本，封面、封底刊登演员照片或剧照。作为中华人民共和国第一份电影杂志，创刊号封面选用的却是苏联电影《团的儿子》的主角小男孩剧照，而封底是苏联影片《诗人莱尼斯》中的剧照。其主要原因，一是出刊当天离"六一"儿童节很近，二是中国人对苏联电影较为熟悉。封面人物直到第四期才换为中国演员剧照，选的人物是女演员秦怡。《大众电影》首期杂志全部为黑白两色，不到 32 面，比较薄；画页较少，无电影剧照。初期的封面、插图为编辑们手绘，整个装帧风格很有个性特点。杂志刚一上市便非常受欢迎，创刊号印制的 1000 册全部卖光，后又再版了很多次。

图 7-8　《大众电影》

《大众电影》的创办是上海市政府为宣传进步电影并推动影评工作而采取的措施。为使电影管理更有成效，上海文化局于 1950 年 4 月初正式成立了电影事业管理处。电管处当年做的第一项工作就是"有计划有步骤地压缩和清除消极影片，尤其是美英毒素影片，使其从优势地位转入劣势的地位；并大力推广进步影片，使其从劣势转入优势的地位"①。这项工作细化为电影检查、影院管理、影评写作和影片的宣传等不同方面，《大众电影》的创办是其中一个环节。

关于杂志的办刊定位，参见大众电影社呈给上海市文化局的"编辑方针"第一条："培养并组织进步电影的基本观众，我们的读者对象首先是工人、士兵、青年学生、机关干部，并争取一般市民。"② 杂志的主要板块为图片、漫画、故事说明、人物介绍、花絮、信箱等，文字风格基于读者定位而尽力追求深入浅出、短小精悍、雅俗共赏；在评述文字中侧重具体的分析和说明，避免生硬的理论。

《大众电影》的基本发行路径，除了在书店、报摊上零售外，还在各影院、工厂、部队、学校、机关及其他团体广泛地建立发行网。《大众电影》第一期销数即达15000册，以后每期逐渐增加，到1950年年底销数已达34000册。

（二）《武训传》事件和《大众电影》的迁京

1952年，《大众电影》正在稳步发展时，遭遇了新中国第一次大批判——电影《武训传》批判所直接带给它的政治牵累。

《武训传》是1950年拍竣放映的国产清代题材影片，讲述出身贫寒的山东人武训，为筹办义学而几十年中矢志不渝地行乞卖艺、积攒善款，其间历经了各种曲折和艰辛的故事。电影由孙瑜导演、赵丹主演，放映后得到良好的观众反馈，甚至在首映式时得到很多中央领导的肯定。《大众电影》报道此片，将《武训传》列为当年的年度10部最佳国产影片之一，并邀赵丹在《大众电影》上发表文章《我怎样演"武训"》，共连载了7期。但在1951年5月20日，毛泽东主席在《人民日报》上发表了亲撰的不署名社论《应当重视电影〈武训传〉的讨论》，文中直接对影片持批判

---

① 《上海市人民政府文化局电影事业管理处一九五〇年工作总结》，上海档案馆藏，档号B172－4－14－132，转引自张华《海日生残夜江春入旧年——〈大众电影〉初创时期（1950.6—1952.5）形态考察》，《电影艺术》2014年第1期。

② 电影管理处给上海市文化局的《呈》，上海档案馆藏，档号B172－4－46（004），转引自张华《海日生残夜江春入旧年——〈大众电影〉初创时期（1950.6—1952.5）形态考察》，《电影艺术》2014年第1期。

态度："《武训传》所提出的问题带有根本的性质。像武训那样的人，处在满清末年中国人民反对外国侵略者和反对国内的反动封建统治者的伟大斗争的时代，根本不去触动封建经济基础及其上层建筑的一根毫毛，反而狂热地宣传封建文化，并为了取得自己所没有的宣传封建文化的地位，就对反动的封建统治者竭尽奴颜婢膝的能事，这种丑恶的行为，难道是我们所应当歌颂的吗？文化界的思想混乱达到了何等程度！"同一天《人民日报》第三版的《党的生活》专栏还发表专文，号召"共产党员应当参加关于《武训传》的批判"，实际上新中国成立后第一次思想批判已经拉开序幕。由此风向一变，包括很多理论界人士都有措手不及之感，《大众电影》编辑部更是感到空前的压力。

中央方面对上海文化界负责人一再强调：对《武训传》的批判是思想问题而非政治问题。上海电影界和文化界组织了两次百人座谈会，夏衍在会上作了检讨，并在《人民日报》发表了《从〈武训传〉的批判检查我在上海文化艺术界的工作》。但是实质上仍然展开了大批判的架势。《人民日报》从5月20日至7月下旬，连续发表批判文章、检讨、集会消息和读者来信一百二十多篇，声势宏大、态度严厉、讨论集中，树立了一个政治运动中报刊思想介入和引导批判的模式。因此次大批判的影响，电影界受到的冲击最大，全国电影生产从1950—1951年生产故事片二十五六部，到1952年减为两部。《大众电影》被命令收回全部未卖出的刊物，1951年第22期《大众电影》辟出专版对《武训传》进行批判。随着形势的日趋严峻，杂志在上海顶不住各方压力，于1952年年初被迫停刊，接受上级整改，直到5月才得以复刊。

1966年3月，中共上海市委宣传部请示中宣部将《大众电影》迁到北京出版，说明《大众电影》是国内外发行量较大的群众性杂志之一，"每期印数40万册，其中输出国外约三千册"，但这个刊物在上海出版有很多很难解决的问题。首先，《大众电影》作为全国性刊物，因不在北京，不能及时了解中央政策和指示，就不能对国内外政治斗争和电影工作重大活动进行准确报道，中宣部、文化部、中央对外文委对杂志的指导工作也有诸多不便。其次，编辑部在上海难以全面了解全国电影事业情况和主管部门对新影片的意见，无法很好地宣传和组稿。最后，上海印刷业的技术水平和生产能力总体上已落后于北京，每期数十万册的《大众电影》因印刷量巨大，印刷周期长达一个半月，影响了及时出版。

（三）《大众电影》的继续发展和改组

1956 年，中国电影出版社成立，把原来直属中央电影局的《大众电影》、技术处、放映处、艺术编译社以及中影公司的小人书（连环画）编辑室都合并过来，将设在西单舍饭寺的电影剧本创作所撤销，大众电影杂志社的建制改为编辑部，随电影出版社一起迁到舍饭寺。主编梅朵在反胡风运动后期被调到上海。第二任主编是方诗，在 1957 年的反右运动中，方诗又被错划为右派，由当时电影出版社领导之一的贾界兼任主编。1957 年至 1959 年，《大众电影》的建制不健全，由电影出版社的副总编谢力鸣分管，许南明、薛涛、王长庆（王云级）都担任过编辑部副主任。

《大众电影》迁到北京后，正式成立了大众电影杂志社，合并了北京的另一个电影刊物《新电影》，直接归属中央电影局领导。

大众电影杂志社分为评论组、影讯组、读者来信组，还有印刷、发行以及行政人员做辅助工作，工作人员有二三十人。因为刚被整顿，《大众电影》工作人员小心翼翼，唯恐犯错误，"因为要求很严，有时一个文字的错误都要上纲批判。由于思想紧张，所以版面上也不如刚开始那么生动了"。[①]

---

① 唐家仁：《〈大众电影〉的办刊经过》，《文史博览》2005 年第 13 期。

第八章

新中国文学本土化发展与地方文艺期刊

　　"十七年"的文学期刊作为社会主义新文化建设和政治宣传的重要手段，被浓厚的政治色彩所笼罩，鲜明地体现着该时期政治思想领域的变化，打上了深刻的时代烙印，这是"十七年"间文艺期刊最大的特点。各省市的文艺期刊也在中央关于文艺总体方针的指导下，风风火火地创办并运行起来，对推广新文艺政策、表现中华人民共和国社会生活和建立地方文学艺术创作队伍，起到了重要的作用。在如何体现社会生活，达到宣传政治思想的方法上，地方文艺期刊的运行方式与中央文艺期刊大体相似，编辑、作家、读者之间的紧密联系和坚持现实主义创作精神是其根本，同时注重地方文学传统和社会发展特点。很多文学期刊栏目的设置定位为向名作家约稿，因名作家在社会上具有广泛的影响，引来足够多的关注，这样可以保证受众面的广泛。同时，地方文艺期刊具有广泛的读者基础，培养地方新的作家和新的读者成为地方期刊突出的特点。各地区的名刊、名作家借助新的文艺期刊纷纷涌现，各地文艺期刊成为新中国社会生活的最鲜活写照，名期刊、名作家带来的广泛社会影响，实现了文艺期刊"为人民服务、为社会主义服务"的功能。在整个"十七年"间，期刊指导思想虽然数次摇摆，却始终脱离不了这个主线。

第一节　"十七年"地方文艺期刊发展思路与格局

　　遵行"十七年"推行的"三化"办刊方针，是地方文艺期刊一个重要的办刊原则。"地方化"要求除了国家级刊物外，其他刊物要为地方作者和读者服务，负责指导当地的群众文艺运动、文艺创作和批评。在这个方针指导下，各级各地区的文学刊物陆续创刊出版，在体现各自地方文化特色的同时，它们身上还带有明显的不同行政级别的烙印。总体来看，上级刊物是下级刊物的风向标，下级刊物是上级刊物的传声筒。在"十七年"间，中央级和地方文艺期刊的发展泾渭分明、分工明确，且取得了不同的艺术和社会成就。

一、地方文艺期刊政策确立

1949 年的全国第一次文代会确立《在延安文艺座谈会上的讲话》（以下简称《讲话》）提出的文艺"为工农兵服务"的方向，但是基于理论本身的抽象和复杂，这个方针并未真正落实到文艺实践中，多数作家、读者的创作与阅读仍沿着旧有惯性进行，因此在中华人民共和国成立初期的文艺期刊界，新文艺与旧趣味、新方向与旧思想同时并存。

1950 年 7 月 27 日，在关于出版工作的指示中，中宣部提出出版工作的两个缺点要克服，"一个是出版和发行工作上的无计划、无政府状态……全国公私出版杂志二百三十五种，大多缺乏健全领导。第二个缺点是公私关系不协调"。① 为此，文艺界在各地组织了一些座谈会，讨论相关问题的解决。8 月 4 日，上海市出版界期刊座谈会提出以下几点意见：第一，杂志的销路打不开的主要原因，一是内容不符合读者的需要；二是有些杂志社人力不够，编委会不健全，大多属业余性质；三是物价上涨，人民购买力低等。而反观几个销得好一点的杂志，共同特点是专业分工明确，把握住了一部分读者的要求；得到了政治上的领导与支持等。第二，在杂志的编辑方面，有的杂志本身在面对新形势中，旧的稿子不能用，新作者太少，新的稿源没有建立；经济困难，稿费低，难以吸引好稿子。8 月 5 日，东北地区期刊界从作者和读者两个方面反馈意见，提出文艺作者普遍反映书刊的出版周期长，稿费无法正式统一，影响了创作积极性；读

---

① 《中央宣传部关于目前出版工作的指示》（1950 年 7 月 27 日），见《中华人民共和国出版史料》（2），中国书籍出版社 1996 年版，第 425 页。

者则反映有关自然科学书籍和中小学参考书出版太少,尤其是工人读物和通俗读物出版太少,往往供不应求。①

针对这一状况,中宣部、全国文联和出版总署联手从 1950 年开始对全国文艺状况进行调查和摸底,于 1951 年开始实施文艺政策大调整。调整的主旨是规范中华人民共和国成立之初文艺和出版的混乱状况,落实《讲话》提出的文艺"为工农兵服务"的方针。调整的核心则体现在对文艺的通俗性、普及性的强化,具体措施就是以行政的强力"关、停、并、转"了一批文艺刊物,同时加强对文艺的领导,统一文艺方向。通过体制强力进行的期刊调整,文艺的"无序化"倾向得到规正,阶级、革命、政治在期刊文学中得到凸显,面向工农兵的通俗文艺格局在全国范围内初步形成。

二、地方文艺期刊思路的调整与总体发展

胡愈之在第一届全国出版会议全体会议上的报告中谈道:"中央人民政府正在考虑从一九五一年开始各部门工作加强计划化。经初步研究,一九五一年度,为准备扫除文盲,推广干部文化教育,出版书刊应以工、农、兵、青年、妇女通俗读物为重点。此外并应加强增加政治建设,生产建设所需要的出版物。"② 由此可见,加强计划性是文艺调整的大前提,而调整的重点,则主要从文艺的阅读对象上确定,即适合于工、农、兵、青年、妇女的通俗读物。这就确立了文艺调整的主要框架和方向,并将重点锁定于文艺期刊。但在具体实施中,还是采取了较谨慎的态度,调整大致分为以下几个步骤进行:首先,给予文艺调整一个政策上的定位;其次,批判分析和自我检讨相结合;最后,在综合考虑前两者的前提下,自上而下进行整体的调整。

关于政策定位。1950 年 10 月 28 日,出版总署发布第一届全国出版会

---

① 东北人民政府文化部出版处:《国营出版组织及工作情况向出版总署的报告》(1950 年 8 月 5 日),载《中华人民共和国出版史料》(2),中国书籍出版社 1996 年版,第 430 页。

② 《论人民出版事业及其发展方向——胡愈之署长在第一届全国出版会议全体会议上的报告》(1950 年 9 月 16 日),载《中华人民共和国出版史料》(2),中国书籍出版社 1996 年版,第 520 页。

议的五项决议，其第四项即是关于改进期刊工作的决议，强调了两个重要问题。第一，期刊是教育、团结群众的有力武器之一，各种期刊应根据其性质及读者对象，逐步做到专业分工，以消除目前存在着的重复混乱现象；性质相同的期刊，可在自愿的原则下，协商分工、联合或合并等办法。第二，大量增加各种性质的通俗期刊，以配合工农兵的识字教育与文化、政治、技术教育。① 从中可明确看到，出版总署对期刊的调整着力点，在于整顿期刊出版混乱状况和对通俗期刊的大力扶植。在听取了出版总署的报告之后，政务院发布了《中央人民政府政务院关于改进和发展全国出版事业的指示》，就文艺期刊的调整指出：出版期刊是出版工作中最重要方法之一，应予重视。现在出版的多数期刊没有计划，没有领导，没有比较健全的编辑部，因而其质量不能令人满意，甚至徒然浪费人力物力。政务院责成出版总署会同各有关方面将现有期刊逐渐调整，并改善它们的编辑状况。与这些期刊有关的机关团体也应重视期刊工作，把出版期刊当作指导工作的经常性的和锐利的武器，按时给予具体的指导。

在政务院的直接指示下，1951 年年初，出版总署订立了出版计划大纲，准备在 1951 年调整全国期刊出版，使其走向专业化，同时改进质量，减少重复浪费，并使之与宣传方针和建设需要相结合。4 月 27 日，在全国通俗报刊图书出版会议上，中央宣传部部长陆定一的总结报告中，提出全国现有的近一百种文艺期刊中，中央级和大行政区级别期刊基本可以维持原风格，北京、上海两地允许出刊新的专门文艺期刊；各地方省市的文艺期刊，则应定位为通俗文艺杂志，阅读对象主要是工人业余剧团和农村剧团，主要进行文艺演出剧本的创作；大型文艺杂志上主要发表作品，也"应该注意指导通俗文艺工作"。② 同时，提议地方文艺期刊以半个月为出版周期。

关于期刊界的批判与检讨。对期刊的调整重点是从批评与自我批评开始的。1950 年 4 月 21 日，各报刊载了中共中央《关于在报纸刊物上开展

---

① 《出版总署关于发布第一届全国出版会议五项决议的通知》（1950 年 10 月 28 日），载《中华人民共和国出版史料》（2），中国书籍出版社 1996 年版，第 651 页。

② 参见中宣部《陆定一在中宣部通俗报刊图书出版会议上的总结报告》（1951 年 4 月 27 日），载《中华人民共和国出版史料》（3），中国书籍出版社 1996 年版，第 136 页。

批评与自我批评的决定》。5 月 10 日，《文艺报》响应号召，刊发题为《〈文艺报〉编辑工作初步检讨》的自我批评文章，检讨《文艺报》在通过文艺形式密切联系政治、贯彻《讲话》不够到位以及没有更好地结合当前的文艺运动三个方面的问题；5 月 25 日又发表社论《加强文学艺术工作的批评与自我批评》，号召全国文艺期刊共同检查自身问题，提高刊物的思想水平；9 月 10 日，编发一组关于报纸副刊编辑工作的文章，请相关人员就如何加强与人民群众的联系谈一些问题与经验；11 月，从编读双方角度发表两篇谈普及与提高的文章，即石化玉的《我对普及与提高的一点体会》和主编萧殷的《试论普及与提高》，重点强调期刊普及的重要性。

1951 年年初，《文艺报》就群众文艺刊物问题再次刊登一组文章，讨论如何办好地方文艺刊物，并专门以《河北文艺》《湖北文艺》为范例，强调省市级刊物的地方性和群众性。7 月，中宣部召开通俗报刊会议，就地方文艺刊物的地方化、群众化作出指示。7 月 10 日，全国文联在对各方面的材料进行调研之后，在《文艺报》发布《关于地方文艺刊物改进的一些问题》（以下简称《问题》）的文章，针对各地文艺期刊的编辑现状，以《讲话》提出的"普及第一"为准则，对各地方刊物作出甄别。全国文联肯定了北京的《说说唱唱》、河南的《翻身文艺》、河北的《河北文艺》、湖北的《湖北文艺》、上海的《群众文艺》、东北的《群众文艺》和《川西说唱报》等在普及传播上的好做法，并总结出如下利于普及的特点：文字通俗；文章短小多样；内容结合当地政治任务，与群众斗争联系紧密；形式富有地方民间风味特点。同时重点批判了两个地方刊物，即江苏的《苏北文艺》和南京的《文艺》。《苏北文艺》的主要问题是读者对象不明确，《苏北文艺》的《发刊词》中"（面对）专职的和兼职的文艺工作干部和工农兵群众，和知识分子中的文艺爱好者和文艺活动者"，被《问题》提出批评："为什么要包括这么多方面？"认为这是对对象做了不恰当的选择。全国文联明确了普及的对象是工农兵群众，而不应该包括"知识分子中的文艺爱好者和文艺活动者"，因为他们并不是新文艺的服务对象。而《文艺》的《创刊词》中"只要反映工农兵，或直接间接为了工农兵的，我们一律欢迎"的原则，《问题》的批评则是："（《文艺》）是办为工农兵群众的通俗刊物呢？还是间接为工农兵，办一个比较高级的读物呢?"认为《文艺》的问题关键在于刊物的定位模糊、大而无当,以一地方刊物而自居"文学艺术的综合性刊物",是追求"堂皇""大派头"的官僚主义做法。对《文艺报》提出的批评,《文艺》和《苏北文艺》分别作了检讨。《文艺》在第 3 卷第 1 期增加了《青年习作》《文艺顾问》《习作简评》等栏目,供初学写作的青年发表作品,同时加强了与政治任务的结合,但在配合政治宣传方面,仍没能解决群众演戏的剧本等问题。针对上级批评,《文艺》在第 4 卷第 2 期再发表《致读者》,检讨自己没有紧密结合群众的具体斗争,追求文艺派头的错误方向,没有突出地方刊物的地方性质等问题。《文艺》最后决定停刊,另出小型的四开报纸刊物,直接指导和培养工人、青年文艺工作者进行文艺创作;同时出版一种小型丛刊,专门提供群众演唱所需文艺材料。[①]《苏北文艺》的转型则顺利很多,《苏北文艺》本就是地方性群众刊物,经过调整,刊物在编辑方向上明确主要以"广大农民为对象,其次是工厂和部队",在贯彻普及第一的精神下,整个刊物都做了大的改动:首先是开本由二十四开本改为三十开本;其次是把原来的月刊改为半月刊,更加灵活多变;再次是售价降低了一半多,减轻了群众负担。改版之后,"在两个月之中,销路从 3000 册扩大到 6500 册"。

关于地方文艺刊物的合并整理。地方性文艺刊物在大调整中分为两类处理。一类是在调整前后陆续停刊,如《文艺》、《文艺学习》(天津)、《天津文艺》,以及创刊于 1949 年以前的《小说》月刊(茅盾主编)、《大众诗歌》(沙鸥主编),1950 年复刊的《文艺生活》(司马文森主编)、《文艺新地》(巴金、唐弢主编)等。这些停刊的文艺期刊大多具有"半同人"色彩,在文学趣味上与工农兵的要求差别很大,虽然有些刊物并没有遭到明令停刊,但在这种情势下,停刊几乎是共同的走向。另一类就是地方性通俗文艺刊物,在中宣部、全国文联、出版总署和《文艺报》的联手指导下,地方文艺刊物朝为工农兵群众服务方向集体转向,期刊所刊载的

---

① 其他主动停刊的还有天津的《文艺学习》和《天津文艺》。《文艺学习》因发表了阿垅的《论倾向性》而于 1950 年 9 月停刊;《天津文艺》则在 8 月受到《人民日报》的严厉指责,随后停刊。见《〈天津文艺〉不向通俗化地方化方向改进是错误的》,《人民日报》1951 年 8 月 31 日。

内容，大都成为农村文艺演出材料库。中华人民共和国的新文艺借助于地方通俗文艺期刊，在通俗化基层化方向上取得了很大的成就，一时间，群众文艺欣欣向荣。

第二节 大区文艺刊物与《长江文艺》杂志

1949 年 3 月发刊的《中原日报》的《文艺》副刊是《长江文艺》的前身。时任中原局宣传部副部长的熊复兼管《中原日报》。5 月，其下设的编审委员会决定以《文艺》副刊为基础创办《中原文艺》；7 月，全国文代会闭幕后，中南局根据会议精神开始着力开展中南文学艺术工作，成立中南文联和中南作家协会，李蕤任作协副主席，并主持刊物编辑。在《长江文艺》办刊的历史上，经历了三次停刊：1953 年上半年停刊半年；1960 年 9 月后停刊，次年 8 月复刊；"文化大革命"期间长达十余年的停刊（1973 年 5 月—1978 年 1 月期间，以编辑部成员为班底，编辑出版了《湖北文艺》）。

一、大区文艺期刊的产生和功能

解放战争期间，中国人民解放军陆续摧毁了各地旧政权，建立起军事管制委员会，实行严格的军事管理制度。随着解放战争形势迅猛发展、解放区面积急剧扩大的情况，革命形势在大中城市和农村有所不同。因此，在 1949 年下半年，中共中央决定成立管辖数省的"大行政区"，在实行军事管制的同时，通过自上而下的委任方式，建立各级人民政府。最先解放的华北与东北首先成立了人民政府。之后，中共中央开始考虑在西北、中南、华东和西南地区设大区行政机关。1952 年 11 月，中央撤销其他五大行政区人民政府和军政委员会，统一设华北、东北、西北、中南、华东、西南六个中央人民政府行政委员会。至此，全国正式划有六大行政区。到 1954 年 6 月，六大行政区取消，地方行政机构统一于省市地县制。

大区刊物介于国家与省市刊物之间，负责监管所属地区的省市文艺刊物，如《长江文艺》负责领导中南区的 8 个刊物。虽然 1954 年大行政区撤销、大区文联解散，大区刊物也就或停办或转化为省属刊物，但在一个相当长的历史时期，大区刊物在历史舞台上也活跃过。大区刊物与国家刊物和地方刊物有所不同，大区刊物既体现地方特色，又比地方刊物波及面广，即使是后来大行政区的撤销，很多刊物依然作为机关刊物发挥着作用。大区刊物既需要作为机关刊物传达着政治信息，又需要通讯员深入到群众中，了解群众、了解地方，反映广大人民群众的呼声。《长江文艺》曾被作为典范大力宣传，因为它把通讯员作为编辑工作的重中之重，间接培养了不少工农作家。

二、《长江文艺》的文艺通讯员网络

通讯员作为潜在的作家培养对象，在文艺期刊的指导和培训下，成为工农兵作家队伍的重要人才储备。可以说，文艺通讯员运动是文艺组织制度的一种表现形式，其特点是借助群众的力量来寻求合法性和权威性，从而建构社会主义的文艺秩序。中南区文联的机关刊物《长江文艺》发起的文艺通讯员运动，也恰恰加强了《长江文艺》与群众的联系。《长江文艺》所征聘的通讯员包括"工厂的工人，农村的区乡干部，部队里的战士，连队的指导员，宣教干部，机关里的职员，学校里的青年学生和教员"。一年后，共发展了832名"长江文艺通讯员"，其中职工122人，翻身农民及区乡干部、民间艺人、农村小学教师110人，部队战士、连队干部及宣教队员176人，机关干部173人，各地委、专署及县文工团员114人，城市教员、学生107人，其他职业30人。通讯员的职责范围包括"及时报道所在地区，如工厂、部队、机关、学校里的文艺情况：这是每月至少做到一次的"，"反映群众对文艺工作的意见和要求"，"反映群众对《长江文艺》的意见和要求……使我们知道群众的食量和胃口，知道应该怎么样为工农兵群众服务，而且服务得更好"。事实上，通讯员也按照期刊的要求，反映了大量的具有现实针对性的信息。

在《长江文艺》通讯员中，工农兵占据了很大的数量。文艺通讯员运动"特别重视对于工农兵作者的培养，阶级出身，占了极重要的成分"。对工农兵通讯员的重视反映了政治思想的重要性，因此在征聘通讯员的过程中，"对于通讯员中作者的政治面貌，十分慎重"，"一旦发现家庭出身是地主、富农，或者是大资产阶级家庭出身，便被取消通讯员资格。对于通讯员的品格，也极为注意，有污点的通讯员，也不要"。① 在这种标准下，《长江文艺》八百多名通讯员中，"工厂、农村各占了八分之一强，部队占了五分之一强"。② 李季还曾专门就工农兵通讯员的比例问题进行过检讨："我们对发展真正的工农兵群众中的文艺通讯员，没有给予更大的注意。去年六月总结文艺通讯员工作时，我们曾发现此一缺点（那时工农兵文艺通讯员仅占全体通讯员的十分之一！）并曾引起注意。根据这半年来纠正的结果，虽然由十分之一上升到四分之一，但和我们开展此一运动的基本目的比较，我们做得还是十分不够的。"③ 由此可见，培养工农兵作家是《长江文艺》的重要指导思想。

图8-1 《长江文艺》

《长江文艺》开展通讯员运动一年时间内，"一共收到了'长江文艺通讯员'的来稿和来信九千多近一万件。其中除创作外，还有文艺活动的报道，经验的介绍，和对文艺工作与文艺作品的批评、建议"。④ 因此，《长江文艺》被认为是"一个信息灵通的文艺通讯社，它的稿件来自中南各地，主要是出自工农兵群众及其干部之手，通过通讯员它可以掌握中南各地的一些文艺活动情况"。⑤

---

① 田涛：《学习与实践，追求与探索》，《新文学史料》1991年第2期。
② 赵毅敏：《巩固已有成绩，继续前进》，见中南文学艺术界联合会筹委会编《开展文艺通讯员运动》，中南人民出版社1951年版，第2页。
③ 李季：《初步的收获》，见中南文学艺术界联合会筹委会编《开展文艺通讯员运动》，中南人民出版社1951年版。
④ 李季：《初步的收获》，见中南文学艺术界联合会筹委会编《开展文艺通讯员运动》，中南人民出版社1951年版。
⑤ 赵毅敏：《巩固已有成绩，继续前进》，见中南文学艺术界联合会筹委会编《开展文艺通讯员运动》，中南人民出版社1951年版。

三、《长江文艺》通讯员制度与工农作家的培养

《长江文艺》通过通讯员运动开展各种活动，形成了一套培养工农兵作家的制度和方法，而且"用各种方法来启发、诱导、巩固通讯员的学习文艺的兴趣"，对"通讯员的教育与培养"，成为"编辑部的一个长期不变的中心工作"和"一个严肃的政治任务"。[①] 他们所采取的措施对提高通讯员的创作积极性，提高他们的文艺素养起到了很重要的作用。

首先，《长江文艺》在办刊实践上如审稿、发稿等制度对通讯员有政策上的扶持。《长江文艺》尽可能在刊物上多发表通讯员的作品，而且"对通讯员寄来的一些时间性较强，不适合于《长江文艺》发表的，便介绍到其他各种报刊上发表"；"有些作品限于篇幅，不能在刊物上刊登……便介绍到书店予以出版"。如果稿件不能发表，也不能出版，在给通讯员退稿时，也必须写退稿信，并"要求每一个编辑，要以严肃、热情、耐心的态度给通讯员写退稿回信……让通讯员从每一封编辑部的来信里，都能得到一些热情的鼓励和诚恳而又详尽的批评，从每一封编辑部的来信里都能发现他在写作上继续努力的方向"。[②]

其次，《长江文艺》还把培养文艺通讯员作为一项日常性工作，"直接为《长江文艺》通讯员服务的文章与专栏是占着百分之九十强"。[③] 譬如在刊物上开设《长江文艺通讯员之页》，解决诸如"工人如何写作"等问题；开设《编通往来》栏目，解答诸如"关于处理题材"等问题；开辟《习作》栏，专门刊发初学写作者的作品，并附上编者修改意见。此外，编辑人员尽量对通讯员作品予以肯定，并确定重点培养对象。"对待重点作者还必须做更细致更具体的工作，要比较系统地具体地了解他们的写作情况，根据每人的不同写作特点与创作中存在的问题进行艺术上的分析和帮助，并在一定时期给他们做出创作上的总结，指出他们进一步提高和前进的具体道路。"为了使作者更快地进步，得到编辑部更多的帮助，"经常请作者住到编

---

① 王黎拓：《长江文艺的通讯员工作》，《文艺报》1951 年第三期。
② 王黎拓：《长江文艺的通讯员工作》，《文艺报》1951 年第三期。
③ 《在摸索中的长江文艺通讯员工作》，《长江文艺通讯员》（内部刊物）1950 年第一期。

辑部来，或由编辑部派同志下去，具体组织他们的创作，参加到他们的创作过程中去，从谈材料，选取题材，进行结构直到创作的完成"。①

最后，《长江文艺》建立了稳定的通讯员组织制度，确保对通讯员培养的系统性。按照地区划分，编辑部把通讯员派给 7 个专人管理，"整个编辑部事实上就是一个'长江文艺通讯员'的通联组，经常地对通联组的编辑人员进行一系列的思想教育——重视通讯员工作，用尽一切办法去满足通讯员在写作和文艺学习上的要求和希望……不管通讯员有稿无稿，每月至少主动保持和通讯员联系一次……了解每一个通讯员现在的具体工作，对每一名通讯员进行着有系统有步骤的帮助和培养，分期对每一个通讯员的作品进行总的评结"。②《长江文艺》还编印了不定期内部刊物《长江文艺通讯员》（后改为《长江文艺通讯员学习文选》），每隔两个多月编印一期寄发给通讯员，介绍典型写作经验，帮助通讯员写作与研究文艺理论，提高通讯员的艺术思想水平。同时，《长江文艺通讯员》在通讯员之间的经验交流、组织与联系的巩固上起了很大的作用，如创刊号发表了茅盾的《关于文艺修养》、艾青的《谈谈写诗》、王朝闻的《题材与主题》、荃麟的《关于文艺作品的阅读》等重要理论文章。此外，《长江文艺》还经常举办"文艺讲座"，解决通讯员在创作和思想上的困难，聘请专业人员讲授。为了方便外埠通讯员参加听讲，还把"文艺讲座"改为由中南文联筹委会及武汉人民广播电台联合举办的《每周空中文艺讲座》节目。

第三节　省、市级地方文艺期刊的发展

一、省、市级地方文艺期刊的"说唱化"与策略调整

"十七年"，在"普及第一"的总出版方针下，地方文艺期刊的读者特点使其与 20 世纪 30 年代以来左翼文学以革命的大众文学为轴心、崇尚民

---

① 于黑丁的发言，见《中国作家协会第二次理事会会议（扩大）报告、发言集》，人民文学出版社 1956 年版，第 176 页。

② 王黎拓：《长江文艺的通讯员工作》，《文艺报》1951 年第三期。

间口语文学的传统特别相合，因此自然出现了一批以发表口头说唱作品为主的通俗文艺刊物，如北京的《说说唱唱》（赵树理主编）、重庆的《说古唱今》、上海与沈阳各自主办的同名《群众文艺》等。但在实际传播中，普及性文艺的规模和力度都未能达到中央要求，胡乔木、陆定一等分管领导在 1951 年 4 月前多次批评通俗期刊工作不力。同年 7 月，全国文联出台了《关于地方文艺刊物改进的一些问题》文件，再次重申省、市一级要办的通俗文艺刊物，主要为群众提供文艺作品材料，原则是通俗化、大众化，"（通俗文艺作品）在内容上，首先配合当时、当地的政治任务和中心工作，随时照顾群众的需要，并注意群众可能的接受程度"，作品形式"要注意做到能说能唱、生动活泼、短小多样"。① 在这个方针引导下，到1951 年年底，各地共有七八十种地方文艺期刊迅速变身为"说唱化"期刊，

荟萃了各种改编和原创的戏曲、演出节目脚本，一时间使基层群众文艺活动得到空前活跃。但新的问题很快出现，说唱文艺过于强调通俗性和政策图解功能的特点，使其在艺术上表现出不可避免的粗陋僵化，以及作品整体的概念化、公式化，遭到一些主流媒体和一些地方文艺刊物编者本身的批评和诟病。

在 1955 年到 1957 年反右运动期间，大批地方文艺刊物编辑部开始转向以纯文艺题材为主的编辑思路，以"旧名新刊""新名新刊""新创刊物"② 等具体途径，让小说、诗歌、散文重新占领了地方文

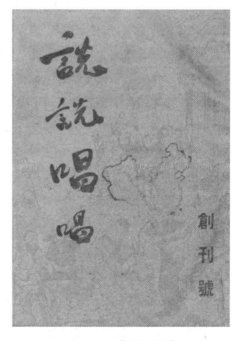

图 8 - 2　《说说唱唱》

---

① 全国文联研究室整理：《关于地方文艺刊物改进的一些问题》，《文艺报》1951 年第四期。
② 张均：《"普及"与"提高"之辩——围绕地方刊物的精英势力与通俗势力之争》，《文学评论》2008 年第 5 期。

艺期刊的主要版面，直到 1957 年政府重新提出文艺期刊普及化问题。中华人民共和国成立初期的说唱类通俗文艺期刊政策，虽然有政治挂帅和政策一刀切的明显错误，但在多样化宣传政府政策、繁荣戏曲创作、促进传统民间艺术现代化方面客观上起到了一定作用。

二、地方文艺期刊的本土化实践

按行政区域划分的等级制文艺期刊出版格局中，地方刊物往往跟风行事，受制于严格的行政指令，普遍缺乏地域艺术个性；地方刊物各有其发行范围，不存在竞争关系，其任务主要是配合所在行政地区党委和政府的政治工作、配合文艺运动与培养地方青年作家。如此，专业作家往往轻视地方刊物，专业作家主动来稿很少，造成地方刊物质量普遍不高。在"十七年"中，少有办得出色的地方刊物。同时，在接连不断的政治运动中，不少地方刊物中途夭折。其后，在"双百"方针的推动下，取消刊物之间的等级从属制度，地方刊物的自主性提高，才陆续出现了编辑质量相对较高的刊物。作为地方性文学期刊，《青海湖》《火花》属于在文学性上比较成功的例子。《青海湖》在反映地域文化、融合民族艺术形式上较为突出；而《火花》更在文学期刊推动山西省地方文学创作、文学语言民族化探索和文学新人培养上树立了一个正面范例。

1957 年，《青海湖》于地处少数民族自治区的青海西宁创刊，并延续至今。因为在地理空间上远离其他大中城市，又处于民族文化色彩浓厚的西北少数民族地区，《青海湖》的地方特色得以较好保留，并未受到过多政治思潮的左右。少数民族地区丰富的歌舞艺术和语言、风俗、文学传统，也使得《青海湖》恰如其分地反映了地域文化特质，诗歌成为期刊的主要内容。《青海湖》立足青海高原人文和民俗，刊发了大量影响甚广的文学作品，同时也培养和造就了一大批作家、诗人和文学爱好者。由于内容上真正贴近地方生活，少数民族文化特色明显，《青海湖》为"十七年"地方文学期刊树起了正向的榜样。

除了《青海湖》《火花》等少数杂志，其他地方文学期刊大多未能很好体现地方文化特点。从现象来看，地方文化部门匆匆响应中央关于办通俗文艺期刊的号召，各地方的文艺刊物短时间内陆续创立，更多的情况是当作政治任务来完成的。在没有明确的办刊宗旨和丰富的作家资源、优秀的编辑队伍的情况下，盲目创办的文学期刊很难遽然形成自己的地方文化风格，因而也难以吸引数量稳定的读者群。当时以地方名字命名的"××文艺"的文艺期刊少说有几十种上百种，但普遍发行量较小，缺乏广泛的读者关注，后来有很多由于种种原因中途夭折。究其原因，刊物本身的艺术标准模糊是根本问题，政治因素只是外部的不利因素。

　　在"十七年"社会结构中，农民阶层占有绝对的人口优势，城市人口比例相对很小，但在文化话语权上却正好相反。在人口上占有绝对优势的农民普遍文化程度较低，而城市人口的文化程度却远远高于农村人口，而后者自然在文艺期刊阅读量和获得文学表现机会上更有优势。国家文艺方针强调向农村人口的宣传教育倾斜，所以地方文艺期刊中有不少主要针对农民读者的文艺刊物，最为突出的是《湖南文艺》。《湖南文艺》曾经一度被批评演唱材料公式化、概念化，必须"强调反映生活的真实，提倡以多种多样的艺术形式反映多样的生活内容，写出生活中真实的人的思想情绪"，[①]对剧本唱词绝不能降格以求，必须以是否真实地反映了现实生活为尺度来取舍，否则只会加剧演唱材料的公式化、概念化。《湖南文艺》则回应："我们不但要组织结合全党的中心工作的稿子，而且也发表一般的反映现实生活的稿子。但是由于当时阶级条件的限制，农民刊物绝大多数不是由农民本身来编辑，并未反映到农民的思想。"黎辛则曾批评《湖南文艺》《华南文艺》《广西文艺》等农民刊物，在1953年1—4期没有一篇反映工业建设和工人生活的作品，他建议打破服务对象的限制："以农民为主要对象的刊物，应该适当反映工人和部队的生活……从而加强对于农民进行社会主义前途和工农联盟的思想教育。以工人为主要对象的刊物，应该也适当地反映农民和部队的生活，城市其他劳动人民以及其他阶层人民的生活。"以上在文艺期刊通俗化过程中表现的思想矛盾，在地方文艺期刊中尤为突出。

---

　　① 邓立品：《地方文艺刊物要提高演唱作品的质量》，《长江文艺》1954年第1期。

三、《火花》杂志与"山药蛋派"的形成

《火花》杂志是山西省文联主办的文学月刊,1956年10月1日创刊,实际上是在期刊改名潮中对1950年5月1日创刊的《山西文艺》的改版,"火花"取太原钢铁厂的钢花飞溅之意,诗人高沐鸿题写刊名。[①] "文化大革命"前出至108期停刊。

中华人民共和国成立以后,成名于解放区的山西省著名作家赵树理、马烽和西戎客居外省,直到1956年,马烽和西戎才调回山西,并由西戎兼任《火花》文学月刊主编。从此时起,一个以马烽为主帅,以西戎为主将,包括李束为、孙谦、胡正等山西作家的"火花派"文学流派正式诞生。"火花派"一般与赵树理等山西作家所代表的地域文学风格并称为"山药蛋派"。[②] "山药蛋派"以《火花》文学月刊为中心,团结与培养了一批志同道合而风格近似的文学同人,在省内外独树一帜,产生了全国性的文学影响,发行量最高达两万多册,"在当年文学期刊的印数上,还没有哪一家省办之刊能突破两万大关,而它却一出世即被抢购一空,也证实着'山药蛋派'们的创作实力和魅力"。[③]

"山药蛋派"的主要作品都发表于《火花》杂志,主要特点是:体裁以短篇小说为主,特别注重从中国古典小说里吸取表现技巧;题材以农村生活为主,注重配合当时的政治运动和宣传主题;选取的人物形象多为思想转变性人物,即所谓"中间人物",如赵树理的《锻炼锻炼》和西戎的《赖大嫂》两篇短篇小说中的主人公,在文坛被誉为"不好不坏,亦好亦坏,中不溜溜的芸芸众生"的中间人物典型;写作手法以第三人称为主,多靠对话和行动来刻画人物;语言特点表现为陈述句多而描写句少,通俗生动,充满山西地方风情和民间幽默感。马烽的短篇小说《三年早知道》和《我的第一个上级》,标志着"火花派"所取得的最高艺术成就。随后,《太阳刚刚出山》《灯芯绒》《赖大嫂》《伤疤的

---

① 胡正等:《从〈山西文艺〉到〈火花〉》,《山西文学》2009年第10期。
② 正式提法参见李国涛在1979年11月28日《光明日报》刊登的文章《且说山药蛋派》。
③ 董国和:《怀念〈火花〉外一篇》,《山西文学》2007年第6期。

故事》《好人田木瓜》《老长工》等数十篇中短篇小说的影响从山西扩散到全国各地。

　　文学流派是创作方法和作品风格近似的作家自觉地结合而成的派别。因此，文学流派的形成起码必须具备创作方法近似、作品风格近似、自觉结合而成三个因素。这三个因素则必须借助统一的标志而彰显于外界，《火花》杂志便较为典型地体现了文学"同人刊物"的特色。《火花》在不断推出地方文学新人和扩大山西作家影响方面，是"十七年"文艺期刊的典型代表。主编西戎是一位凝聚力很强的作家型主编，"用一位作家的经典之语，他把每一株文学幼苗都培养成了参天大树"。① 受到《火花》的感召，名作家流沙河到山西加入"山药蛋派"阵营；《火花》独立培养了本地的李国涛、焦祖尧、张平、张石山、韩石山等后起之秀；山西诗人公刘因犯错误被下放回太原，得到了《火花》同人的关爱支持，在 1962 年后出现了创作小高潮，发表了《太原抒情》《十月的诗》等名篇。

---

　　① 董国和：《怀念〈火花〉外一篇》，《山西文学》2007 年第 6 期。

第九章

科技期刊的曲折发展

科学技术期刊在中国的产生源于西学东渐，由西方传教士开其端，在晚清维新启蒙思潮中得到进一步发展，随着现代学科体系和教育制度在中国的建立而成为影响较大的刊种，在促进科技进步、科学知识普及和科学理念传播方面功不可没。中华人民共和国成立后，经济、文化、科技的全面发展，再一次推动了科技期刊的新飞跃。中华人民共和国刚一成立，党和政府便开始陆续出台一系列举措推动科学技术事业的发展，其中最有标志性意义的举措有：1949 年 11 月中国科学院的成立，1956 年毛泽东主席发出"向科学进军"的号召，1956 年第一个《十二年科学技术发展远景规划》的制定，1961 年"科学宪法"——《科学十四条》出台，全国科学技术出版工作会议的举行，1958 年中国科协的成立等，这些都是新中国科技期刊大幅度发展的坚实前提。

对中华人民共和国科技期刊发展阶段的划分，有几种不同的分法。其中，国家科委的宋培元等[1]将中华人民共和国成立 60 年来科技期刊的发展大体分为五个阶段，而中国科学院的李廷杰、河南大学的宋应离等[2]将之划分为四个阶段，卫生部中华医学会的游苏宁等[3]将之划分为两个阶段，

---

① 朱晓东等：《共和国科技期刊 60 年发展回顾与展望》，《中国科技期刊研究》2009 年第 5 期。

② 姚远等：《中国高校自然科学学报 50 年》，《中国科技期刊研究》1999 年第 3 期；姚远：《中国大学科技期刊史》，陕西师范大学出版社 1997 年版，第 457—468 页。

③ 高沂：《中国高等学校简史》，教育科学出版社 1982 年版，第 1—2 页；宋应离：《中国大学学报简史》，中州古籍出版社 1988 年版，第 206 页。

西北大学的姚远等①则将之划分为三个阶段。无论如何划分发展阶段，每种划分方法都对每个阶段的发展特点和内涵进行了详细的阐述。本书依据中华人民共和国科技事业发展的自身规律和具体历史情况，采用前述科技期刊五个阶段的划分法，分两个时段来观察和分析。

按照宋培元等的中华人民共和国成立 60 年科技期刊五阶段划分法，第一阶段为起步阶段（1949—1965）；第二阶段为挫折阶段（1966—1976）；第三阶段为构造管理体系，促进期刊增量发展（1977—1990）；第四阶段为解放出版力，奠定科技期刊出版格局（1991—1995）；第五阶段为从数量增长向质量提升转移，实施精品战略（1996—2009）。"十七年"大致属于第一阶段，而"文化大革命"十年基本属于第二阶段。科技期刊第一到第二个发展阶段的基本情况，也即新中国改革开放前科技期刊发展的情况。

第一节 1949—1978 年新中国科技期刊发展概况

"十七年"间，政府明确将科学技术发展作为社会主义建设的基础工作，在宏观的科技发展计划格局中，构筑了较为合理的科技期刊内容结构，形成普及和提高并重的科技交流传播体系，为其后科技期刊的发展奠定了稳固的体制性根基。

一、中华人民共和国科技期刊的政策、组织与制度

1949 年，全国第一次政协会议《共同纲领》明确指出科技传播在国家建设中的方向："努力发展自然科学，以服务于工业、农业和国防的建设，奖励科学的发明和发现，普及科学知识。"

中华人民共和国成立的第一个国家级科技院所是中国科学院，其职责为专门负责组织指导全国科学工作，并在院内特别成立编译局，专门负责科技书刊的编辑出版工作。其次是成立"全国科联"与"全国科普"两个

---

① 宋应离：《中国大学学报简史》，中州古籍出版社 1988 年版，第 206 页。

国家级科学学会。1950 年 8 月 18 日，在中华全国第一次自然科学工作者代表会议上宣布成立中华全国自然科学专门学会联合会（以下简称全国科联）、中华全国科学技术普及协会（以下简称全国科普协会）。这三个科学组织将恢复和新创科技期刊作为核心工作之一而努力推进。它们在深入调研的基础上，结合国情初步提出科技期刊"积极报道科学技术研究成果和介绍科技知识，理论结合实际，在普及的基础上提高，在提高的指导下普及，努力服务于社会主义工农业生产和国防建设的需要，积极进行社会主义文明建设"[①] 的意见，成为"十七年"科技期刊的发展主旨。

　　1952 年 8 月 16 日，政务院公布了第一个期刊出版管理政策《期刊登记暂行办法》，该《办法》确定了我国期刊管理的模式为"审批制"，这一制度延续至今。当时期刊的审批管理工作由中共中央宣传部代政务院行使职责。1952 年，中共中央发出《关于加强报纸、期刊出版发行工作的规定》，规范期刊的出版工作。这一阶段科技期刊出版管理有两个主要特征：一是计划经济时期所确立的出版体系，二是我国已形成以国营单位为出版主体的行政事业化出版体制。科技期刊从管理角度确立了分全国性（中央各部委、局，全国性团体主管的期刊）和地方性（各省、自治区、直辖市所主管的期刊）两大类。

二、中华人民共和国科技期刊结构的重组与演变

　　在明确科技发展方向和科技期刊基本任务的前提下，我国科学技术领导机构开始积极有效推进层次合理、学科完整、覆盖面全的科技期刊网络建设。其中在期刊建设实践中特别注重多科化和分层性兼顾、理论与实践并重、讲求规范性和针对性的科技期刊方略。随着新科技事业和高等教育在新中国的快速重组和创新性推进，除中华人民共和国成立前 80 种科技期刊继续出版外，国家为尽快追赶国外先进科学技术发展水平，在期刊传播方面的首要工作是组织翻译国外知名期刊全文出版（主要是苏联的科技期刊），而后在此基础上陆续创立新刊。

---

　　① 朱联营：《共和国科技期刊出版业的初期建构——中国科技期刊史史纲》之七，《延安大学学报》1999 年第 3 期。

在办刊计划的具体实施中，中国科学院首先基于提高与普及两个出发点，于 1950 年创办《科学通报》（月刊）、《中国科学》（季刊）、《科学记录》（季刊，外文版）三大重量级期刊。《科学通报》偏重国内外科学界动态介绍，成为了解外国科学新知和技术成就的窗口；《中国科学》以中文发表本土科学家的研究论文，积极倡导建立自主性本土科学研究体系；《科学记录》用外文出版，附有中文摘要，主要用于对外科技交流。1956 年，共青团中央委员会、劳动部和中华全国科学技术普及协会，面向全中国青年读者，创办《知识就是力量》（月刊），广泛介绍外国先进科学技术知识，成为群众基础更宽广的科普期刊。中华人民共和国后成立新改组的各类国家级专门学会，也先后创办了一批服务于新国家经济文化建设的期刊，如中华医学会在 1950—1958 年先后创办《中华外科杂志》（双月刊）、《中华儿科杂志》（季刊）、《中华耳鼻咽喉科杂志》（季刊）、《中华眼科杂志》（季刊）、《中华妇产科杂志》（季刊）、《中华神经精神科杂志》（季刊）、《中华放射学杂志》（季刊）等系列杂志十几种。

在 20 世纪 50 年代，经过大规模院校改组和教学科研改革的全国各大高等院校，先后创办了全新的《北京大学学报》（季刊）、《清华大学学报》（季刊）、《复旦学报》（季刊）、《中山大学学报》（季刊）、《南京大学学报》、《西北大学学报》、《内蒙古大学学报》、《山东海洋学院学报》、《长春地质学院学报》、《甘肃农大学报》等共 130 种自然科学学报。[①]

中科院积极联络相关团体、机构，组织科技期刊的合理化建设。1950 年 2 月，中科院编译局在全国科学团体年会上，召集天文、数学、物

图 9 - 1　《中国科学》

① 唐少卿：《中国高校自然科学学报的三十年》，《世界图书》1984 年第 4 期。

理、化学、地理、气象、药学等 17 个学会负责人和专家共 22 人，集中讨论学会期刊出版的规范、办法、方向等共同性问题。会上达成关于科学院各研究所与院外各学会在期刊编辑中进行合理分工、合作和互相辅助的办法；共同决议科技研究论文以中文为主，逐渐完成完全以中文发表的最终目标。同时，中科院编译局在进一步调查研究的基础上，就这次年会精神编制了一份《中国科学院扶助国内各重要专门学会研究会等刊行科学期刊的办法》，报经文化教育委员会批准后正式实施。在中科院的指导下，各研究所、学会全面调整合并了一批科技期刊，如 1951 年 6 月合并了著名的《科学》和《科学世界》两刊，创立新的由全国科联出版的《自然科学》（月刊）。全国科联在《自然科学》创办决定中明确指出"要为建立共同观点，辨识共同方向而努力"，"应讨论有关自然科学服务于生产和国防建设各方面的问题，更好地使理论为实践服务。我们要把产业部门的计划和要求提到全国科学工作者的前面，明确共同致力的目标。并及时地反映科学界对于生产和国防建设的意见，以供实际部门参考"。[①] 全国科联的这个宣言，实际上成为其后相当长一段时间内科技期刊务实明确的指导方针。1952 年年初，中科院再次召开各专门学会刊物负责人座谈会，讨论科技刊物的调整合并问题，决定将全国自然科学专刊暂合并为 17 种，并使用统一的"某某学报"命名方法。同时，这些学会期刊在会后变革了延续自民国时期、使用西文编辑出版刊物的做法，改用以中文为主编辑出版，使科学传播的重点向国内读者倾斜，并表达了科技工作者强烈的民族自信和本土自主意识："从这一期起，我们作了一个更大的改革，我们的论文以中文为主了，从此完全脱离旧日半殖民地文化的地位。我们努力的方向是在使物理学在中国土地上生根，使它成为我们中国人民自己的科学。"[②] 由此，全国科技期刊经统一整合后在结构上更为合理，同类期刊和文章重复出版发表现象减少，并更符合科学教育发展的实际需要，节约了大量的人力物力资源。

　　1963 年 12 月 20 日，全国科学技术出版工作领导小组经中央宣传部批

---

① 全国科联：《本会出版〈自然科学〉的决定》，《自然科学》1950 年第 1 期。
② 《卷头语》，《物理学报》1950 年第 9 期。

准成立。① 领导小组成员由国家科委副主任武衡、文化部副部长胡愈之、中科院副院长竺可桢、全国科协常务书记王顺桐、国家经委委员陶力、国务院农林办公室秘书组组长施铸英六人组成，组长由武衡担任。它跨越不同的科技出版系统，成为统合全国科技出版资源、结构并宏观指导科技出版发展的国家级领导机构，标志着新中国科技期刊的出版进入了一个新的阶段。领导小组于 12 月 27 日召开了第一次会议，涉及科技期刊出版工作的内容主要集中在两点：第一，鉴于中级科技期刊数量无法满足科技人员的需要，请全国科协适当增加急需领域的中级科技期刊；第二，已经出版的许多内部科技期刊，因发行面窄，传播效果有限，浪费人力和物力，必须加以整顿。整顿的原则是能公开出版的尽量公开出版（专供领导参考的国外文献参考适当扩大发行面），原则上公开发行刊登国外公开文献的编译期刊，理论性和学术性论文原则上纳入专门学报而不必再出内刊，组织好专门刊登经验交流、技术发明等实用科技信息内刊的发行工作。

1964 年 4 月 4 日，国家科委发出增办科技情报刊物的申请报告，中宣部很快于 4 月 15 日答复《同意国家科委关于 1964 年下半年增办情报刊物的请示报告》。② 按照科委规划，在其后陆续创办的科技情报刊物有：国家科委海洋组的《海洋译丛》（双月刊）、上海医药工业研究院的《药学译丛》（双月刊）、沈阳化工研究院的《农药译丛》（双月刊）、天津化工研究院的《涂料译丛》（季刊）、北京化学试验研究所的《分析化学与试剂译丛》（双月刊）、北京化学工业设计院的《化学工程译丛》（月刊）、中国科技情报研究所的《量子电子学译丛》（双月刊）。同年 11 月，经中宣部批示，国家科委发布了 1965 年科技情报刊物的调整计划：综合科学技术、数学、物理、力学、化学化工、地球物理学、天文学、地质地理、医学、农业、矿业、冶金机械制造原理与工艺建筑技术等类特种文献索引与相应期刊论文索引合并，原内刊《综合科技动态》三个分册合并为一册并改为公开发行月刊，原不定期出版的《文献服务通报》改为《科学技术译

①　全国科学技术出版工作领导小组：《全国科学技术出版工作领导小组成立的通知》，载《中华人民共和国出版史料》（13），中国书籍出版社 2009 年版，第 9 页。

②　国家科委：《国家科委关于 1964 年下半年增办情报刊物的请示报告》，载《中华人民共和国出版史料》（13），中国书籍出版社 2009 年版，第 83 页。

文通报》半月刊,《海洋学文摘》由内部出版改为公开出版月刊,原不定期出版的《内燃机译丛》改为月刊出版;新增创中国科技情报所的《国外标准资料目录》月刊,中科院原子核委的《核化学译丛》月刊。这些译丛的出版,客观上弥补了之前科技期刊改以中文为主出版后与国外科技信息隔绝的弊端,也使得我国科技期刊体系的结构更趋合理。

三、中华人民共和国科技期刊出版的辅助条件

在科技管理部门的高度计划性和高效执行力推动下,新中国科技期刊逐渐得到合理化精简,集中力量发展学科代表性的期刊,期间也同时伴随着编辑人才队伍、信息资源获取、物质技术环境等方面的同步建设。中央政府将科技期刊出版明确纳入整体的科技事业之中,将科技期刊编辑出版人员与专门科研人才视作同等,有专门组织或管理机构对口负责,在精神、组织和物质上给予编辑出版人员不断的激励和应有的尊重。新型社会主义国家科技事业团结、统一的局面,带动科技创新和信息增值的跃进式发展,是科技期刊的创新和质量的基本保证。在出版经费和技术设备等硬性技术条件上,国家也在扎实、稳步推进,如1950年《中国科学院扶助国内各重要专门学会研究会等刊行科学期刊的办法》的实施,就为各学会期刊提供了全方位的具体支持。各高等院校各自独立对本校自然科学学报的人才、物力和资金支持,是高校自然科学学报快速发展的基本条件。

到20世纪50年代末,我国已基本形成学科门类齐全、层次合理、富有自身特点的科技期刊体系,与国家建设完整强大的工业体系目标高度一致。在1949—1965年科技期刊的“起步和初创”阶段,即已逐渐形成四大科技期刊集群的发展格局,即中国科学院、国家科协、卫生部(中华医学会)、教育部(高校自然科学学报)四大科技期刊集群。各期刊集群处身于相同的社会基础和文化、科技政策环境中,既互相影响,同时相对独立,有着较为清晰的发展脉络。

四、科技期刊数量的消长

1949年中华人民共和国成立后,民国时期一批老牌科技期刊得以保留并继续出版,主要有清华大学主办的《清华学报》、文化部科学普及局主

办的《科学普及通讯》、中国物理学会主办的《中国物理学报》、中国化学会主办的《中国化学会志》，以及中华医学会主办的《中华医学杂志》等80 种期刊。

在新创期刊方面，1950 年中国科学院创办了综合性科学期刊《科学通报》和《中国科学》；1955—1956 年，北京大学、北京师范大学先后创办了《北京大学学报》和《北京师范大学学报》（自然科学版）；中华医学会在 1950—1958 年先后创办了《中华外科杂志》（双月刊）、《中华儿科杂志》（季刊）、《中华耳鼻咽喉科杂志》（季刊）、《中华眼科杂志》（季刊）、《中华妇产科杂志》（季刊）、《中华神经精神科杂志》（季刊）、《中华放射学杂志》（季刊）等系列杂志。1952 年，全国有科技期刊 87 种；到1956 年，全国科技期刊数量已经增加到 200 种。1958 年"大跃进"期间，与其他类型期刊同时受浮夸风的影响，科技期刊迅猛新增 100 种；到 1959年共有科技期刊 356 种。[①] 1959—1961 年，国家进入严重经济困难时期，相当一部分科技期刊合并甚至停办。

为适应大规模的科学技术事业的发展和社会主义经济建设的需要，我国科技工作者需要大量掌握国外科技信息，从 1956 年开始科技界开始着手翻译出版苏联科技文献，继而翻译、编辑和出版刊登其他国家科技信息的《国外译丛》《国外科技信息》《国外科技动态》等科技情报类期刊。1961年，为进一步加强科技情报类期刊出版工作，国家科委成立了中国国外科技文献编译委员会，负责全国科技情报期刊的组织、协调、规划工作。1965 年，全国科技期刊上升到 400 种，其中学术类、技术类期刊 143 种（其中有 52 种为限国内发行），译报类 114 种（快报类 36 种、译丛类 72种、消息类 6 种），检索类 143 种（文摘 102 种、目录 41 种）。

在创办大批新的专业科技期刊的同时，国家很注重科普期刊的发展，以宣传和普及科学技术知识，提高国民科学文化素质。其间，民国时期创刊的科普期刊，如 1915 年创办的《科学》杂志、1933 年 8 月创办的《科学画报》，在新的历史条件和原有基础上仍在继续编辑和发行，焕发出新的生机；而 1955 年 1 月创办的《无线电》、1956 年创办的《知识就是力

---

① 高明光等：《我国期刊出版事业发展概况》，《中国出版年鉴》1986 年卷。

量》等新中国成立后新创办的科普期刊也有了更多的读者和订户。《知识就是力量》向青年介绍外国尤其是苏联、东欧的先进科学技术知识，是当时科普期刊中的佼佼者。科普期刊的受众数量庞大，为新中国向大众传播、普及科学知识和提高全民的科学素养发挥了重要作用。经过改组后的全国性各专门学会，也先后创办了一批密切结合国家经济、文化建设的注重普及的新式期刊。

在"文化大革命"十年中，期刊事业遭到空前浩劫。1966 年后科技期刊仅剩下《原子能科学技术》《地球物理学报》《动物学杂志》《植物学报》《植物生理学报》《电子技术》《无线电》等少数种类，但是它们多数到 1967 年亦被迫停刊。综合各方面的资料看，从 1967 年至 1970 年间，只有《地震战线》(1967)、《新医学》(1969)、《新中医》(1969)、《辽宁医药》(1970)、《数学的实践与认识》(1970)、《湖南农业科技》(1970)等极少数定期或不定期的学术科技期刊是新创办的；从 1971 年到 1972 年创刊或恢复出版的仅有《科学实验》(1971)、《新农业》(1971)、《中国油料》(1971)、《油料作物科技》(1971)、《淡水渔业》(1971)、《真空技术报导》(1971，复)、《山东医药》(1971，复)、《物理》(1972)、《地理知识》(1972，复)、《地质与勘探》(1972，复)、《考古学报》(1972，复)、《考古》(1972，复)、《化石》(1972)、《陕西新医药》(1972)、《医学研究杂志》(1972)、《皮肤病防治研究通讯》(1972)、《农业科技通讯》(1972)、《科学种田》(1972)、《安徽农林科学实验》(1972)、《云南农业科技》(1972)、《林业科技通讯》(1972，复)、《柑橘科技通讯》(1972)、《土肥与科学种田》(1972，复)等数十种，但是这些科技期刊在规范性上还不稳定，多是不定期出版。

1973 年 1 月 10 日，《全国科学技术工作会议纪要（草案）》经国务院批准通过，毛泽东作了关于出版大学学报的指示，科技期刊逐步得到系统恢复。根据相关数据分析，[①] 1972—1978 年是"文化大革命"以来中国科技期刊的主要复刊阶段。期间，恢复出版的科技期刊数量多、种类广，先

---

① 参见朱联营《共和国科技期刊出版业的重新恢复与初步发展——中国科技期刊发展史》之十，《延安大学学报》（自然科学版）2007 年第 9 期。

后复刊的自然科学综合类有《中国科学》（月刊，1972）、《科学画报》（月刊，1972 年恢复时改名《科学普及资料》，1975 年改名《科学普及》，1978 年恢复原名）、《科学通报》（半月刊，1973）、《知识就是力量》（月刊，1979）等；高等院校自然科学类有《安医学报》（1958 年创刊，季刊，1965 年停刊，1972 年复刊时更名为《安徽医学》，1974 年恢复原名）、《清华大学学报》（季刊，1973 年复刊，1974 年 10 月恢复原名）、《北京大学学报》（季刊，1973 年复刊，1974 年 10 月恢复原名）、《复旦学报》（季刊，1973）、《武汉大学学报》（1973）、《中山大学学报》（1973）、《吉林大学学报》（1973）、《福建医大学报》（1973）、《郑州大学学报》（1974）、《南京大学学报》（季刊，1974）、《西北大学学报》（1974）、《厦门大学学报》（1974）、《华南师院学报》（1974）、《江苏师院学报》（1974）、《哈医大学报》（1974）、《北京医学院学报》（1974）、《中国科学技术大学学报》（1975）、《北京师范大学学报》（1975）、《西安医学院学报》（1975）、《武汉医学院学报》（1975）、《长春地质学院学报》（1975）、《河北大学学报》（1976）、《杭州大学学报》（1977）、《中南矿冶学院学报》（1977）、《山东医学院学报》（1978）、《上海交通大学学报》（1978）、《同济大学学报》（双月刊，1978）、《上海第一医学院》（1978）、《新疆医学院学报》（1978）、《山东海洋学院学报》（1978）等；数理化、天文地学类期刊有《地质与勘探》（1972）、《考古学报》（1972）、《地理知识》（1972）、《地球物理学报》（1973）、《化学通报》（1973）、《地质科学》（1973）、《动物学报》（1973）、《植物学报》（1973）、《微生物》（1973）、《数学学报》（1974）、《物理学报》（1974）、《动物学杂志》（1974）、《原子能科学技术》（1975）、《化学学报》（1975）、《力学学报》（1978）、《高分子通讯》（1978）、《天文学报》（1978）、《地理学报》（1978）、《生理学报》（1978）、《声学学报》（1979）等；应用科学类期刊有《无线电》（1973）、《建筑学报》（1973）、《电子科学技术》（1974）、《自动化》（1977）、《电子学报》（1978）、《无线电与电视》（1978）、《自动化学报》（1979）、《电子技术》（1979）等；医学科学类期刊有《中华外科杂志》（1977）、《护理杂志》（1977）、《中华儿科杂志》（1978）、《中华耳鼻咽喉科杂志》（1978）、《中华眼科杂志》（1978）、《中华妇产科杂志》（1978）、《中华神经精神科杂志》（1978）、《中华放射学杂志》（1978）、《大众医学》（1978）、《药学通报》（1978）等；农业科学类期刊有《湖北农业科学》（1973）、《中国农业科学》（1975）、《土壤》（1978）等。

除中科院、大学自然科学学报等四大科技期刊系统的大量复刊外，一些部门新创的科技期刊也不断推出，如从1972年到1978年，先后创刊的自然科学综合类期刊有《中学科技》（1973）、《自然杂志》（月刊，1978）；高等院校自然科学有《中国医科大学学报》（1972）、《白求恩医科大学学报》（1975）、《南京师院学报》（1975）、《广西大学学报》（1976）、《河南中医学院学报》（1976）、《广西医学院学报》（1977）、《山西大学学报》（1978）、《黑龙江大学学报》（1978）、《上海科学技术大学学报》（1978）、《武汉师范学院学报》（1978）、《云南中医学院学报》（1978）、《陕西中医学院学报》（1978）等；数理化、天文地学类期刊有《应用数学》（1976）、《计算数学》（1978）、《计算机》（1978），《高能物理》（1976）、《高能物理与核物理》（1977）、《分析化学》（1973）、《地球化学》（1973）、《化学通讯》（1976）、《核技术》（1978），《气象》（1974）、《海洋》（1975）、《大气科学》（1976）、《天文通讯》（1978）、《冰川冻土》（1978）、《环境保护》（1974）、《环境科学》（1976）、《环境保护知识》（1978）、《植物杂志》（1974）、《微生物学通报》（1974）、《生物化学与生物物理进展》（1974）、《化石》（1972）、《遗传》（1979）等；应用科学类期刊有《激光》（1974）；医学科学类期刊有《赤脚医生杂志》（1973）、《天津医药》（1973）、《中华心血管病杂志》（1973）、《江苏医药》（1975）、《抗生素》（1976）、《输血与血液学》（1977）、《中华理疗杂志》（1978）、《中华结核和呼吸系疾病杂志》（1978）、《上海医学》（1978）、《中成药研究》（1978）、《中华肿瘤杂志》（1979）等；农业科学类期刊有《科学种田》（1972）、《安徽农林科学实验》（1972）、《农业科技通讯》（1972）、《中国柑橘》（1972）、《棉花》（1974）、《农村科学实验》（1978）等。这些种类丰富的科技期刊客观上为改革开放后科技事业的大发展建立了必要的学术平台。

虽然1973年以后科技期刊出版状况有所好转，但总体规模和质量仍然难以与1959年或是1965年的情况相比，期刊内容的科学性和规范性参差不齐，更为注重与工农业生产实际结合的应用科学和技术发明，忽视或轻视基础科学理论和学科体系的建设，学术含量明显不足。

第二节　主要科技期刊集群的发展

"十七年"期间主要的科技期刊集群，具体指中国科学院系统、教育部（高校）系统、国家科协系统、卫生部系统的四大科技期刊集群。四大期刊集群在改革开放前已经初具规模。

一、中国科学院系统期刊集群

从中华人民共和国成立到"文化大革命"结束的 27 年间，中国科学院科技期刊出版事业，大致经历了初创时期（1950—1952）、发展时期（1953—1965）、十年浩劫时期（1966—1976）三个时期。中国科学院期刊从 1950 年的 20 种，到 1976 年年底中科院各专业学会科技期刊已恢复出版 44 种，基本覆盖了自然科学各主要学科，显示出中国科学院多学科、基础性、前瞻性和综合性的优势，而 1966 年之前的期刊发展则形成了中科院科技期刊发展的基本构架。

（一）第一阶段：初创时期（1950—1952）

中国科学院 1949 年 11 月成立于北京，接收原北平研究院总办事处及所属的原子学、物理学、化学、植物学、动物学和史学 6 个研究所；1950 年，科学院改组接收民国时期的研究机构，合并为 17 个研究所、台、馆，1 个委员会，另有 3 个研究所筹备处。1950 年 1 月，中国科学院成立负责全院书刊翻译出版的编译局，它是中国科学院院部一厅三局机构中的重要组成部分，编译局下设办事机构，协助院长、院务会议领导全院出版工作，是负责科学成果编译、传播的枢纽机构；2 月，编译局制定的《中国科学院扶助国内各重要专门学会研究会等刊行科学期刊的办法》很快实施，第一批获得经费补助的是院外的濒于停刊状态的学会期刊，如《中国

物理学报》《中国地球物理学报》《中国化学学会志》等，共有 18 种；[1]
社会其他系统的学术期刊和其他组织主办的学术期刊，如创办于 1948 年的
《大众医学》得以继续出版。中国科学院在初创阶段自创期刊中，最早的
是《中国科学》和《科学通报》等一批重要学术期刊，并由钱学森、吴有
训、竺可桢、严济慈等一流科学家担任主编，确保这批期刊学术质量的高
起点和权威性。1952 年，中国科学
院牵头组织了全国科技期刊的整理
合并工作，合并内容重复的期刊，
期刊改以中文为主出版，刊名去掉
"中国"字样，一律称"学报"；
规定除了中科院自办刊物外，连它
资助的各学会期刊一律由科学院统
一组织出版；停办《中国科学》中
文版，改出外文版以代替《科学记
录》对国外交换发行，不再直接收
组稿件，而由各专门学报评选推
荐。经 1952 年调整后，中科院科
技期刊数量精简为 19 种，但是科
技期刊的思路和发展方向得以明
确，为之后的快速发展奠定了
基础。

图 9-2　《大众医学》

（二）第二阶段：发展时期（1953—1965）

为适应我国第一个五年计划时期科学事业发展的需要，中国科学院先
后成立了一批学科发展需要的研究所；同时对加强和发展期刊工作采取了
一系列重大措施。1954 年，科学院在编译局的人员基础上组建了科学出版
社，建立了中国科学院印刷厂，在全国设置了 19 个发行点。至此，中科院
科技期刊的编辑和出版实现了合理分工：编辑部则设在各相关研究所，出

① 沈华等：《中国科学院科技期刊改革发展创新六十年》，《中国科技期刊研究》1999 年第 9 期。

版工作在科学出版社完成，发行网点保证了为中国科学院期刊的顺利流通。随后，中国科学院期刊数量伴随着中科院研究学科的拓展而不断增加，1953—1954 年是科技期刊开始加速发展时期，期刊品种数已上升到 44 种。1955—1966 年上半年，为中国科学院期刊调整和发展时期，为了适应科研工作和学术交流需要，相关研究部门又创办了如《力学学报》《声学学报》《自动化学报》《海洋与湖沼》等重要期刊。1964 年 4 月，中科院关于《应用数学与计算机数学》（季刊）创刊、《科学仪器》由内刊改为公开发行月刊的申请得到中宣部批准。

1960 年至 1961 年年底，国家由于经济形势困难而缩减期刊数量，中科院科技期刊系统亦受到较大影响，其中如《数学通报》《力学学报》都曾停刊。

在这一时期，由于中国科学院机构的调整，原归口中国科学院的如《哲学研究》《历史研究》《经济研究》等社会科学期刊，以及一些技术性期刊和检索类期刊转交中国科学院院外单位编辑出版。同时期，中科院对期刊工作进一步加强了领导，健全了编辑委员会，充实了编辑人员。如《中国科学》于 1958 年和 1962 年成立了第一、二届编委会，先后由钱学森、吴有训担任主编；《科学通报》继恽子强、竺可桢担任主编之后，于 1958 年和 1963 年成立第四、五届编委会，先后由陶孟和、严济慈担任主编，两刊编辑部力量也进一步强化，刊物质量精益求精，促进了国内外学术交流和中国在国际上科技影响的扩大。由于 1958 年"大跃进"和"左"倾政策的影响，中科院科研工作也出现了冒进、浮夸现象，科技期刊的发展也随之出现了较大起伏。1958—1959 年中科院出版科技期刊数量最高达到 107 种，但期刊质量普遍不高，不得不在 1960 年开始全面整顿。1961 年对科技期刊进行质量大检查后，大幅度裁撤了一大批期刊，期刊数量降至 28 种。调整后的中国科学院期刊在较为扎实的基础上重新发展，1966 年上半年期刊数发展到 66 种。

在全国科协成立之前，各有关专门学会期刊由中国科学院主管和支持，自 1958 年中国科协成立后，各专门学会划归其主管，但大部分期刊编辑部仍未脱离原单位，改为代管或共管方式，因此这些期刊仍纳入中国科学院的出版计划进行管理。

（三）第三阶段：曲折停顿时期（1966—1976）

"文化大革命"十年间，中国科学院整体事业均遭到严重破坏，科技期刊亦不例外，期刊出版事业基础几乎被毁弃。科学出版社被撤销，发行网点被关闭，中国科学院印刷厂生产被迫转向，期刊编委会、编辑部的工作被中央文革领导小组视为"西方资产阶级办刊物的老套套"而无力运转，全部期刊于1966年下半年相继被迫停刊。1972年，由于出版政策的松动，科学院开始陆续恢复出版一些期刊。1973年，在业界的呼吁下，《中国科学》和《科学通报》在停刊7年后重新复刊并发行国内外。到1976年年底，中科院各专业学会科技期刊已恢复出版44种，主要有《数学学报》（1974）、《物理学报》（1974）、《化学通报》（1973）、《化学学报》（1975）、《地球物理学报》（1973）、《地质科学》（1973）、《天文学报》（1975）、《动物学报》（1973）、《动物学杂志》（1974）、《植物学报》（1973）、《植物分类学报》（1973）、《微生物学报》（1973）、《古脊椎动物与古人类》（1973）、《生物化学与生物物理学报》（1975）、《无线电》（1973）、《无线电技术》（1974）、《建筑学报》（1973）、《中国农业科学》（1975）、《蚕桑通报》（1976）、《林业科学》（1975）等先后恢复出版。①但这一时期，中国科学院的期刊出版工作仍笼罩在极左路线的阴影之下，自然科学期刊被要求遵循阶级斗争、路线斗争的大方向，而非"资产阶级、修正主义的老一套"，办刊指导思想突出"左"倾意识形态，一些科技期刊刊登的论文甚至要求虚夸的"穿靴戴帽"，完全违背了科学的基本求实原则。这一时期的一些期刊编委会形同虚设，无法正常履行学术编辑的职能。

二、教育部（高校）系统科技期刊集群

从1897年到1949年，民国高等学校曾先后创办了科技学术期刊共五百余种，然而这些期刊在动荡的社会环境中大多未能延续下来。到中华人民共和国成立前夕，所余者只有数十种而已。从1949年10月至1976年，

① 参见朱联营《共和国科技期刊出版业的两次挫折——中国科技期刊史纲》之九，《延安大学学报》（自然科学版）2004年第1期。

中国高等学校自然科学学报的发展历史可分为三个阶段：社会主义改造时期（1950—1956），"文化大革命"前九年（1957—1965），"文化大革命"期间（1966—1976）。

1949 年，大学学术期刊随着新中国高等教育的恢复、整顿，也先后延续出刊或创刊，创刊的主要期刊有：2 月由锦州冀察热辽联合大学创办的《学习》旬刊，3 月由开封中原大学创办的《改造》半月刊，5 月由南京华东军政大学政治学院创办的《军大导报》不定期刊，8 月由大连大学创办的《连大职工》月刊，9 月由西北大学医学院创办的《西大医刊》；延续出版的有兰州兽医学院主办的《国立兽医学院校刊》等。1949 年 10 月至 1950 年间，以刊载校闻为主，兼及学术的一些主要大学的校报、校刊开始陆续恢复，而以刊载学术论文为主的学报则仅见有哈尔滨农学院于 1950 年 3 月创办的《哈农学报》。

（一）第一阶段：社会主义改造时期（1950—1956）

1950 年至 1956 年，我国进入社会主义改造时期，抗美援朝、肃反、土地改革、"三反"和"五反"等斗争的胜利成为这一时期的象征。到 1952 年年底，对知识分子的思想改造也取得了巨大成效，对旧中国文化教育科学事业的改革和对高等教育的整顿也为高教事业进一步的发展奠定了基础。1956 年 1 月，中共中央召开知识分子问题的会议，以及同年 5 月"百花齐放、百家争鸣"方针的提出，使其后一段时间内高校学术期刊迅速发展。到 1956 年，全国共有高等学校 227 所，其中综合性大学 15 所、工科院校 48 所、农林院校 31 所、医药院校 37 所、师范院校 58 所。这些学校大多主办有自己的报刊，一校一报（新闻报纸）一刊（学报）的模式基本形成。这一时期先后复刊或创办的大学期刊在百种以上，创办较早的重要自然科学学报有《哈尔滨农学院学报》（1950）、《福建农学院学报》（1953）、《哈尔滨工业大学学报》（1954）、《大连工学院学刊》（1954）、《四川大学学报》（理科版）（1955）、《复旦学报》（自然科学版）（1955）、《北京大学学报》（自然科学版）（1955）、《南京大学学报》（文理综合版）（1955）、《华东航空学院学报》（1955）、《北京钢铁学院学报》（1955）、《天津大学学报》（理科版）（1955）、《北京农业大学学报》

（1955）、《华东师范大学学报》（文理科综合版）（1955）、《中山大学学报》（自然科学版）（1955）、《南开大学学报》（自然科学版）（1955）、《东北人民大学自然科学学报》（1955）、《清华大学学报》（1955）、《山东农学院学报》（1955）、《北京师范大学学报》（自然科学版）（1956）、《福建师范学院学报》（自然科学版）（1956）等。1956年创刊、复刊的自然科学学报还有《西北农学院学报》《华东纺织工学院学报》《上海第一医学院学报》等十余种。

1950年到1959年期间，我国大学自然科学学报的各年恢复或创办的总体数据如下：1950年2种，1951年2种，1953年1种，1954年3种，1955年21种，1956年25种，1957年33种，1958年9种，1959年34种。[①]

中华人民共和国成立初期大学学报办刊宗旨虽表述各有不同，但都与科学服务于社会主义建设、推动学术自由交流和科研教学工作的总体目标一致。《四川大学学报》（自然科学版）的《发刊词》声明其主要任务是："发表我校教师们的研究成果，交流研究经验，推动科学研究工作，以不断提高教学质量和科学水平"，"我们认为学报的创刊，有助于进一步推动我校科学研究工作，发掘教师们的研究潜力，并为学术上的自由讨论提供一个园地"。复旦大学校长陈望道在为新创刊的《复旦学报》撰写的《发刊词》中写道："刊行这个《复旦学报》，是为便于教师发表研究成果，交流研究经验，促进科学研究工作的广泛开展和重点发展，也便于开展学术上的自由讨论和自由批评，反对唯心论的思想，宣扬唯物论的思想。这是复旦大学开展学术研究风气，提高学术质量的一个重要阵地。"匡亚明在他创办的《东北人民大学自然科学学报》的《发刊词》中则说："通过学报的出版，我们一定能够进一步推动科学研究工作，进一步提高教学质量，并藉此达到进一步与全国各兄弟大学和科学界互相观摩、交流科学经验，从而得到他们更多的批评与指教的目的。"[②] 创办于1955年的《北京

---

① 朱联营：《共和国科技期刊出版业的两次挫折——中国科技期刊史纲》之九，《延安大学学报》（自然科学版）2004年第1期。

② 匡亚明：《关于在高等学校开展科学研究工作的若干问题》（《东北人民大学自然科学学报发刊词》），《东北人民大学自然科学学报》1955年第1期。

农业大学学报》的《发刊词》说："我校刊行学报的目的，一方面为了发表本校师生和工作人员的科学研究成果，推动本校教学与科学研究工作的前进；另一方面为了向校外报道我们的研究成果，供有关方面参考、研究与应用，并且希望藉此和大家交流经验，而特别希望专家们和从事农业生产实际工作的同志们对我们提出批评和建议，帮助我们更好地前进。"《西北农学院学报》（即今《西北农林科技大学学报》）的《发刊词》则说："发表我院科学研究成果；交流教学和科学研究工作经验；推动学术的自由争论和批评，以促进我院科学研究工作和教学工作，更好地实现十二年农业发展纲要而奋斗。"《华中农学院学报》的《发刊词》为："我们发刊的目的，是希望把许多教师近年来在科学研究上辛勤劳动的初步成果总结出来，作为我们向科学进军途中的第一块里程碑。"由此观之，高等学校自然科学学报在 20 世纪 50 年代中期的大量创刊，既是对"双百"方针的响应，也是高等教育院校改革的直接成果，有力推动了科学研究与社会主义建设实践的结合，促进了高校求实、求真和平等交流的学术精神的健康生长，是我国高等教育改革后科学共同体初步形成的凝聚基础。

（二）第二阶段："文化大革命"前九年（1957—1965）

社会主义改造完成后，我国进入了社会主义的全面建设时期，在"文化大革命"前的这九年，社会主义建设积累了重要经验。1957 年 2 月 27 日，毛泽东主席《关于正确处理人民内部矛盾的问题》一文，全面系统地论述了之前提出的"双百"方针："艺术上的不同形式和风格可以自由发展，科学上的不同学派可以自由争论。利用行政力量，强制推行一种风格，一种学派，禁止另一种风格，另一种学派，我们认为会有害于艺术和科学的发展。"这一方针使知识界，尤其使自然科学研究领域的活力进一步被激发，直接体现高等院校科研成果的大学学报成果迭出，学术思想空前活跃，大学学报发展进入一个新的重要发展时期。到了 1961 年，因国家经济困难、纸张空前紧张等原因，全国学术期刊出现短暂的休刊现象，高校自然科学学报如《南京大学学报》《复旦学报》《西北大学学报》《东北林学院学报》等都曾在此期间停刊或休刊。但情况很快好转，从 1962 年下半年到 1966 年，先后有复旦大学、南京大学等高校恢复了自然科学学报的出版，同期有的大学还创办了新学报，如《杭州大学学报》（1963）、《中国科学技术大学学报》（1965）等。总体上看，自然科学学报在这一阶段呈现出明显的向上发展趋势。

首先，高等学校和大学学报的规模空前跃进式发展。1957年，全国仅有229所高等学校，而到1960年，高等学校数即猛增至1289所（其中综合性大学37所、理工类院校880所，仅此两类即占总数的71%以上），达到了中国近现代以来的第一个高峰。这些高校至少有一半以上都恢复或创办了不同层次的文理科期刊。截至1965年，尽管这一年高等学校数目大幅度减少至434所，但全国仍有一百六十多种大学学报运行，其中哲学社会科学学报40种，自然科学学报一百二十多种。加上其他类型的大学自然科学期刊，估计全国总数至少在300种以上。

其次，高校自然科学学报发表了大量学术论文。仅以《南京大学学报》1959年第1期发表的有关文章为例，在1958年和1959年两年内，南京大学即出版专著24本，译著30本；1958年有8项465种新产品被列入江苏省重要发明创造项目。以上内容丰富全面的学术、技术成果，成为《南京大学学报》自然科学版论文的丰沛源头。这种情况在全国各省市的大学自然科学学报中都有不同程度的体现。从1957年到1963年，《北京大学学报》《厦门大学学报》等相当一批学报自然科学版，同文科版遥相呼应，也发表了大量学术争鸣文章，对落实"双百"方针和繁荣自然科学研究具有积极作用。

再次，高校学报的学术性得到强化，以反映本校学科优势为主的学报特色逐渐形成。据宋应离对北京大学等10所综合性大学学报所发论文的统计，1957—1965年，这10家大学学报共发表论文2010篇，非学术性文章350篇（仅占论文总数的17%左右）。对北京师范大学等6家学报在1957—1965年所发601篇论文的统计表明，其中非学术性文章为128篇，亦仅占21%左右。这说明，这一时期的大学学报注重学术，以基础研究和理论探索为主的风格已经较为成熟。

从数量和规模上看，这一时期的高等学校自然科学学报获得了超前发展。到1965年时，全国大学自然科学学报与社会科学学报相比，不仅在数量上占有75%的优势，在风格、特色上日益成熟，而且也开始了自然科学学报新形态的探索。1964 年，高等教育部委托有关高校创办了《高等学校自然科学学报》，按照 8 个学科分版编辑出版，这 8 个学科群板块分别是：数学、力学、天文学板块，物理学板块，化学、化工板块，生物学板块，地质、地理、气象学板块，机械、动力板块，电工、无线电、自动控制板块，土木、建筑、水利板块。《高等学校自然科学学报》选登各高等学校学报上的优秀论文或论文摘要予以发表，形成一种崭新的"学报之学报"的期刊形态。它虽在 1966 年 5 月因"文化大革命"爆发而停刊，但它适应日益细化的自然科学学科分化及国家建设需要，对高校自然科学学报新形态的探索，至今仍具有重要的启迪意义。

1957 年的整风运动和反右斗争，把一大批知识分子、民主党派人士和党内干部划为"右派分子"，使由"双百"方针贯彻迎来的短暂文化科学繁荣结束，科学研究和大学学报发展也受到不同程度的打击。知名学者如马寅初、吴晗、周谷城、冯友兰、费孝通、钱伟长等三十多人在高校学报上遭到批判。据宋应离的统计，仅北京大学等 16 家学报在 1957—1965 年即发表了对他们的 145 篇批判文章。这是"文化大革命"前九年中，"左"倾思潮对高等教育及学术研究的第一次严重干扰。

（三）"文化大革命"期间（1966—1976）

自 1966 年 5 月开始的"文化大革命"十年，是我国期刊发展史上的空前凋零期，全国绝大多数期刊被迫停刊，从 1966 年下半年至 1971 年下半年六年间形成了我国近现代期刊发展史上的一段从未有过的空白。到 1969 年，在全国仅剩的 20 种期刊中，高校自然科学学报数目为零。

1973 年，毛泽东作了关于出版大学学报的指示，一些大学学报陆续复刊，1973—1976 年共恢复或新办学报 110 种。据《中国出版年鉴》有关资料统计，清华大学、北京大学、复旦大学、武汉大学、中山大学、吉林大学等校自然科学学报在 1973 年率先恢复出版；广西大学、福建师大、南京师院、白求恩医科大学、河南中医学院等院校先后新创办了自然科学学报。高等学校也由 1971 年的 328 所增至 1976 年的 392 所，其中 1976 年的综合性大学为 29 所、理工类院校 258 所，更多的新自然科学学报正在酝酿之中。然而，这时高等教育和大学学报发展仍受到极左思潮的左右，《北京大学学报》等一些学报甚至成为"文化大革命"的政治工具和政治"大批判"的阵地，学报的学术性质和方向扭曲，科学理性丧失殆尽。

1973年，恢复出版后的高校自然科学学报受到的极左思潮干扰，比起哲学社会科学学报来要少一些。在占高校总数70%以上的综合性大学学报自然科学版和理工院校学报中，也发表了不少重要的科学技术研究成果。如《北京大学学报》等在批儒评法中掀起的对中国古代科学技术史的研究热潮，客观上促进了对中国古代科学技术发展的学术反思，也促使"科学技术史"学科开始形成和发展。仅在1974年，《北京大学学报》等大学自然科学学报即发表了有关数、理、化、天文、地质、农、医等学科的科学史论文二十余篇。我国五大地质构造学派的创始人张伯声院士关于其"地壳波浪状镶嵌构造"学说的系列论文，也发表在1974—1976年出版的《西北大学学报》（自然科学版）上。

高校自然科学学报从"文化大革命"期间的经历得出了深刻的认识，即要办好学报，必须做到"四要"：一要始终坚持学术性，以学术研究为主；二要坚持科学性，这是科技学术类期刊的灵魂；三要坚持正确的政治方向，坚持为国民经济建设服务的主旨；四要始终保持高素质的学报编辑队伍，保证学报的质量和水平。

三、中国科协系统期刊集群

（一）科协系统期刊集群概况

1958年9月18日至25日，中华全国自然科学专门学会联合会、中华全国科学技术普及协会在北京政协礼堂联合举行全国代表大会，会上达成的四个决议中，第一项就是《关于建立"中华人民共和国科学技术协会"的决议》。1980年3月15日至23日，中国科协第二次全国代表大会在北京召开，大会通过的章程把名称改为"中国科学技术协会"（简称仍为中国科协）。中国科协由全国学会、协会、研究会（简称学会）和地方科协组成。

自中国科协成立后，全国性学会出版并由科协主管的科技期刊统一归口中国科协管理。据统计，1958年至1966年间，中国科协主管的科技期

刊有 68 种。如前述，在中国科协成立前，学会办的 52 种科技期刊，由中
国科学院代管。

　　中国科协成立后，初期工作主要是鼓励中国科技工作者为国家建设和
中国科学技术的发展做贡献，由此推动了中国科学技术的发展，从而也推
动了科技期刊的发展。

图 9 - 3　《地理知识》

图 9 - 4　《解放军医学杂志》

　　中国科协在 1976 年前的两个阶段中科技期刊创刊情况及期刊总数
如下：

　　第一阶段（1958—1966）。1958 年创刊的有 52 种，1966 年前创刊的
有 16 种，因此，到 1966 年中国科协主管的期刊有 68 种。在 1960—1961
年的国家经济困难时期，科协主管的期刊如《天文学报》《天文爱好者》
《地质科学》《地理知识》《建筑学报》《动物学杂志》《畜牧兽医学报》
《蚕桑通报》《林业科学》等都曾停刊。但 1962 年之后，科协停刊的期刊
系列逐渐恢复出版，如《力学学报》（1962）、《动物学杂志》（1962）、
《天文学报》（1962）、《林业科学》（1962）、《地质科学》（1963）、《天文
爱好者》（1963）、《地质与勘探》（1964）、《水文地质工程地质》（1966）
等。同时，一些地区、学会或协会还新创办了《计量技术》（1962）、《电

子学报》（1962）、《自动化学报》（1963）、《中国畜牧杂志》（1963）、《植物保护》（1963）、《辽宁农业科学》（1963）、《蚕业科学》（1963）、《声学学报》（1964）、《动物分类学报》（1964）、《土壤肥料》（1964）、《植物生理学报》（1964）、《航空知识》（1964）、《电子科学技术》（1964）、《电子技术》（1964）、《真空》（1964）、《解放军医学杂志》（1964）、《广东农业科学》（1965）、《地层学杂志》（1966）等科技期刊，其中很大一部分归属中国科协管理。

第二阶段（1966—1976）。在这一时段中，中国科协科技期刊的情况与中国科学院系统期刊类似，多数在1966年中相继被迫停刊，1972年开始恢复，到1976年共新出版了9种期刊，使中国科协的期刊总数达到77种。

（二）科协系统期刊类别个案一：建筑期刊

在科协系统期刊集群中，建筑期刊群在自身发展历程和对中华人民共和国经济建设事业的推动方面，颇具代表性。梳理建筑类期刊群对相似领域的科技期刊不无认识价值。

1. 三种代表性建筑期刊的问世

中华人民共和国成立初期，建筑业是迅速改变百废待兴的旧中国基础建设面貌的关键产业，建筑科技期刊群从不同角度记录了中华人民共和国的建国大业。中央政府在1952年成立了建筑工程部，并与中央发展规划同步，在1953年开始实施第一个五年计划，在实际建设中出现了许多亟待解决的理论和技术问题，创办建筑行业期刊提上议事日程。建筑工程部和建筑学会统筹考虑业界整体需要，认真筹划创办不同层级建筑期刊的问题，使得第一批建筑期刊及出版机构的成立有条不紊、互相呼应。

1954年3月建筑工程部宣布了即将出版《建筑》的决定；5月《建筑》杂志出版（先作为系统内刊，10月公开出版），成为建筑工程部机关刊；建筑工程部于1954年6月1日正式成立建筑工程出版社；同在6月，经过长期筹备的《建筑学报》创刊号正式出版，建筑学会主办。建筑工程出版社出版，是第一个国家级的建筑业综合性期刊。《建筑学报》创刊后一直连续出刊，运行稳健扎实，成为我国建筑界最权威的学术刊物，对其后的建筑科技期刊发展是一个标杆和榜样。

继偏重工程技术的《建筑》杂志和综合性期刊《建筑学报》的推出，一个月后，同样是建筑学会主办的刊物《建筑译丛》也正式出版创刊号。《建筑译丛》主旨是为配合建筑业全面学习苏联的号召而创设，主要编译以苏联建筑理论为主的国外建筑科技资讯。三刊均由建筑工程出版社出版，该出版社直到"文化大革命"爆发前，共编辑和出版了十多种建筑类期刊，覆盖了所有建筑领域相关群体读者（如建筑系统干部、高校教师、工程师和技工、工人等）。它们办刊宗旨和内容各有方向和侧重，但在其后的历次运动中，也程度不同地受政治形势影响，染上"左"倾的非理性思维特点。

2.《建筑》杂志的编辑和沿革

如前述，建筑工程出版社在关于创办此刊的决定中，明确《建筑》杂志的读者定位为建筑工程部系统的干部、技术人员以及行业高校的干部。《建筑》杂志编辑部与图书部是建筑工程出版社最早的两个部门。

《建筑》杂志的内容主要包括设计、施工、城市建设及学校教育等。作为部机关刊，《建筑》杂志具有一定行政管理刊物的性质，建筑工程部重要的文件、制度和决定，几乎都要由《建筑》来首先公布，不另行文。国家或建工部领导报告和讲话，或《人民日报》的社论等重要文件，一直是《建筑》杂志惯例性的头几条文章。居于内容多数的文稿，还是以建筑工程管理、施工过程的报道和经验总结，以及介绍推广苏联先进经验的内容为主，理论层面的思想探讨和学术方法研究的文章很少见。

《建筑》杂志创刊一年以后就改为半月刊，每期正文约8万字，为建筑工程系统必读刊物。因《建筑》杂志信息来源广泛、稿源丰富，报道思想动态和工作部署、登载大量基层和重点工程建设情况非常及时而高效。从创刊到1965年前一段时期是其发展最为兴盛的时期。1958年国务院机构改革后，原国家建委、城市建设部的机关刊物如《城市建设译丛》先后停办，其报道任务转给《建筑》杂志。1960年6月，中宣部进行报刊整顿，《建筑》随之停刊两个月，后顺利通过检查并继续出版。这时建筑工程部主办的《建筑设计》等刊物也被并入《建筑》。因《建筑》半月刊、《建筑材料工业》月刊和《建筑工人报》都在建筑工程出版社报刊编辑部，编辑部就被称为"两刊一报编辑部"。之后到 1965 年停刊之前,《建筑》杂志不断接收其他停办的同行期刊资源,但是因政治环境恶化,仍没有能逃过停刊的命运。《建筑》停刊后,原班人马改出《建筑技术》和《建工通讯》(内部刊物)两个刊物,但一年后也停刊。

《建筑》公开出版后,确定由建筑工程出版社负责编辑、出版,邮局负责发行。《建筑》具有典型的机关刊物性质,作为沟通部机关各部门的信息枢纽,其上传下达、沟通政令的职能实际大于其专业知识的科普功能。由于建筑工程部的政令、报告数量繁多,加上建筑工程部所属各单位抄送《建筑》编辑部转报部领导的报告源源不断,杂志发稿空间不足,建筑工程部在 1955 年 7 月将《建筑》改为半月刊,直至 1965 年停刊,共出版 254 期。《建筑》杂志是建筑系统内部期刊中行政性最强的一种,虽然在疏通建筑管理部门信息、沟通政令上起到了重要作用,且对提高建筑业职工群众的政治思想水平和业务技术水平也起到了一定的作用,但是作为一种专业技术部门的机关刊,其引领业界思想和产业的能力显然较弱。《建筑》杂志的编辑队伍也不稳定,人员轮换服从于行政需要,加之政治运动频繁,缺少期刊发展的长远规划,原来即薄弱的学术成分越来越淡薄,后基本成为政策和政治运动的宣传册,充满口号和意识形态斗争氛围。建筑行业的学术引领角色是由建筑学会系列期刊承担的。

《建筑》杂志对建筑行业最大的贡献,是作为期刊的新闻报道职能发挥出色,对 20 世纪 50 年代国家 156 项工业化重点工程建设的深入报道,对推动工业化、鼓舞激励民族精神起到了很大的作用,如多期大篇幅报道长春第一汽车制造厂、沈阳第一拖拉机制造厂、哈尔滨量具刃具厂等重点工程,其现场照片和身临其境的报道非常有冲击力。《建筑》杂志的专号或专刊报道形式,是其鲜明的个性报道特色。例如,最早的一期专号是 1954 年第 6 期《第一次全国城市建设会议专刊》,对富拉尔基重型机械厂的沉箱工程施工报道也最为成功。其他专业方面的报道还有《建筑工程部、城市建设部先进生产者会议专辑》(1956 年第 10、11 期合刊)、《预应力钢筋混凝土专号》(1958 年第 6 期)、《技术革命专号》(1958 年第 13 期)、《快速施工专号》(1958 年第 21、22 期合刊)、《庆祝中华人民共和国成立十周年专号》(1959 年第 18 期)等,报道图文并茂、视角专业,有声有色、直观鲜明，同时具有很强的情感感染力，尤其受到基层建筑企业职工的青睐。

3. 《建筑学报》和《建筑译丛》

中国建筑学会成立之时，正是中华人民共和国大兴工业化的第一个五年计划的第一年，"一五"计划的中心是以苏联援助的 156 个建设项目（含分解后的中小型项目），基础建设工作量异常庞大，中华人民共和国的建筑从业人员急需要一个交流和讨论的学会及专业期刊园地；加之当时业界对无产阶级建筑思想和结构主义建筑思想的政论处于焦灼状态，学刊的重要性不言而喻。中国建筑学会应运而生，此后的数十年里，建筑学会成为建筑学家探讨艺术和技术问题、展开辩论争鸣、交流学术经验的群众团体，也是党中央联系建筑业人员的中介和窗口。

建筑学会成立后，建立了组织委员会和编辑委员会两个工作委员会。其中，编辑委员会主要负责编辑出版建筑学会的机关刊物《建筑学报》。建筑学会的第一届编辑委员会由梁思成任主编，汪季琦、朱兆雪任副主编。杰出建筑学家梁思成是《建筑学报》的主要筹备人和主持人，保证了该刊较坚实的学术基础。

《建筑学报》的《发刊词》声明：《建筑学报》"是为国家总路线服务的，那就是为建设社会主义工业化的城市和建筑服务的"，是一份"关于城市建设、建筑艺术和技术的学术性刊物"，读者对象是以建筑师为主的建筑工作者，即主要关注设计方法和建筑历史的内容。由此看，在服从于社会主义建设大方向的前提下，《建筑学报》明确宣称自己是为城市建设、建筑艺术和技术而存在的研究性学刊，为其以后在学术上的权威地位奠定了良好的开端。

《建筑学报》是建筑学会的机关刊物，强调学会的主要职能就是办好刊物。为保证自身的学术水平，还主动改为双月刊，以保证稿子的质量。《建筑学报》主张在头几期介绍苏联建筑理论经验的同时，为民族建筑理论的建设和研究创造条件。

《建筑学报》创刊后的 12 年间，经历了 3 次停刊和 1 次整顿，成为中华人民共和国成立初期复杂的政治环境下，科技期刊艰难曲折发展史的缩影。其坚持学术性和理论探讨的深度，常常使主办人梁思成和《建筑学报》本身在夹缝中勉力生存。

《建筑译丛》杂志是建筑学会专门为响应当时毛泽东号召全面学习苏联而创办的新刊。它在《发刊词》中说明，杂志旨在选摘更多苏联建筑类期刊上的大量前沿性技术成果和理论知识，主要领域是土木建筑的设计和施工，其次是关于城市规划和建筑科学技术研究领域方面的先进理论及经验。该刊登载选译的设计方法、施工技术和管理经验文章，糅合了《建筑学报》和《建筑》两种特点。

为应对苏联建筑技术文稿随着学习苏联运动深入而不断增多，1955 年《建筑译丛》由月刊改为半月刊。缩短周期后，杂志新增刊登其他社会主义国家的先进建筑技术和经验相关文章。《建筑译丛》的编辑部原在建筑学会本部，后随着机关结构调整，转到建筑工程技术情报局属下，《建筑译丛》编辑部也搬到北京西郊百万庄建筑工程部大楼。20 世纪 60 年代初期，因中苏关系的剧变，直接导致该刊停办。

（三）科协系统期刊类别个案二：石油科技期刊

石油科技期刊是能源科学技术类期刊中的最大分支。石油期刊在 20 世纪 50 年代初的工业化高潮中出现，并迅速发展，成为 20 世纪五六十年代科技期刊中数量较大、品种较丰富，且具有较大实效性和影响力的一种，并因行业的相对封闭性而有着突出的个性特点。

1. 石油科技期刊的初步发展和挫折

中国石油工业的起点是 1953 年玉门油田的开发建设，它标志着中国石油工业将带动整个能源产业的飞跃。玉门油田实际上成为石油工业的人才培养基地和科研中心，带动了全国对石油科学技术的引进、研究。石油科技学术交流和传播的迫切需求，是中国石油科技期刊产生的大前提。

1953 年，甘肃玉门油矿主办的中国第一份石油科技期刊《石油地质》问世。1955 年，玉门矿务局再创办了《石油译丛》（月刊）。中央政府于1955 年组建石油工业部，石油科技期刊的管理归入石油工业部下设的期刊管理处，石油期刊的发展开始进入正轨，逐渐发展成为一个有计划的、主次分明、分工细致的石油科技期刊体系。1957 年，石油工业部机关主办的《石油勘探》（半月刊）创刊；1958 年《石油工业技术新闻》《地方石油工

业》在北京创刊；1959 年《石油储运技术简报》《北京石油学院学报》创
办，河南化工石油工业局创刊《化工石油通讯》。同时，以常识、杂讯、
参考、新闻、情报以及新知为题名的各种内部石油期刊，如《石油常识》
《石油参考》《石油通讯》《石油技术新知》等也广有读者。

　　以上石油科技期刊内容多属于新闻报道、科普和应用知识层次，即多
为石油基本知识、应用技术、情报快讯、新闻以及国外科技成果信息（侧
重国外石油技术）。在期刊制作上，也表现出一种艰苦粗朴、不事雕琢的
风格，如期刊形制多是小 16 开本，都是单色封面且以白皮书居多，内封
二、三、四及目录页背面全是白页。编辑质量还处于比较原始的粗简阶
段，如期刊页面基本不分栏目，文章较长而缺少剪裁编辑，篇数少而主题
单一，未能体现杂志的丰富多元特色；作者名字都是单位名称，没有个人
署名，缺少明确的著作权意识。

　　到“文化大革命”爆发前夕，石油科技期刊随大环境的变化也大部分
停刊。在 1960 年后中国期刊发展小高潮期创刊的很多石油杂志，面世不久
即遭停刊，如 1960 年创刊的《油矿技术》，1962 年创刊的《石油物探》
《石油与天然气文摘》《天然气与石油》，1963 年创刊的《石油实验地质》
《石油快报》《石油译丛》，1964 年创刊的《石油机械译丛》，1966 年创刊
的《石油地球物理勘探》《石油技术》。20 世纪 50 年代创办的老石油科技
期刊，到 1969 年年底也全部停刊。

　　2. “文化大革命”后期石油科技期刊的复苏与损失

　　随着“文化大革命”中秩序混乱高潮期的度过，周恩来总理在 1971
年 3 月主持召开了深有影响的全国出版工作座谈会，随后发出逐渐恢复和
创办一批各行业急需期刊的指示。期刊业随之出现新的转机，石油行业期
刊也在复刊和创刊大潮中表现出很强的活力。据统计，从 1971 年至 1976
年，石油行业新创办正式期刊 7 种，即《石油矿场机械》《石油及天然气
通讯》《石油机械》《石油钻探技术》《石油勘探与开发》《石油工程建设》
《海洋石油》。之前停刊的石油科技期刊只有《石油物探》一家于 1972 年
复刊，大多数停办的石油期刊，都是在“文化大革命”结束后才恢复出
版，如《石油实验地质》在 1978 年复刊，《石油与天然气文摘》在 1979
年复刊，《天然气与石油》迟至 1983 年才复刊。

　　石油科技期刊作为一种与石油产业前沿相关度极高的专业性期刊种类，在"文化大革命"前后的巨大起伏，对石油科研工作和技术进步产生了明显的负面影响。20世纪50年代初至70年代中期的中国石油工业正处于油田大发现大开发时期，石油工业迅猛发展，急需大体量、视野开阔的科技研发、人才培养和知识流通平台，但石油科技期刊数量反遭急剧收缩，很大程度上限制了石油科技的创新与发展速度。油田勘探、开发过程中的丰硕成果和宝贵经验，因缺少业内期刊的介绍，而不能及时公布、传播、交流；由于石油科技信息专业性很强，也难以发表于综合性科技期刊，科技成果随着时间流失而失去时效性。这十多年时间里，系统的中国石油科技文献明显匮乏，使石油科学和技术的创新、发展形成知识断层。仅存的几种石油科技期刊，远远满足不了庞大的石油工业发展的科技需求，且在办刊特征上基本属于"守成"型，侧重应用技术与实验，期刊大量篇幅都是一线工作经验、技术操作过程或工作总结报告；基本上不存在严密清晰的学术栏目分类，有深度和前瞻性的大学科理论文章稀缺。同时，"文化大革命"期间仅存的石油科技期刊，仍带有老石油期刊编辑粗略（多以石油行业标准为主，缺少学术规范意识）、内容较为随意的特征。

　　石油科技期刊早期发展的地域特征比较明显，显示了这个刊种的初级性特征。在1976年前创刊的石油科技期刊共有25种，[①] 其中主要集中在北京（9种）和甘肃（5种）。石油资源是一种稀缺资源，石油矿产储藏的发现直接带动石油工业、科研和科技信息传播平台的生长和繁荣。石油科技期刊产生于甘肃，直接源于玉门油田的开发；而北京作为中科院、石油工业部和众多工科高等院校机构所在地，具有聚合全国行业期刊的城市功能。这一方面体现了中国当代石油工业从无到有的飞速进步；另一方面也是石油科技期刊与医学、建筑、农业、电力、煤炭等其他科技期刊相比，办刊粗简、缺少学科规范意识的深层原因之一。作为刚刚起步的新学科新专业，其专业期刊表现出更多的封闭性和地域性。

———————————

　　① 纪嫦杰：《中国石油科技期刊历史发展扫描》，《中国科技期刊研究》2005年第11期。

四、卫生部系统期刊集群

1949 年中华人民共和国成立前夕，民国时期遗留下来的医学期刊[①]计有：《中华医学杂志》以及《中华医学杂志》（英文版）（Chinese Medical Journal）、《中国生理学杂志》（英文版）（Chinese Journal of Physiology）以及《卫生建设》《华北医刊》《寿庐医刊》《北华药讯》《新医学报》《北京医协通讯》《苏联医学》《震旦医刊》《大众医学》《中华健康杂志》《妇婴卫生》《上海医事新闻》《医讯》《医药学》《医药新知》《医药世界》《华大牙医学杂志》《东北医学杂志》《内科学报》《贵阳医学院院刊》《防疗通讯》《医学文摘》《抗疠》《新医药》《现代医药杂志》《中山医报》等三十多种，[②] 涉及医学综合和专科、医学基础和临床、药学、卫生管理、健康教育、医学信息、文摘、医学院校学报以及英文版等类别的期刊，其中中医期刊只有《寿庐医刊》等几种。

（一）各大医学期刊系列的形成

中华人民共和国成立后，政府首先从具体国情和医疗卫生工作的实际需要出发，调整了医学期刊的种类和办刊机构，有计划地配置医学期刊资源。1952 年 8 月 16 日，中央人民政府政务院颁布《管理书刊出版业印刷业发行业暂行条例》和《期刊登记暂行办法》，规定出版单位均要有各自的行政主管部门和主办部门，而期刊要有明确的专业分工、专设编辑机构和人员、定期编制编辑和出版计划等。卫生部联合出版总署，对全国医学期刊做了通盘调整，规定医学期刊出版单位必须是卫生行政机关和中华医学会，且对医学期刊种类、范围做了严格的限制：中央和各大行政区各出版一种卫生行政期刊、卫生宣传期刊、中级医学期刊，中华医学会属下各专科学会各出版一种专科医学期刊，而综合性医学期刊和药学期刊则暂各出版一种国家级刊物，省级及以下卫生机关和各医学院校"原则上不出定

---

① 龚维忠：《中外期刊的发端与发展》，见《现代期刊编辑学》，北京大学出版社 2007 年版，第 36—65 页。

② 沈敏等：《我国医学期刊种类形成的影响因素分析》，《中国科技期刊研究》2009 年第 2 期。

期刊物"。在这种明晰的限定下，新中国成立初参差不齐的医药卫生期刊经过整顿改组，从一百七十多种精简到三十多种，[①] 有效地整合了医学科学资源。之后随着全国医药卫生事业发展的形势变化，办刊机构扩增到科研院所和医学院校等，新中国医学期刊出版事业因此走上条块分割、统一管理、稳定发展的道路，其发展也随之纳入计划的轨道。"文化大革命"前医学期刊的数量增长较为稳定，到1965年期刊有一百种左右，形成中华医学系列期刊、医学院校学报、中医药学期刊及各省综合性医学期刊等不同类别。其中，除中华医学系列期刊分内、外、妇、儿科出版外，其他大多为综合性医学期刊；从发行范围来看，可分为全国性和区域性医学期刊。医学期刊的办刊机构主要是政府机构和事业单位，如各级卫生行政部门、医学类学会和高等医学院校。

(二) 中华医学会系列期刊及影响

中华医学会系列期刊的源头，要远溯至1915年2月中华医学会的建立。这一年建立的中华医学会，以"巩固医家交谊，尊重医德医权，普及医学卫生，联络华洋医界"为宗旨，创办了学会的机关刊物《中华医学杂志》。中华人民共和国成立后，中华医学会成立了多个医学专科分会，每个分会都创立相应的专业医学期刊，期刊数量不断扩大。1950年7月，在上海创办《中华儿科杂志》；1950年10月，学会由上海迁至北京后，创办《中华眼科杂志》；1951年，《中华医学杂志》也随之从上海迁往北京出版，《中华医学会英文杂志》(Chinese Medical Journal) 更名为《中华医学杂志》(英文版)；1951年3月，《医史杂志》在上海复刊。1952年8月，根据卫生部、出版总署《关于调整全国医药卫生期刊出版的决定》的精神，学会承担了编辑综合性及专业学科医学期刊的任务，同年将北京大学医学院编辑的《中华新医学报》并入《中华医学杂志》。从1953年年初开始，学会期刊数量不断增加，《中华妇产科杂志》《中华结核病科杂志》《中华口腔科杂志》《中华耳鼻咽喉科杂志》《中华放射科杂志》《中华卫生杂志》《中华皮肤科杂志》和《生活条件与健康》相继创刊。学会还将

---

① 《中央人民政府卫生部及出版总署关于调整全国医药卫生期刊出版的决定》，《中华医学杂志》1952年第9期。

原来在南京出版的《内科学报》和《外科学报》迁至北京出版，并更名为《中华内科杂志》和《中华外科杂志》；《医史杂志》更名为《中华医史杂志》，也由上海迁至北京。到 1954 年年底，除《中华健康杂志》和《医文摘要》停刊外，学会负责编辑出版的期刊共 16 种。1955 年 3 月、4 月，学会又创办了《中华神经精神科杂志》和《中华病理学杂志》。

1957—1960 年期间，全国性的反右、"大跃进"等政治运动使学会期刊工作产生了较大的起伏。1958 年，《中华寄生虫病传染病杂志》创刊，仅仅 1 年便停刊。1959 年，为贯彻全国科协工作会议精神，中华医学会、中国药学会、中华护理学会和中国防痨协会，实行四会合署办公，学会期刊结构也因之出现变化：《中华结核病科杂志》并入中国防痨协会，将学会的公共卫生学分会和妇幼卫生学分会出版的《中华卫生杂志》并入新的大型综合刊物《人民保健》，同年 12 月，因《人民保健》涵盖内容太庞杂，效果不尽如人意，《中华医学杂志》又从《人民保健》重新独立出来。虽然学会期刊发展有一些迂回曲折，但是这些期刊总体上还能够保持医学杂志的基本科学精神。

1960 年，我国科技期刊史上出现了一次影响很大的"泄密"风波，中华医学会的期刊出版因此大受影响。1960 年 7 月 5 日，文化部发出《关于严格注意在书刊出版工作中保守国家机密的通报》，指出近年来全民性的技术革新运动的开展，使得书刊泄密事件频繁发生，"科学技术书刊泄密现象相当普遍而严重"，5 种水电类期刊出版的 126 期杂志，就有 50 期涉及泄密。在通报列举的几种泄密情况中，医学期刊的问题是"不适当地介绍了疫情或灾区非正常死亡率，公布了某些应该保密的医药配方"。[①] 文化部声明要检查"大跃进"以来所有的科技和时事书刊，发现问题，及时处理。《中华医学杂志》等期刊在通报发出之前的检查中即被指出有"泄密、浮夸和修正主义"[②] 问题，以致学会所有的期刊在 6—8 月间全部停刊。经过认真自查和整顿后，从 1961 年开始，各刊方陆续恢复：1961 年《中华

① 文化部：《文化部发出关于严格注意在书刊出版工作中保守国家机密的通报》，载《中华人民共和国出版史料》(10)，中国书籍出版社 2005 年版，第 299—230 页。
② 袁桂清等：《中华医学杂志史略》，《中华医学杂志》1996 年第 8 期。

外科杂志》复刊，1963 年《中国防痨》复刊（更名《中国防痨杂志》），1964 年《中华眼科杂志》等 16 种学会期刊也相继复刊。

1963 年 10 月，《中华医学杂志》与《中华医学杂志》（英文版）、《中华外科杂志》首发了陈中伟、钱允庆、鲍约瑟医师的《前臂创伤性完全截肢的再植（一例成功报告）》，引起国际轰动，也使得我国在肢体再植、血管外科和显微外科方面，开始保持国际领先地位。1964 年，由人民卫生出版社出版的《中级医刊》交给学会出版。

1966 年"文化大革命"开始后，我国医药卫生界的所有学术活动被迫停止，学会所属的 18 种"中华"字头医学期刊也经受了剧烈冲击，工作人员被下放到江西"五七"干校，期刊无人经营，再次相继停刊。1971 年，在周恩来总理的关注下，各种期刊都开始陆续恢复。但在 1971—1978 年的 7 年间，仅有《中华医学杂志》（英文版）、《中华内科杂志》《中华医学杂志》和《中华外科杂志》四种复刊。

据 2005 年统计，在我国五千余种科技期刊中，医学类有 1129 种，占科技期刊总数的四分之一左右，在数量上位居世界第四大医学期刊出版大国，形成了学科门类比较齐全的医药卫生科技期刊体系。它从一个侧面记录和反映了我国医药卫生科技发展的历史进程和科技实力及创新能力，是我国医药卫生科技发展水平的缩影，对促进我国医药卫生科技进步、促进国内外学术交流及参与国际学术竞争，发挥了重要作用。我国医学期刊繁荣主要经历了两个高峰，即 20 世纪五六十年代的小高峰和 80 年代的大高峰时期，而前者为后者奠定了坚实的发展基础。

小高峰时期，主要指中华人民共和国改革开放前一段时期。中华人民共和国成立后，党和政府对医药卫生事业的关注直接体现在 1950 年 8 月第一次全国卫生工作会议的召开。这次会议制定了明确的中华人民共和国卫生工作方针，直接促进了我国医药卫生科技事业的大发展，同时也促使了该类期刊的发展。在 20 世纪 50 年代，共创办了医学期刊 68 种，如中华医学会在 1950—1958 年间先后创办的《中华外科杂志》《中华内科杂志》《中华耳鼻咽喉科杂志》《中华眼科杂志》《中华神经精神科杂志》《中华放射学杂志》《中华骨科杂志》《中华神经外科杂志》《中华妇产科杂志》《中华儿科杂志》《中华传染病科杂志》《中华流行病学杂志》等高水平的医学科技期刊。

在 1960 年至 1961 年年底期间，《中华儿科杂志》《中华妇产科杂志》《中华放射学杂志》《护理杂志》《中华耳鼻喉科杂志》《中华眼科杂志》《中华神经精神科杂志》《大众医学》等杂志，都曾随着国家因经济困难而缩减期刊种类的政策停刊。但 1962 年后随着经济的复苏，这些期刊大部分又陆续复刊，如中华医学会则恢复了《中华儿科杂志》（1962）、《中华耳鼻喉科杂志》（1963）、《中华妇产科杂志》（1963）、《中华神经精神科杂志》（1963）、《中华放射学杂志》（1963）、《护理杂志》（1963）、《药学通报》（1963）、《中华眼科杂志》（1964）等期刊。

据相关资料统计，直属卫生部系统的单位在 1950—1955 年创办 26 种医药卫生期刊，1956—1960 年创办 49 种，1961—1965 年创办 21 种，1966—1970 年创办 7 种，1971—1975 年创办 62 种。

（三）医学杂志与实践的密切互动

中华人民共和国社会主义卫生事业，强调以社会有限的医疗卫生资源争取全社会成员最大的健康效益，制定了"面向工农兵、预防为主、团结中西医"[①] 的卫生工作方针。新中国医学期刊一方面在基础理论系统期刊编辑上较为成熟，另一方面在结合基层治疗实践和普及群众性医学知识方面也做得十分出色。20 世纪 50 年代，各地先后创办了面向基层医疗的《中级医刊》《江西中医药》《福建中医药》和预防类的《中华卫生杂志》，以及《中医杂志》《中药通报》等中医期刊。到 1959 年，仅中华医学会出版的 14 种医学期刊年发行量就达 120 万册；[②] 1965 年，中华医学会主办的 16 种医学期刊年发行量已超过 435 万册。[③]

在 20 世纪 70 年代创办的 62 种新医学期刊中，有多种是顺应医学界对西方医学信息的急需而创办的。70 年代初，中国医疗界二十多年的群防群治取得初步效果，各类慢性非传染性疾病发病率逐渐超过旧的严重传染病、地方病等发病率，但因多年的政治运动和中外科学交流不畅，应对新

---

① 张大萍等：《中外医学史纲要》，中国协和医科大学出版社 2007 年版，第 241—244 页。
② 傅连暲：《中华医学会十年来工作的成就》，《人民保健》1959 年第 1 期。
③ 傅连暲：《中华医学会一九六五年工作总结》，《中华医学杂志》1966 年第 2 期。

疾病谱的研究资料非常匮乏，医学界便在中国医学科学院情报研究所办的《消化系疾病文摘》《心血管疾病文摘》等基础上，于1974年前后陆续创办了一系列以二三级学科命名的国外医学文摘系列期刊，及时介绍国际医学进展。这个系列期刊主要刊登汉语综述、译文和文摘，综述即对某一专题文献进行归纳、分析、整理，深入浅出地介绍该项技术或研究的前沿水平和发展趋势；文摘每期数量在50篇到80篇之间，① 基本满足了研究、临床和药学领域对新知识和新信息的渴求。这些杂志命名方式明显类似，如《国外医学内科学分册》《国外医学外科学分册》《国外医学精神病学分册》《国外医学肿瘤学分册》《国外医学分子生物学分册》《国外医学分子卫生学分册》等。

与国外医学系列期刊创办动因相似的，在20世纪70年代初还创办了两种半普及型医学期刊，即《赤脚医生杂志》和《赤脚医生》。它们是应基层群众医疗的需要而生，明确定位于基层医务人员的医学期刊，《赤脚医生杂志》发行量曾达六十四万余册。② 《赤脚医生杂志》于1973年3月创刊，人民卫生出版社出版，其《发刊词》——《致读者》阐明："本刊是供农村赤脚医生、公社卫生院以及厂矿、部队的基层医药卫生人员阅读的，是一种综合性中级医药卫生专业杂志……巩固发展合作医疗的经验；开展爱国卫生运动、预防为主、用中西医结合、新医疗法防治常见病、多发病的经验；开展计划生育工作的经验；制备及使用药物，特别是采、种、制、用中草药的经验；医药卫生技术革新的成果；有效、廉价、易行的土方、验方；国内外医药成果专题概述；中西医药学基础理论和基本知识讲座等。"《赤脚医生杂志》1973年的栏目，除少量医学新闻和人物报道外，主要包括《卫生防疫》《计划生育》《传染病·寄生虫病·地方病》《内科》《外科》《儿科》《妇产科》《五官科》《药物》《问题解答》《名词解释》，通俗易懂、丰富实用，以后也基本沿用这种栏目格局。

---

① 刘英虹：《〈国际医学〉系列杂志发展之路初探——从〈国外医学〉系列杂志更名改版谈起》，《编辑之友》2008年第4期。

② 中华人民共和国卫生部政策法规司编：《中国医药卫生期刊大全》，北京医科大学中国协和医科大学联合出版社1994年版，第189页。

第十章

新中国少数民族期刊与外文期刊

少数民族期刊是指各少数民族或民族地区及民族文化研究机构、民族高校以汉字或少数民族文字编辑、出版、发行的各种刊物，其内容主要反映各少数民族或少数民族地区物质和文化生活的发展状况。民族文字期刊是少数民族地区对民族群众最有亲和力的期刊媒介。

第一节　汉语和其他语种少数民族期刊

从政治思想的继承性上看，中华人民共和国的少数民族期刊可溯源至新中国成立前内蒙古地区的几种期刊。如1946年春由东蒙古人民自治政府宣传处在乌兰浩特创办我国民族地区的第一份大众画报；1946年10月10日，尹瘦石等创办《蒙汉联合画报》，采用石印，4开2版，以蒙汉双文撰写"说明"；1948年，尹瘦石又创办《内蒙画报》，4开单张，每日一期，仍用蒙汉双文撰写"说明"。1948年7月10日由人民政府创办的刊物《内蒙自治政府公报》（不定期刊物），"卷头语"《1948年我们的任务》一文由云泽（乌兰夫）撰写，1948年出版了6期，1949年1月改名为《内蒙政报》月刊，后又规范名称为《内蒙古政报》，一直行刊到20世纪60年代。

一、新闻画报与《民族画报》

新闻画报是我国汉语少数民族期刊的开端。1950年7月，第一份全国性的综合摄影新闻画报——《人民画报》在北京创刊，8开，双月刊。

1951 年,《人民画报》增刊民族文字翻译文版,《民族画报》在这个基础上发展而来。1951 年,中央人民政府政务院民族事务委员会(简称民委)参事室用藏、维吾尔、蒙古等少数民族文字翻译出版《人民画报》,以将政策宣传扩大到民族地区。翻译版的效果虽不错,但尚未有专门少数民族地区报道,因此画刊组开始自己组稿,或从新华社摄影部的稿件中选择一些民族地区新闻资料,编辑成册,直接以汉、藏、维吾尔、蒙古四种文字出版,随《人民画报》发行。该画报 1953 年 8 月新增朝鲜文版;1959 年 9 月增出侗文版,由民族出版社出版,1967 年 1 月停刊。1967 年 3 月藏文版、维吾尔文版和蒙古文版的《人民画报》停刊。《人民画报》少数民族文字版广泛受到读者的欢迎,为《民族画报》的创办奠定了坚实基础。

图 10-1 《民族画报》

《人民画报》少数民族文字版畅销后不久,老报人萨空了倡议,继续翻译出版《人民画报》,同时创办一种专门服务于少数民族读者的画报。这个建议得到民委采纳,并获得上级批准,民委遂开始筹办以摄影图片为主的《民族画报》。《民族画报》的初创人员主要是中央参事室成员,和从北京电影制片厂、《人民画报》《解放军画报》《西北画报》等单位抽调的部分业务骨干。1955 年 2 月,《民族画报》双月刊正式出刊,汉、维吾尔、朝鲜、蒙古、哈萨克、藏 6 种民族文字同时出版,由民族出版社出版,刊名由周恩来总理亲笔题写。《民族画报》在创刊号的《创刊的话》中,明确其宗旨是"通过图片和文字,报道在过渡时期中伟大祖国各族人民在中国共产党和人民政府的领导下,巩固团结,热爱祖国,建设幸福新生活,反对国内外敌人的英勇斗争,以及各民族各方面的先进的模范人物的事迹"。之后的《民族画报》一直坚持政策性和民族性两大办刊要点。《民族画报》1957 年改为月刊,

1959 年 8 月又增加了壮文版。1960 年 7 月至 12 月,因质量检查停刊半年。从创刊到 1966 年 9 月,《民族画报》的篇幅也从 24 面增加到 36 面,彩页从 6 面增加到 8 面。

由于图片的大量运用,且编辑水平较高、资讯丰富,读者对象定位准确,《民族画报》凸显了少数民族的民族个体特点,反映他们的实际生活,并为少数民族人民权益发声,因此发行量年年呈递增趋势。《民族画报》由创刊初期每期发行四万册左右,在六七年内就增加到八万余册,再增至大约每期十五万册,最高发行量达到每期 22 万册。《民族画报》定期向党和国家领导人赠阅,全国高等院校,县级图书馆、资料室,民委各级各地机关,各民族地区的政府机关等单位都订阅收藏《民族画报》。当时从公共场所的展览橱窗到少数民族农牧民家中,《民族画报》到处被张贴展示,传阅率非常高。

二、综合性时政新闻期刊《民族团结》

1956 年社会主义改造基本完成后,民族工作的重点转到加强民族团结、实现民族平等、贯彻民族区域自治政策的方向。为了更好地贯彻国家的民族政策,国家民委党组向上级申请创办一个专门的民族月刊,得到中央统战部领导的首肯,随后命民族出版社具体筹办。民族出版社总编韩道仁提出并上报办刊方向为"一个综合性的普及读物",读者面向"具有高小以上文化水平的各族人民",并秉持"通俗活泼,图文并茂的编辑方针"。[①] 1957 年 9 月 20 日,《民族团结》出版,作为试刊向社会征求意见;10 月 12 日,《民族团结》第 1 期正式出刊,16 开本,32 页,简体字横排版,并刊登郭沫若的题诗《民族大花园》。《民族团结》的面世,标志着中华人民共和国唯一专门面向少数民族的中央级综合新闻月刊的诞生。其来稿的权威性、高标准不言而喻,创刊号即以宣传党中央的民族政策为主要内容,同时刊登严文井、碧野、沈从文、田间等著名作家的作品,文质兼

---

① 《关于〈民族团结〉更名〈中国民族〉的补充报告》,转引自向利《〈民族团结〉〈中国民族〉〈中国民族报〉的历史进程、生存现状及未来走向》,中央民族大学 2004 年硕士学位论文,第 12 页。

备、生动活泼，首印即达到 10 万册。

《民族团结》作为国家级综合性的民族新闻期刊，在党的民族区域自治政策宣传、介绍传播民族地区发展建设情况和沟通不同少数民族之间的文化交流上，显示出独特的作用。创刊初期几年，《民族团结》曾针对民族自治区和自治州的成立，发表过《正确实现自治机关干部民族化》（1957 年 3 月）的理论文章，并在加强民族团结、批判地方民族主义和妨碍民族团结的不良言论方面起到了应有的政治导向作用。1957 年第 1 期刊登《庆祝广西壮族自治区筹备委员会的成立》文章，1965 年 8 月号特别编辑《庆祝西藏自治区成立专辑》，9 月号则出版《庆祝新疆维吾尔自治区成立十周年专辑》，表现了民族团结、加强民族自治的强大政策引导功能。《民族团结》的《兄弟民族》专栏，则重点介绍每个少数民族的历史、社会发展以及民族风情和风俗，每期一个民族，力求内容精要、生动、通俗，在喜闻乐见中达到政治宣传效果，如 1957 年第 2 期刊登的《玉龙雪山》、1958 年 4 月刊登的《泼水节日忆旧》等文章。

图 10-2　《民族团结》

在初创刊的数年中，由于受政治运动大环境的左右，《民族团结》在政治宣传倾向上也不可避免地带有明显的"左"倾思维特点，主要表现在用较大篇幅刊登反右、"大跃进"、人民公社化运动的宣传文章，并且将这些政治运动刻意往民族工作领域靠拢。

《民族团结》在"文化大革命"中停刊前，其办刊水平因受物质条件和政治环境的影响而有所起伏。创刊时 32 页，1958 年 10 月增至 36 页，1959 年又降为 32 页，最多时 48 页，之后稳定在 48 页。总体来看，1959 年之前刊物总体水准基本能够保持，但是在 1960 年后，因经费和人力等各种原因而导致图片减少、文章质量亦参差不齐，版面相对单一。1960 年 8 月至 1961 年 3 月，《民族团结》暂时停刊。其后还一度出现过 1962 年 5—6

月号、1963 年 2—3 月号、1965 年 5—6 月号的合订本，刊物发展处于窘境。

《中国穆斯林》杂志，创刊于 1957 年 8 月，是由中国伊斯兰教协会主办、国内外公开发行的伊斯兰综合性刊物。《中国穆斯林》旨在宣传党和国家的宗教信仰自由政策，弘扬伊斯兰教优良传统，传播伊斯兰文化，阐释伊斯兰经义，促进伊斯兰教传统社会改革与社会主义社会相融合，在增进民族理解和促进伊斯兰教信众对新中国的向心力方面发挥了突出作用。

民族院校学刊，也是汉文少数民族期刊的重要组成部分。中华人民共和国成立后第一个民族院校创办的学术期刊是 1960 年创办的《中央民族学院分院学报》（现《中南民族大学学报》），《发刊词》明确其宗旨为：贯彻党的民族教育方针，提高教学质量，交流科学研究成果，推动科研工作。该学报在创办 2 年后停刊。

三、少数民族文字期刊

1955 年 10 月，毛主席就《西藏日报》的筹办指出："在少数民族地区办报，首先应办少数民族文字的报纸。"[①] 这个原则也推及少数民族期刊工作。全国的少数民族文字期刊在 1952 年共有 15 种，到 1957 年已发展到 35 种，"文化大革命"时期跌入低谷，仅剩 5 种。

新中国成立后的少数民族文字期刊的发展，主要得力于中央的民族政策。1952—1957 年，少数民族文字期刊已发展到 35 种。这些刊物已经由报刊不分的初级传播状态过渡到报刊分工、各有侧重，如共青团新疆伊犁哈萨克自治州委同时创办《伊犁少年报》（哈萨克文版）和《伊犁青年》杂志（哈萨克文版）。这两份杂志为 1957 年创办的周刊，1968 年停刊，1982 年复刊。该刊兼有党刊和时政知识普及的性质。

中共延边朝鲜族自治州委主办的《支部生活》（朝鲜文版），于 1954 年 4 月 15 日创刊，以基层朝鲜族党员和团员为主要读者，属于典型的党建期刊。1956 年，《支部生活》（朝鲜文版）进一步明确主要面对延边和其

---

① 转引自白润生等《民族期刊：一支珍稀的异域奇葩》，《中国新闻出版报》2006 年 6 月 27 日。

他地区朝鲜族党组织、党员以及党的积极分子，旨在教育基层党员、指导基层党组织活动，实为党建期刊。同年 7 月，该刊分别出版农村版和财经版，均为半月刊，分别面向农村和城镇的朝鲜族劳动群众，为延边党建和经济建设及时事政治宣传作出了重要贡献。

中华人民共和国成立后第一种少数民族文字的妇女期刊《内蒙古妇女》杂志，20 世纪 50 年代初在内蒙古创刊。这个时期少数民族文字刊物中，还出现了许多科技、文学艺术等专业刊物，其数量和质量也达到了一定的高度。

为了将最权威的理论声音传到少数民族地区，民族出版社从 1958 年 6 月起，用 4 种少数民族文字与汉文同时出版《红旗》杂志。而《人民画报》从创刊起就拥有 4 种少数民族文字版本，同样由民族出版社出版。

第二节　《中国建设》与对外交流的展开

中华人民共和国成立后，宋庆龄作为国家副主席，把工作重点放在了自己擅长的对外宣传工作上。在亲自主持的《保卫中国同盟通讯》（创刊于 1939 年的英文刊物）经营成功的基础上，她在上海开始着手成立对外宣传机构并筹办新刊，以配合国家外交战略，突破西方新闻封锁，以非官方渠道向外传播新中国的信息。她先给周恩来总理写信和提交报告表达迫切意愿，并派人赴京沟通。1950 年 10 月，周恩来同意这个提议，建议宋庆龄以个人的外交资源优势创办一种对外宣传刊物。

一、《中国建设》的创刊

1951 年 1 月，宋庆龄与有丰富国际期刊办刊经验的陈翰笙、金仲华、爱泼斯坦、耿丽淑等密切沟通，最后确定由编辑过《保卫中国同盟新闻通讯》的爱泼斯坦做新刊主编，耿丽淑负责推广发行工作。杂志名称定为《China Reconstructs》，汉语意义为"中国的重建"，正式翻译为《中国建设》，除主要寓意新中国的社会主义建设外，也借以纪念曾经办过《建设》杂志的孙中山先生。

　　1951 年 8 月 30 日，宋庆龄在上海中国福利会主持《中国建设》筹备会议，金仲华、陈翰笙、爱泼斯坦、文幼章等出席。会议确定办刊宗旨："这本双月刊的读者对象是资本主义和殖民地国家的进步人士和自由职业者以及同情或可能同情中国的人。它特别针对那些真诚要求和平，但政治上并不先进的自由职业者和科学艺术工作者。"刊物重点报道中国社会、经济、文教、救济和福利方面的发展，以使国外了解中国建设的进展和中国人民的精神面貌。

　　1952 年年初，英文双月刊《中国建设》杂志在宋庆龄主持下正式创刊，向全世界公开发行。之前的创刊号于 1951 年 12 月便正式出版。编委会组成人员由宋庆龄提出：主任金仲华，副主任陈翰笙，其他编委委员有钱端升、李德全、刘鸿生、吴贻芳、吴耀宗等，涵盖了科技、实业、教育、卫生多个领域的民主党派知名人士。宋庆龄强调，英文版的《中国建设》要继承和发扬它的前身《保卫中国同盟新闻通讯》向全世界传播中国真实情况的优良传统。第 1 期向国内外发行 1 万册，创刊号封面以彩色的土地改革中翻身农民的形象，封底为工业题材的木刻。《发刊词》宣称："正如《中国建设》的刊名表明，它将集中报道我国的重建和新的建设以及我国人民的生活的变化。它将用权威的文章、生动的特写、典型的图片、插图和表格来记录中国人民的生活，并将报道他们是如何克服困难和解决问题的。"创刊号发表了宋庆龄的《福利事业与世界和平》一文，以及陈翰笙的《中国工业的新发展》、李德全的《人民的保健事业》、赵朴初的《城市的善后救济工作》、傅作义的《制止洪水为害》等文章。

二、《中国建设》的编辑特点

　　《中国建设》的编辑宗旨在于及时、准确和生动地报道新中国实际发展情况，力求舆论的权威性。在创刊之初，根据宋庆龄的要求，编辑部以金仲华为中心，对编辑工作作出了具体规定：每期必须有分别侧重于观点新颖、内容扎实、生动活泼特点的三篇文章，并强调三点：① 写好每期首篇的《致读者》，要有高度和深度，表明对当前中外形势及重大事件的鲜

---

① 参见鲁平《我亲历的〈中国建设〉创办始末》，《今日中国》（中文版）2012 年第 2 期。

明观点；深度报道国内热点和重点问题，由本刊记者深入采写撰稿；约请权威人士或专家学者撰写重要文章，原则是文风通俗而观点鲜明。初期宋庆龄、金仲华、陈翰笙及知名编委也是杂志的重要撰稿人。

根据《中国建设》外宣杂志特点和主办者的非官方身份，采取内外有别的宣传策略。周恩来总理和宋庆龄本人多次强调坚持杂志的非官方性，与国内作为官方喉舌的主流杂志不同，要避免用过多的政治观点刻意引导读者和"唱高调"，以符合主办者宋庆龄的语言与个性。周恩来特别指示：报道要有的放矢；根据国外读者的理解和接受程度确定采用何种语言和行文的风格。外交部部长陈毅和涉及外宣工作的廖承志也多次要求编辑部注意报道的全面性和真实性。陈毅并为此给《中国建设》题词："事实胜于雄辩"，[①] 成为杂志实际上最为核心的办刊指导方针。

三、金仲华等人与《中国建设》的发展

《中国建设》创刊后，杂志的实际担纲主编是金仲华和陈翰笙。金仲华是曾主编过《生活周刊》《世界知识》《星岛日报》等多种报刊的著名报刊活动家和国际问题专家。他担任《中国建设》编委会的第一任主任和杂志社社长，对杂志的栏目布局和宣传则有着良好的宏观把握，直接指导《中国建设》的对外传播业务。金仲华当时兼职很多，但是为《中国建设》投入了大量精力，他定期主持召开编委会，会上研究杂志重大问题，同时布置对国内外人士的组稿工作。在听取杂志执行主编、副总编对每期具体选题计划的报告后，会给予具体指点，并向宋庆龄报告；同时坚持为《中国建设》撰写重要稿件，曾撰写过如《政协协助政府工作》《全世界最大规模的选举》《经济发展为工业化准备条件》《上海支援农业》《上海十年变迁》《为了和平、进步与友谊》等等。

金仲华对《中国建设》杂志的总方针和具体栏目设计、文字风格、印制质量等全面指导，使得杂志具有深刻的金仲华风格。从现存的金仲华1959—1963年给编辑部的信件[②]中可以清楚地看到这一点。

---

① 参见鲁平《我亲历的〈中国建设〉创办始末》，《今日中国》（中文版）2012年第2期。

② 以下信件内容转引自陈日浓《让事实告诉世界》，《今日中国》（中文版）2007年第4期。

关于《中国建设》题材和组稿适应新形势的问题，他在 1961 年 9 月 12 日致副总编鲁平的信中提出建议："1. 题材还要放宽广些，特别是文化艺术的丰富多彩，还不够显著，这方面东西特别多，对外宣传效果也特别好。2. 作者方面也可以更放宽些，最好还能组织一些作家、艺术家、科学家、教授、工程技术人员及工农先进人物直接写稿。"

关于《中国建设》的文风和气质，他在 1959 年 3 月 6 日的信中，提出重要文章的理论性不宜过强，以具体事实说明政策为好；在 1961 年 9 月 12 日给编辑部的信中谈到，《致读者》文稿在注意政治内容的同时，体裁可以更活泼，不要太像报刊社论，而要有对读者谈话的味道，语气应亲切生动。他还主张经济文章也要注意文字的鲜明和生动，适应外国读者阅读习惯。

关于《中国建设》栏目内容、版面的平衡和协调性，他在 1959 年 3 月 6 日的信中，对选题计划提出具体分配意见，指出经济生活和文化艺术各种题材要保持均衡。1961 年 9 月 12 日的信，则指出需克服版面设计呆板的问题。

陈翰笙是著名的国际问题专家、经济学家，主编过英文半月刊《远东通讯》，及时将"皖南事变"向国外进行了报道。执行主编是美国友人、国际报人爱泼斯坦。这个实力强劲的编辑团队，是《中国建设》平稳发展的基础，也使得杂志成为中国最重要的对外宣传窗口和外宣杂志的典范。1958 年，毛主席肯定了《中国建设》在对外宣传上的地位，并将评价通过柯庆施传达给宋庆龄和编辑部。

在"文化大革命"期间，《中国建设》继续出刊，1968 年 4 月，金仲华因海外关系问题被"左"倾势力审查迫害，重压之下自杀身亡。之后《中国建设》虽然不同程度上受"左"倾思潮的影响，但是基本能做到保证该刊记者的原创采访稿件发表，勉力延续创刊的宗旨。"文化大革命"结束后，《中国建设》改名为《今日中国》，仍由爱泼斯坦担任执行主编。

第三节　《北京周报》对外宣传概况

从外宣期刊的连续性看，《北京周报》（Beijing Weekly）于 1958 年 3

月创刊，可看作是停刊的《人民中国》半月刊的转型复刊。而直接创办冬季刊，实际上是外交工作的急需。1954 年的日内瓦国际会议召开期间，中国国家代表团迫切地感受到，中国急需一份不仅仅是单向外宣，而要兼有新闻和时事政治信息双重内容，用于在较高层次上阐释中国的政策、成就和施政理念的英文期刊。周恩来总理亲自领导筹办工作，责成外文出版社（外文局前身）社长吴文涛从各单位抽调人员成立编辑部。

《北京周报》是中华人民共和国成立初期唯一的英文新闻周刊，国家级对外宣传权威刊物之一。《北京周报》的读者定位是国外的专业人群和文化阶层，以研究中国问题的读者为对象。"着重介绍中国社会主义建设成就和经验，解释中国政府的重大政策，提供必要的资料和文件，并适当反映中国对国际事务的观点和态度。"①

《北京周报》的创刊，体现了周恩来总理关于对外刊物应各有分工的宣传理念，即每种刊物都要有特定受众群。他主张，面向专家学者的刊物应尽可能提供基本资料（包括文件）、各项政策的阐释和典型案例，而面向普通大众的刊物则应用更为通俗的材料去吸引读者，避免政治性过强而流于沉重僵化。

《北京周报》出版后通过航空发往世界各地，周期比《中国建设》缩短一半。与《中国建设》避免全文刊登政治文件和报告相反，它在内容上有浓厚的政治性，但是《关于北京周报编辑工作的意见》中提到，理论性、政治性文章应继续刊登，但要避免枯燥僵化；增加国内外通讯和文化报道等；继续刊登国际评论，并扩大国际报道面。

《北京周报》之后又增出法文、西班牙文、日文、德文等版本，发行力度最大时发行范围曾覆盖 150 多个国家和地区。

外文期刊中，还有其他一些包括专业性期刊，如《中国文学》（Chinese Literature：Fiction，Poetry，Art）、《中国工会》（Unions）、《中国银幕》（China Screen）、《中国妇女》（Women of China）、《中国对外贸易》（Chinese Foreign Finance）、《中国体育》（China Sports）、《万年青》（Evergreen）等。但是都在"文化大革命"前夕停刊，直到改革开放后才复刊。

---

① 戴延年、陈日浓：《中国外文局五十年大事记》，新星出版社 1999 年版。

第十一章

"文化大革命"时期期刊的生存状况

1966年5月至1976年10月的"文化大革命",给全中国带来长达10年的社会失序和许多产业的停顿,也使"十七年"建立的出版事业基础遭到极大破坏。期刊作为连续出版物,其媒介生态和出版周期大多数被破坏和中断,所受到的负面影响尤其严重,同时在期刊媒介生态和意识形态宣传上出现了特殊的样式。

第一节 "文化大革命"初期的停刊潮

"文化大革命"开始时,"十七年"的出版工作被全盘否定,定性为"反党反社会主义的黑线专政",将整个编辑出版队伍也定位为"基本上是资产阶级的",所出版的多数图书也被指斥为"封、资、修毒草",采取封存和停售、停止借阅的冻结措施,期刊面临同样的处境。

"文化大革命"初期,许多杂志社和出版社一起被撤销,工作人员大量被下放干校,期刊被迫自动停刊。到1966年年底,全国期刊的种数,从1965年的790种,骤降到只有191种;1967年直降到27种;到1969年时全国仅剩下《红旗》《新华月报》《人民画报》和外文版《人民中国》《北京周报》《中国文学》等寥寥20种期刊。① 在这些期刊中,《北京周报》等6种外文版期刊是周恩来总理特别加以干预后保留的。与1950年全国共

---

① 参见方厚枢《"文革"十年的期刊》,《编辑学刊》1998年第3期。

295 种期刊量相比,1969 年的期刊缩减了将近93.22%。

"文化大革命"期间,在"活学活用"毛主席著作的群众运动强力推动下,全国出版及相关部门投入全力,不遗余力赶印毛主席著作、毛主席像和单张语录,书店里除了大量的各种毛主席著作、毛主席像、毛主席语录和少量马列著作外,数量较多的出版物是一般政治读物,主要是"中央两报一刊"社论、"革命大批判"报刊文章汇编。此外,还有几种读物占少量比重。首先是政治文艺读物最多,如"革命样板戏"剧本和各种演唱材料;其次是科技读物,其中以人民卫生出版社出版的《赤脚医生手册》《中草药手册》及一些介绍农业生产经验的小册子为主;最后主要是根据样板戏改编的连环画册、不定期出版的《红小兵》杂志之类的少儿读物。正常的期刊媒介生态所依赖的阅读环境被破坏,出版物链条被斩断,仅有的期刊也与以上品种单调的图书相呼应,呈现出以政治理论、文学艺术、专业科技期刊聊以支撑的局面。

第二节 "文化大革命"中期期刊格局的调整

一、期刊格局调整的契机

1970 年下半年,周恩来总理对溃散的出版事业开始过问和干预。他亲自召集国务院出版口负责人谈话,提出1971 年恢复某些重要图书出版的要求,具体责成出版口制定一般图书出版规划,扭转"书荒"的局面。1971 年2 月,周恩来签发特急电报通知各省、自治区、直辖市革委会派员参加在北京召开的全国出版工作座谈会。从3 月15 日一直延续到7 月31 日的全国出版工作座谈会,实际上是"文化大革命"中国务院力图矫正已走偏的意识形态工作的举措。会上周恩来通过频密的调研和谈话,掌握了地方出版工作的第一手资料,特别强调出版机构在继续出版马列和毛主席著作外,应重新恢复出版青少年读物和文艺、科技、经济、历史、地理、国际知识等各类读物及工具书。

这次会议结束后,国务院向毛泽东主席和中共中央提交了《关于出版工作座谈会的报告》，毛泽东批示"同意"。1971 年 8 月 13 日，经毛泽东、党中央批准，中共中央 1971 年 43 号文件转发了《关于全国出版工作座谈会的报告》。这个报告在当时的历史条件下，存在严重的"左"的思想倾向，但也反映了毛泽东、周恩来有关恢复出版工作的重要指示精神，要求各省、自治区、直辖市党委和中央有关部门党的核心小组，把出版工作列入自己的议事日程，一年抓几次。这对在"文化大革命"后期开始部分恢复出版工作起了积极的作用。这个文件的第三部分"全面规划，积极作好图书出版工作"的主题下，对期刊出版工作提出了明确要求："根据需要和可能，逐步恢复和创办一些理论、文学艺术、科学技术、学术研究、文教卫生、体育等期刊，首先要注意恢复和创办工农兵、青少年迫切需要的期刊。属于社会科学方面的期刊，报中央组织宣传组批准；属于文学艺术方面的期刊，报国务院文化组批准；其他方面的期刊，报国务院有关部门批准。"①

这个文件直接推动了各地期刊的逐步恢复。除了已停办的期刊有一些陆续复刊外，各地也新创办了一些期刊。1971 年 7 月 22 日，郭沫若向周恩来总理请示"《考古学报》、《文物》、《考古》三种杂志拟复刊"，② 以满足国内外学术界的需要，周总理同意恢复出版。这三种学术期刊在"文化大革命"中是最早复刊的期刊之一。

仅仅在 1971 年年底，全国期刊种数已经回升至 72 种；1972 年再上升到 194 种。③ 其中中央级期刊上升的数量较多，由 1970 年的 17 种，上升到 1972 年的 118 种。

在"左"倾思潮仍占据主要意识形态领导地位的情况下，以上期刊格局虽有调整，但在文化内容上仍是政治挂帅，知识性信息十分薄弱，"文化大革命"前一些重量级的学术期刊、综合新闻期刊、群众期刊和行业性期刊仍未能复刊。

1973 年，毛主席在关于陈景润问题的一次谈话中，谈到学术界的一些

---

① 参见方厚枢《"文革"十年的期刊》，《编辑学刊》1998 年第 3 期。
② 参见方厚枢《"文革"十年的期刊》，《编辑学刊》1998 年第 3 期。
③ 参见方厚枢《"文革"十年的期刊》，《编辑学刊》1998 年第 3 期。

问题，明确指出："有些刊物，为什么不恢复？像《哲学研究》《历史研究》。还有些学报，不要只是内部，可以公开。无非是两种：一是正确的，一是错误的。刊物一办，就有斗争，不可怕。" 姚文元为落实毛主席的指示，向迟群询问学部能从事哲学编辑、历史编辑学者的情况，并说"知识分子总得用，吃了饭，总得搞点事情"，"保留一点对立面，没有关系"，"工人阶级要领导一切，要掺沙子，改造世界观，这个基本原则、基本阵地不能动摇"。姚文元随后又表示：山东大学编辑出版的《文史哲》杂志虽有错误但是有较好学术基础的，可以"在正确路线领导下"① 恢复。

迟群将姚文元解读的毛主席指示再向国务院出版口领导小组传达，出版口领导小组研究后并责成国家版本图书馆调查"文化大革命"前全国期刊出版情况和已复刊、创刊的情况。

二、国务院出版口领导小组的期刊调查

1973 年 5 月 18 日，出版口领导小组将国家版本图书馆调查结果上报中共中央、国务院，报告为《文化大革命前期刊出版情况和现在复刊情况》。

图 11-1 《美术》

据版本图书馆的不完全统计表明，"文化大革命"前公开发行的七百多种期刊，大部分于 1966 年"文化大革命"开始后停刊，其中社会影响或发行量都较大的期刊已停 217 种。这 217 种期刊大致可分为三种类型：

第一种，党的理论期刊 28 种。除《红旗》杂志外，均在 1961 年前后停刊。

第二种，哲学社会科学、文化艺术类期刊 65 种。这类期刊数量较大，主要的如《哲学研究》《历史研究》《文史哲》《新建设》《中国工人》《中国青年》《中

---

① 参见方厚枢《"文革"十年的期刊》，《编辑学刊》1998 年第 3 期。

国妇女》《时事手册》《世界知识》《政法研究》《经济研究》《国际问题研究》等学术性期刊，《文艺报》《人民文学》《戏剧报》《诗刊》《美术》《人民音乐》《大众电影》等文艺类期刊，以及《中国人民大学学报》等大学学报，均在1966年12月底前停刊；已复刊的仅有《新华月报》《考古》《文物》和《考古学报》四种。

第三种，自然科学和技术科学期刊124种，已复刊的仅有《科学通报》《地球物理学报》《地质学报》《中华医学杂志》等11种。占有这个期刊种类大部分的各大学自然科学学报，多数没有复刊。

国家版本图书馆在1972年收到的全国已出版的期刊样本（含1973年创刊的期刊），公开发行的期刊有145种，包括政治理论5种，社会科学和文化教育9种，文学艺术31种，科学技术51种，少年儿童23种，综合性及其他26种；内部发行的期刊436种，其中科学技术类期刊占90%。

三、"文化大革命"期刊复刊后的内容问题

全国期刊出版的数量虽然经过从上到下的有力整顿而初步复苏，从1969年的20种逐渐上升到1976年的542种，但期刊内容仍受制于极左政治格局。江青、张春桥等领导的中央文革领导小组，将出版部门特别是期刊紧紧抓在手中，作为服务于政治斗争的舆论工具，力求全国舆论高度统一，以致文化界有"小报抄大报，大报抄两校"的说法。"两校"指的是江青等直接掌控的北京大学、清华大学教授组成的"大批判写作组"；另一个类似的写作班子是"中共上海市委写作班子"。这两个写作组用两校的谐音"梁效"和"罗思鼎""石一歌"等三十几个化名，在有影响的报刊上发表大批判文章，引领全国舆论。

"文化大革命"前四大刊物中的《中国青年》和《中国妇女》杂志，在1975年复刊情况较为典型。《中国青年》在"文化大革命"初期停刊，直到1975年3月，共青团第十次全国代表大会筹备组提交复刊申请，获姚文元、纪登奎等人批准。因纸张紧张问题，《中国青年》由原半月刊暂改为月刊，16开本，计划仍每期发行三百万册（原发行数）。因发行数量巨大，除主要在北京出版外，上海、沈阳、武汉、重庆、西安、郑州几个城市组织代印。《中国青年》的复刊申请中，强调该刊的性质是："我们党委

图 11 – 2　《中国青年》

发动青年参加三大革命运动，反修防修，巩固无产阶级专政的舆论工具；是以马列主义、毛泽东思想对青年进行整治思想教育的综合性刊物"，要"热情地支持青年的革命创举、反潮流的革命精神"。① 因"四人帮"的干扰，《中国青年》此次复刊失败。同一个时间内，中国妇女第四次全国代表大会也正在召开，大会筹备组同样提交了复刊《中国妇女》杂志的申请并得到批准。《中国妇女》复刊后仍为月刊，16 开本，预计平均每期发行 90 万册，除北京出版外，也在其他 5 个城市代印。《中国妇女》的复刊宗旨中强调"宣传无产阶级专政是实现妇女解放的根本保证"，"批判资本主义，批判修正主义，批判资产阶级法权思想，批判孔孟之道和一切剥削阶级的意识形态"。《中国妇女》的新栏目主要有《理论学习》《党的政治中心》《革命大批判》《先进人物》《革命传统教育》《妇女工人》《破旧立新》《晚婚》《计划生育》《学龄前儿童教育》《文艺作品》等，其中意识形态色彩和阶级斗争意识仍左右着杂志的内容。

复刊后的时政、学术和文艺期刊，几乎无一例外地卷入了 1974 年的"批林批孔""评法批儒"和批判《水浒传》的风潮，曲解中国历史上的法家思想，大力批判儒家思想而影射现实，将影射史学发挥到极致。但是历史地看，这些人文社科类和综合性时政类期刊的集体回归，在组织上接续起了被粗暴斩断的期刊事业传统，为改革开放后在思想领域引领思想解放的潮流打下了必要的期刊媒介基础。

---

① 《共青团第十次全国代表大会筹备组关于〈中国青年〉杂志复刊的请示》，见《中华人民共和国出版史料》(14)，中国书籍出版社 1996 年版，第 229 页。

第三节 "文化大革命"后期文艺期刊的发展与学报复刊

文艺期刊是中华人民共和国成立后期刊种类中数量较多、影响较大的刊种,在动员社会、宣传政治文化方面素为党中央的宣传工作所重视。20世纪70年代初出版工作座谈会召开后,文艺期刊领域率先恢复活力。大学学报的逐渐复刊,是与文艺期刊新契机同时出现的期刊现象,其中《文史哲》杂志的复刊过程和新刊在政治与学术之间的平衡与矛盾,突出体现了"文化大革命"后期期刊界的典型问题。

一、文艺期刊的新创和恢复

在1971年全国出版工作座谈会精神的指示下,出版和文学工作者大多回到原单位,文学书籍和期刊的出版工作正式提上日程。1971年年初,各省份的市、县级文艺刊物纷纷创刊,如长沙市的《工农兵文艺》、广州市的《工农兵文艺》、福建乐清县的《革命文艺》等,大部分期刊定位为群众性或工农兵文艺期刊,发表的文学体裁丰富多样,如演唱材料、剧本、社论、批判文章、美术作品、短篇小说、散文和报告文学。

1971年12月16日,《人民日报》头版发表毛主席题词:"希望有更多好作品出世。"同日《人民日报》刊发《发展社会主义的文艺创作》短评,鼓励文艺创作的导向,再次掀起文艺期刊的新潮头。到1971年年底,省级的《北京新文艺》、广西《革命文艺》、内蒙古《革命文艺》各自复刊。1972年更多的省级、市县级期刊

图 11-3 《北京文艺》

创刊，如长沙的《工农兵文艺》《长沙画册》于 1972 年合并而成《长沙文艺》，广西的《革命文艺》于 1972 年改名为《广西文艺》，内蒙古的《革命文艺》于 1973 年改名为《内蒙古文艺》，《北京新文艺》于 1973 年改名为《北京文艺》。这些较早出现的文艺期刊经过更名，调整成为 20 世纪 70 年代重要的文艺刊物。

1972 年恰逢毛泽东《在延安文艺座谈会上的讲话》发表 30 周年，各地出版界新创文艺期刊出现了一个小高潮。这一年，《解放军文艺》《河北文艺》《山东文艺》《贵州文艺》《湘江文艺》《加格达奇文艺》《湛江文艺》《梧州文艺》《宝鸡文艺》《株洲文艺》和《革命文艺》（苏州）、《征文作品》（大兴安岭）直接为纪念《讲话》而筹刊，大多在 5 月出刊，以突出"纪念"主题。

图 11-4 《湘江文艺》

1972 年的新创文艺期刊，除上述改名和"纪念"类之外，还有几十种。1974 年出版的《1972 全国总书目》记载的地方期刊仅记到省级，但实际情况是各地市县大多都曾办过文艺期刊，并展开征文，调动当地业余作者资源。据可见资料统计，1972 年已确知各地创办了 44 种文艺期刊。① 这些文艺期刊的主要作者是当地非专业作者，文艺作品的群众性得以蓬勃发展。这些期刊带动了 20 世纪 70 年代群众性文学创作活动的兴盛，原来文艺期刊中大量的演唱和曲艺材料，为小说、散文、报告文学、诗歌、文艺评论等所替代。这些地方文艺期刊表现出特别活力，在对工厂、少数民族、家庭生活等题材的开拓和群众作者的培养上表现出特殊价值，如《包头文艺》《内蒙古文艺》《云南文艺》《广

① 参见李雪《1972 年的文艺期刊》，《中国现代文学研究丛刊》2014 年第 4 期。

西文艺》等；湖南的《湘江文艺》《长沙文艺》在办刊质量上最为突出，这两种期刊是整个 70 年代重要的文艺刊物。

二、《人民文学》的复刊问题

在毛泽东、周恩来的亲自督促推动下，社会对各类期刊的复刊呼吁得到逐步落实，文艺期刊的复刊和新创活动尤其活跃。但文学界地位最高的国家级期刊《人民文学》的复刊，则因其敏感的地位，很晚才得以实现，期间极左势力仍然设置了各种政治门槛。

1975 年，邓小平主持中央常务工作。7 月初，毛泽东就整顿文艺萎缩现状问题与邓小平交换意见；同月毛泽东直接批评文艺界"缺少诗歌、缺少小说、缺少散文、缺少文艺评论"的现状。《人民文学》复刊问题被提上日程。

此前的 1971 年 8 月，在中央批转《出版工作座谈会的报告》时，原《人民文学》负责人即着手准备复刊，但因被江青等人质疑而搁浅。在《人民文学》复刊已成定局的情况下，1975 年 8 月，张春桥安排其文化部一个亲信副部长任复刊后的《人民文学》主编、《朝霞》杂志负责人任常务副主编，且以文化部名义拟定"创办"《人民文学》的报告，报送中共中央政治局，表明其与原有杂志切割和另立山头的意愿。

邓小平则在 8 月向国务院政治研究室胡乔木等人表明，目前的文化部恐怕办不好《人民文学》。[①] 他对张春桥已提"拟原则同意"的由文化部主办《人民文学》的上报方案明确反对。张春桥在将报告压了一个多月后，勉强表示先由出版局主办《人民文学》。由此，《人民文学》迟至1976 年元旦才得以正式复刊。复刊第 1 期，发表了工人作家蒋子龙的小说《机电局长的一天》，广受欢迎。但是在不久后的"反击右倾翻案风"中，又被当作翻案风黑样板批判，《人民文学》编辑部也被责令检查。

三、《朝霞》月刊与文艺创作

在"文化大革命"后期的文艺期刊中，上海的《朝霞》在当时的文艺

---

① 参见方厚枢《邓小平主持全面整顿时期对出版工作的关注》，《出版史料》2004 年第 2 期。

界是风云一时的杂志，其从创刊、发展到作品发表都成为"左"倾文艺思潮最具代表性的刊物，且在全国文艺界起着政治导向作用，集中反映了"文化大革命"后期主流意识形态在文艺期刊界的话语特点。

随着 1971 年国家文化政策的调整，文艺刊物陆续复刊、改名行刊，或新创刊。《朝霞》丛刊于 1973 年 5 月在上海诞生，这套丛书出版计划成为江青等人控制文艺界意识形态权的得力工具。《朝霞》本是文学作品丛刊的总名称，第一本作品集《朝霞》出版，到 1974 年 3 月时累计印数达 55 万册。数月出一期的丛刊已无法满足读者需求，《朝霞》丛刊编辑部筹划编辑出版一本 16 开本的综合性文艺月刊，很快获得张春桥、姚文元的批准。写作组上报上海市委备案，市委书记徐景贤批示："写作组和文艺刊物编辑部要认真落实春桥、文元同志批示。培养工农兵业余作者和编辑队伍时，要注意世界观的改造，反对业务挂帅和资产阶级的个人名利思想。"① 丛刊第一辑的书名《朝霞》成为月刊刊名。随之《上海文艺丛刊》也改名《朝霞》丛刊，《朝霞》丛刊和《朝霞》月刊统称"《朝霞》双刊"，实际上成为当时全国文学作品的样本。

《朝霞》月刊于 1974 年 1 月 20 日创刊，1976 年 9 月停刊，共出了 33 期，上海人民出版社出版。与《朝霞》丛刊相比，《朝霞》月刊的综合性更强，尤其体现在作品之外刊登大量的理论、读者来信和评论等，实际上担当了文艺界的理论权威期刊角色。《朝霞》的编辑由"写作组"下属的文艺组负责。在 20 世纪 70 年代，各省市写作组是舆论的主要引导者，上海这个"写作组"的前身是"红旗杂志上海组稿小组"，成立于 1967 年 9 月，全称为"上海市革命大批判写作组"，由张春桥、姚文元指定徐景贤领头，朱永嘉、肖木、王知常等人组成。1971 年 7 月，正式改名为"上海市委写作组"，"写作组"下设文艺组、历史组、经济组、哲学组、政经组、党史组、文艺摘译组、自然辩证法组、哲学小辞典组、秘书组等。《朝霞》月刊的主要负责人陈冀德，是"写作组"下属的文艺组组长，也是"写作组"的核心，《朝霞》月刊在上海"写作组"中的地位显而易见。

---

① 转引自吴子林《〈朝霞〉："文化大革命"后期文学的重要阵地——以〈朝霞〉月刊为研究中心》，《中国文学研究》2014 年第 2 期。

　　《朝霞》月刊的办刊方针，主要是"培养队伍"，即培养工农兵作者队伍；其次是"要触及时事，为政治服务"。① 关于创作队伍培养，《朝霞》月刊采用"组织生产"的方式，领导文艺创作。《朝霞》月刊的作品大多数出于"工农兵业余作者"，该刊在 1976 年第 8 期发表了胡廷媚的《"工农兵业余作者"这个称号》一文，肯定"工农兵业余作者——这是一支崭新的文艺队伍"，"这是无产阶级文化大革命中出土的新苗"。从 1974 年 1 月至 12 月，在《朝霞》月刊和丛刊上发表创作的作者有一百五十人左右，加上 1976 年 9 月停刊前的作者，总共约有四百人。其中陆天明、黄蓓佳、焦祖尧、刘心武、李瑛、路遥等，日后成为知名作家；赵丽宏、陈思和、赵兰英、林伟平、成莫愁等，后来成为上海文学界和出版界的领导和骨干。关于为政治服务的期刊媒介功能，《朝霞》堪称当时全国文艺期刊的样板。

　　《朝霞》在 1974 年第 1 期创刊号上刊登了征文启事《努力反映文化大革命的斗争生活》，可看作"文化大革命"激进文学的纲要，也是《朝霞》月刊的基本定位。"启事"强调："通过文学这个形式来说明'这次无产阶级文化大革命，对于巩固无产阶级专政，防止资本主义复辟，建设社会主义，是完全必要的，是非常及时的。'"这成为《朝霞》月刊文学创作的指针。在《朝霞》其后的《工农兵业余作者集体讨论》专栏中的一篇文章明确宣称："文学的党性原则，就是文学必须为党的基本路线服务。鲁迅曾自豪地把自己的创作称之为'遵命文学'，我们也应以'遵命文学'为荣，自觉自愿地遵党之命来写作、来战斗。时时刻刻不能离开党，不能离开党的正确路线，只要离开一步一寸，就会出轨、偏航，就谈不上为工农兵服务。"② "征文启事"规定工农兵业余作者和革命文学工作者要坚持"两结合"创作方法和"典型化"的创作手段，"热情歌颂无产阶级文化大革命的光辉胜利，大力宣传无产阶级文化大革命中涌现的新生事物，努力塑造具有无产阶级文化大革命的精神的英雄形象"。

　　《朝霞》终刊前，紧跟政治形势设置各种写作专栏，实时用文学图解

---

① 《朝霞》主创编辑之一施燕平语，转引自吴子林《〈朝霞〉："文化大革命"后期文学的重要阵地——以〈朝霞〉月刊为研究中心》，《中国文学研究》2014 年第 2 期。
② 周林发等：《坚持方向就要坚持斗争作者集体讨论》，《朝霞》1974 年第 5 期。

和阐释中央的每一个重大政策和政治宣传主题。如 1975 年《朝霞》月刊突出"学理论""限制资产阶级法权"的思想主题。1975 年第 1 期起增设了《学习马列文艺论著札记》栏目，阐述了极左知识分子观念；发表了《作家·创作·世界观——从高尔基的〈母亲〉和〈忏悔〉及列宁的批评想起的》《走出"彼得堡"——读列宁一九一九年七月致高尔基的信有感》和《让思想冲破牢笼——学习列宁〈欧仁·鲍狄埃〉有感》等重头文章；《小小说·小评论》栏目发表了以《广场附近的供应点》为代表的 6 篇小小说和 4 则小评论，反映"限制资产阶级法权"问题。1975 年第 6 期将《小小说·小评论》栏目直接改名为《让思想冲破牢笼》，刊发《牢记权力是谁给的》《这一关把得好》《关键在于自觉》和《向最高理想攀登》等文章，进一步阐述"限制资产阶级法权"问题。

《朝霞》月刊主要栏目有：《〈努力反映文化大革命的斗争生活〉征文选刊》《小说》（含"故事新编"）、《散文·报告文学·特写》《诗歌》《剧本》《曲艺》《理论》（含"法家诗文选读""苏修文学批判""红楼梦评论"）和《其他》（包括"读者来信"等）。在一些固定栏目里，《朝霞》根据需要常常临时开辟新专栏，以适应形势需要。为体现刊物的群众性、培养基层作者，《朝霞》月刊 1974 年第 12 期开辟《读者来信》《新人新作》《文艺新花》等专栏，与作者积极沟通，并具体扶植指导。《朝霞》的强大政治和组织背景，使它在稿源和人力资源上优势突出，经常把文艺组主管的如《外国文艺摘译》《鲁迅传》小组、"电影小组"编写的资料，以及文艺组之外的历史组、自然辩证法研究小组、鲁迅研究小组、《文学概论》编写小组写的资料融合进稿件，实现编辑资源共享。推而广之，在文艺理论方面，《朝霞》月刊和《红旗》《解放日报》《文汇报》《外国文艺摘译》等，也因几种报刊之间的人员和思想联系而互为呼应和借鉴。

四、《文史哲》的复刊及意义

1973 年，中央有关部门通知原来办有学报的高校恢复学刊，10 家学报在全国复刊并公开发行，这 10 家学报皆属于教育部直属的综合性大学，包括山东大学、北京大学、南开大学、复旦大学、南京大学、厦门大学、武汉大学、中山大学、吉林大学、四川大学。①

《文史哲》作为山东大学所办的综合性社科学术名刊，它的复刊在学报中具有代表性。因 1973 年年初毛主席直接点名《文史哲》复刊，山东省和山东大学积极筹措复刊事宜。1973 年 4 月间，山东大学党委决定由校党委副书记李镇为《文史哲》编委会主任，校革委副主任吴富恒为编委会副主任，山东大学教师、曾在山东省委写作组担任笔杆子并曾参与过之前《文史哲》编辑工作的刘光裕为编辑部副主任，主持常务工作。吴富恒是文学教授，曾留学哈佛大学，民国时期曾任云南大学教授，"文化大革命"前是山东大学副校长。李镇是按照政策结合进入《文史哲》领导班子的工农干部，曾任《大众日报》副总编辑。编辑部主任，计划由山东大学校友丁伟志担任，但其未到任；另请刘蔚华、孟繁海（未到任）、史学通、侯宜杰等学者进入编辑部；原《文史哲》编辑顾琴芬、宋桂芝两人也被调回编辑部。

实际主持编务的刘光裕和吴富恒，在处理学术与大批判的关系问题上，拟订了一个折中方案。一方面，为符合当时全国各省组织写作班子开展大批判的时风，声明"积极开展革命大批判，批判修正主义，批判资产阶级世界观，批判学科领域封、资、修的反动世界观"。另一方面，坚持两个内容：其一，重申《文史哲》是"山东大学学报之一"，是"综合性学术刊物"；其二，公开倡言"双百"方针，在办刊宗旨中强调"贯彻'百花齐放、百家争鸣'的方针和'古为今用，洋为中用'的原则。通过讨论和实践正确解决科学中的是非问题，认真树立无产阶级的新文风，为繁荣社会主义文化努力作出贡献"。② 刘光裕为强调"综合性学术期刊"和"双百"方针的办刊原则，后来又将之写到复刊后第 1 期的"编者的话"中，这在当时复刊的学报中是第一家，在极左政治氛围中显得不同凡响。

在实际办刊中，《文史哲》要围绕"学术刊物"而非大批判媒介的刊物定位做文章，同时不能偏离为政治服务的政治任务，新主编"必须小心

---

① 参见刘光裕《1973 年〈文史哲〉复刊的回忆》，《文史哲》2011 年第 3 期。
② 刘光裕：《1973 年〈文史哲〉复刊的回忆》，《文史哲》2011 年第 3 期。

翼翼地在学术与政治之间走钢丝，操弄平衡之术"，① 根据山东大学学术传统和当时的政治形势，编辑部决定以批孔为重点，以《红楼梦》研究为次重点，在山东大学校内与校友之间组稿。复刊号中，《历史》栏目发表了批孔文章 7 篇；《文学》栏发表《红楼梦》研究 2 篇长文，一篇是李希凡的《〈红楼梦评论集〉二版序言》，另一篇是袁世硕、李志宏等合写的《〈红楼梦〉第四回是全书的总纲》；《语言》栏发表了文字学家蒋维崧一篇研究汉字简化的文章；而时政文章只有 3 篇，内容是关于学习党的十大文件题材的 2 篇和批林文章 1 篇，只占杂志十分之一的篇幅。复刊号未转载十大文件和"两报一刊"社论，也没有发表工农兵文章，这在当时的政治环境中需要很大的勇气。在实际策略上，编辑煞费苦心选用校内 2 篇工农兵学员的短文代替工农兵文章，并刻意标明作者是工农兵学员。此外，复刊号没有如当时刊物在目录中将批判文章、时政文章、工农兵文章排成黑体字，而一律用普通宋体字。

由于《文史哲》在"文化大革命"前巨大的影响力以及毛泽东亲作复刊指示，《文史哲》一开始征订，订单数即很快达到惊人的 70 万册，读者在新复刊的 10 种学报中不约而同多数选择了《文史哲》。《文史哲》复刊号弱化政治、相对突出学术的做法，客观上"适应了文化沙漠中读者对学术的饥渴心理，与对政治的厌倦心理"。② 但是，由于编委会主任李镇的政治挂帅思维，1974 年第 1 期《文史哲》不能按时发表批判宋江的文章，读者批评复刊号《宋江形象浅析》一文是为宋江翻案，此事终酿成期刊界有名的"'宋江形象'事件"，执行主编刘光裕被审查后调离编辑部，吴富恒交出实际主编权。大批判文章和极左文本继续充斥"文化大革命"末期的《文史哲》，直到 1978 年情况才得到扭转。

---

① 刘光裕：《1973 年〈文史哲〉复刊的回忆》，《文史哲》2011 年第 3 期。
② 刘光裕：《1973 年〈文史哲〉复刊的回忆》，《文史哲》2011 年第 3 期。

第十二章

结语：1949—1978年期刊发展阶段性及类群特点

第一节　期刊业发展的阶段性及成因

从中华人民共和国成立到1978年党的十一届三中全会召开的29年间，中国期刊业从对民国期刊业的制度、内容、结构彻底变革开始，与新中国社会经济建设和政治文化动员紧密结合，其发展轨迹同步映射着中国社会变迁的丰富、庞大信息。如前十一章内容所阐述的期刊发展内在脉络所显示，这个期间的期刊业发展总体上历经了奠基期（1949—1956）、曲折期（1957—1965）和萧条期（1966—1976）三个阶段。从1976年10月粉碎"四人帮"到1978年12月党的十一届三中全会召开的两年多时间，是一个特殊的过渡时段，在当代期刊发展史中尚未构成一个独特的阶段，所以本书未作专门阐述。中国期刊29年起伏发展的轨迹与国家政治、文化的发展路径呈现出高度的正相关性。这一发展轨迹不仅可作为考察期刊业本身的基本认识脉络，同样也能借以了解在高度组织化、计划化和纪律化的政党组织及社会主义公有制社会中，现代期刊媒介集群式发展以及自我演化的方式和影响。

奠基期（1949—1956）的划分，主要基于社会主义新政权的政治、经济两个层面的因素，这个阶段的中国期刊业发展包含复兴、创新和规范三重主题。1956年是社会主义工商改造基本完成之年，之前大规模的社会主义工商业改造运动、抗美援朝战争、"三反""五反"运动，使得中华人民共和国国力迅速提升，而针对知识界和意识形态领域的反右斗争尚未开始，期刊业界能够集中精力，积极致力于恢复民国时期被国民党当局封禁期刊、发布系列法令条例以清理和规范期刊经营领域，且大力推动群众性通俗期刊和少数民族期刊的创立和发展。从实际情况来看，整顿清理效果良好，期刊业整体呈现出欣欣向荣的上行发展趋势。1949 年 10 月 3 日至19 日，中宣部出版委员会在北京召开全国新华书店出版工作会议，这是中华人民共和国成立后召开的第一次全国出版工作会议。毛泽东主席为大会题词"认真作好出版工作"，并在会议期间接见了全体代表。中宣部出版委员会主任黄洛峰在会上宣布：拟新创刊包括《新华月报》《人民文学》《文艺报》《新闻》《新音乐》《中苏友好》《新中国妇女》等 9 种杂志，其中《文艺报》和《新中国妇女》在此前同年已经出版。1950 年出版总署编印的全国图书期刊出版概况资料显示：仅仅在 1950 年的一年中，全国已有期刊 295 种，总印数为三千五百多万册。经过两年的全面改造、整顿和清理，到 1953 年 9 月，全国期刊经营的地域分布、所有制性质均已发生重大改变：全国期刊总量 281 种，其中中央期刊 126 种、地方期刊 155 种；国营期刊 236 种、私营 36 种、公私合营 9 种，期刊经营性质由以私营为主转为以公有制为主体。[1] 1957 年，全国期刊总数已增加到 634 种，总印数从 1953 年的 1.72 亿册增加到 3.15 亿册，年均增长 17.88%。[2] 到 1956 年，几大期刊类群初步形成并显示了各自的明确方向，北京以首都地位和众多中央级刊物创办地的优势成为新的全国期刊业中心，上海转而居于期刊编辑出版的次级城市地位。

曲折期（1957—1965）的前限为反右扩大化，后限为"文化大革命"的爆发。在这个较为特殊的历史阶段中，国内政治生活急剧动荡，意识形态斗争复杂化、常态化，经济建设起伏非常大，这种情况直接影响了作为意识形态博弈前台的期刊媒介的出版发行。1956 年 4 月，毛泽东主席在中央政治局扩大会议上提出"百花齐放、百家争鸣"的"双百"方针。从

---

① 《中国期刊年鉴》编辑部：《1949—2000 年期刊出版记事》，载《中国期刊年鉴》2002 年卷，中国大百科全书出版社 2003 年版。

② 李频：《共和国期刊六十年》，中国大百科全书出版社 2003 年版，第 2 页。

1957 年起，各地对"双百"方针的贯彻逐渐衍变为针对知识分子群体的大规模反右运动，文化、教育、新闻出版界首当其冲，许多重要期刊主编和撰稿人被卷入其中，期刊编撰的政治压力骤增，但期刊总量在 1957 年仍有较快增加（从 1956 年的 484 种增加到 634 种）。1958 年 4 月 2 日，中共中央下发《关于各省、市、自治区必须加强理论队伍和准备创办理论刊物的通知》，迅速催生了一大批省级新理论期刊，1958 年、1959 年两年期刊总数呈现跨越性发展，持续推高到总量八百多种；其中政治理论期刊发展最突出，这一时期到"文化大革命"之前成为这类期刊发展的第一个高峰期。1960—1962 年，受资金、纸张紧缺和政策方向的影响，期刊发展再次受挫，进入一个小低潮，全国刊物种数下跌至四百多种，其中含中央级刊物307 种，地方刊物数量锐减程度非常明显。1961 年 6 月 7 日，中共中央批转安子文《关于中央一级机关精简刊物工作的报告》，带头精简机关刊物，同时明确省部级单位必须由一个副部级以上领导成员主管刊物。整顿精简刊物后，中央级机关刊物数量下降到原有刊物总数的 24.5%，只有影响较大的主要刊物得以保留。[①] 1963—1965 年，借助于国民经济调整政策和知识分子政策的正向反弹，全国期刊业出版总量重新恢复至 1959 年的水平。1966 年 5 月爆发的"文化大革命"，则将期刊业再次迅速打落，跌至中华人民共和国以来的低谷（191 种）。

萧条期（1966—1976）覆盖了"文化大革命"的整个十年，期刊出版业高度政治化的负面影响达到极致。期间极左思潮登峰造极，意识形态斗争充斥在社会生活中，正常的书刊出版活动和文化生活基本停滞，"文化大革命"前发行的七百多种期刊，大部分于 1966 年 6 月后陆续停刊，其中影响力和发行量都较大的有 217 种。[②] 在"文化大革命"期间的 1969 年，经大范围对期刊的关停禁砍，全国还在出版的期刊仅剩下《红旗》《新华月报》《北京周报》（外文版）以及少数自然科学学报等 20 种，其中地方刊物仅有 3 种。大批期刊编辑人员被停职和下放，期刊编辑思想和方法摒

---

① 宋应离等：《"大跃进"年代的出版工作》，载《中国当代出版史料》（一），大象出版社 1999 年版，第 94 页。

② 方厚枢：《中国当代出版资料文丛》，中国书籍出版社 2007 年版，第 441 页。

弃了"百家争鸣"的原则。1971 年 3 月，周恩来总理主持全国出版工作座谈会，8 月中共中央发布文件，专门对创办和恢复各类期刊作出指示。1972 年新期刊政策初见成效，期刊种数恢复至 194 种，其中包括地方刊物76 种；同时如《人民文学》等重要期刊的复刊则十分曲折。"文化大革命"结束的 1976 年，期刊种数虽恢复到 542 种，但是从内容结构和办刊质量来看，极端片面的思维方式和反科学的"左"倾观念影响仍无处不在地影响着期刊界。

第二节　1949—1978 年主要期刊类群的特点

　　"文化大革命"前的各类群期刊，虽处于计划经济和高度行政化、意识形态化的环境中，在政治话语方式、社会价值观、舆论话题禁忌、文风特点等方面表现出不同程度的同质化倾向，但是基于中央政策对期刊经营的特色化和专业化要求，同时由于编辑人群体、行业和受众群的文化背景各异，各类群内较优秀的个体期刊媒介仍然显示出各自的文化品格、文风特点和准确的读者定位。其中综合时政和学术类期刊最具有高端代表性。

　　综合时政类期刊可分为不同类型，主要有三种。第一，资料公报类，典型期刊如创刊于 1949 年 11 月的《新华月报》，以资料准确、信息量大、编辑严谨而具有重要的史志价值。第二，理论普及类，典型的如三联书店创刊出版于 1949 年 9 月的《学习》杂志，以及同年稍早在天津创刊的《天津支部生活》、创刊于 1950 年 10 月的《时事手册》半月刊。《学习》月刊由中央宣传部理论宣传处编辑，主要以社会科学、哲学论著为主，在广泛宣传马克思主义哲学、历史唯物主义和辩证唯物主义方面影响巨大。这类杂志的文体定位深入浅出、文风朴素通俗，同时具备较高的理论水准。1958 年创刊的《红旗》是《学习》的进一步提升，目的是指导全党理论学习和宣传，毛泽东亲自为这个大型理论普及型刊物筹建并题写刊名，其后又为之撰稿、审稿、撰写"编者按"，《红旗》杂志随之成为其后综合时政杂志的标志性刊物。除中共中央外，一些地方党委机关也创办了理论普及期刊，如北京市委的《前线》、江苏省委的《群众》、辽宁省委的《共产党员》、河南省委的《中州评论》、上海市委的《解放》、河北省委的《东风》、陕西省委的《思想战线》、湖南省委的《学习导报》、浙江省委的《求是》、湖北省委的《七一》、吉林省委的《奋进》等等，皆成为地方兼具理论水准和实践视角的理论普及刊物。第三，综合文化类，影响最大的是创刊于 1950 年 7 月的时政半月刊《新观察》，带有浓厚的艺术氛围和敏锐活泼的文风，文体灵活多样、内容丰富多彩，注重联系现实生活，且始终重视插图、外观装帧的美学水准，其在可读性方面比通俗类时政期刊具备了更高的审美品位。综合文化类期刊作者群广泛，尤其注意吸纳著名作家和艺术家的稿件，整体上提升了刊物的文化高度。

学术类期刊包括人文社会科学和科学技术两大类，其中前者的办刊质量和影响力在"文化大革命"前特别突出，尤其体现在综合性文科学术期刊和专业哲学、史学期刊的领域。综合性文科学术期刊影响最大的有《新建设》和《文史哲》等。《新建设》创刊于 1950 年 10 月，属于中央级刊物；《文史哲》创刊于 1951 年 5 月，隶属于山东大学，有大学学报性质。这两种文科学术期刊定位并不完全相同，前者研究内容和范围更为宽泛，涉及国内展开研究的所有人文社会科学学科，且以大量篇幅刊登马列经典著

图 12 - 1　《七一》

作研究文章，注重理论解决现实问题；后者以文、史、哲三门人文学科研究为主，更具专业性和具有传统学院风格。这两种人文社科期刊在学术品格上的共性更大于其个性：第一，坚持学术的高水准，注重治学方法；第二，坚持学者创作、学者办刊，都有一个主持编辑工作的学者群体存在；第三，学习传播马列主义与对实践和学术的指导为主旨，不盲目崇拜和过

度政治化。专业哲学、史学期刊在文科学术期刊中最具权威性的是《历史研究》（双月刊）和《哲学研究》（季刊）两种，前者于 1954 年 2 月创刊，后者于 1955 年 3 月创刊，都是中国社科院主办的大型学科性学术期刊，并都由当时国内顶尖的学者团队参与编辑工作，如《哲学研究》的 16 人编委为于光远、艾思奇、李达、金岳霖、胡绳、冯友兰等。二者的共同点在于积极引领和开拓了所属学科（历史学和哲学）在新中国成立后的各自学科发展方向，实际上起到了人文社科学术界科学运用马列主义思想方法的示范者作用；尤其是倡导自由批评、勇于探索的学术风气在越来越浓的政治空气中至为可贵，为"文化大革命"后新时期人文社会科学的复兴打下了扎实的媒介根基。

1949—1978 年，由于理论标准一元化的强势影响，中国期刊业发展的个性化和探索性远远落后于新时期后的期刊繁荣期。中华人民共和国成立后的抗美援朝、肃反、社会主义改造、反右、"大跃进"、人民公社化、"四清""文化大革命"，以及揭批"四人帮"等重大事件和政治运动，与期刊的数量、种类、生存状态和文化风格变化息息相关，表现了这一时期期刊媒介的显著特点。

附　录

附表一　1949—1976 年综合时政类期刊部分年度出版规模

年份	种数（种）	总印张数（千印张）	总印数（万册）	备注
1949				
1950				
1951				
1952	33	33309	2249	
1953	32	37651	1628	
1954	25	57676	2004	
1955	29	65647	2149	
1956	39	73931	2176	
1957	43	71793	1888	
1958	54	92206	2597	
1959	78	112509	3768	
1960	48	103608	2735	
1961	38	70257	1281	
1962	39	65142	1128	
1963	41	85738	1558	
1964	49	119562	2368	
1965	51	108916	2502	
1966				
1967				
1968				
1969				
1970				
1971	30	635054	12778	
1972	29	668067	14102	

续表

年份	种数（种）	总印张数（千印张）	总印数（万册）	备注
1973	32	711583	14981	
1974				
1975				
1976				

附表二　1949—1976 年人文社会科学期刊部分年度出版规模

年份	种数（种）	总印张数（千印张）	总印数（万册）	备注
1949				
1950				
1951				
1952	145	160498	12907	
1953	89	159227	10833	
1954	85	205114	11445	
1955	100	304721	15951	
1956	130	369180	18986	
1957	158	290759	15978	
1958	210	756153	33334	
1959	165	653932	29652	
1960	111	573808	27747	
1961	88	321052	17060	
1962	95	224290	13288	
1963	120	269934	15060	
1964	136	391908	21287	
1965	106	466423	27250	
1966				
1967				
1968				
1969				
1970				

年份	种数（种）	总印张数（千印张）	总印数（万册）	备注
1971				
1972				
1973				
1974				
1975				
1976				

附表三　1949—1976 年自然科学与工程技术期刊部分年度出版规模

年份	种数（种）	总印张数（千印张）	总印数（万册）	备注
1949				
1950				
1951				
1952	87	15982	940	
1953	85	19355	810	
1954	98	32227	1183	
1955	128	50171	1749	
1956	173	85502	3035	
1957	251	79554	2854	
1958	314	96038	4718	
1959	356	131040	5265	
1960	150	91325	4022	
1961	192	26557	1297	
1962	255	40610	1623	
1963	419	65391	2403	
1964	545	110636	4355	
1965	506	128348	4711	
1966				
1967				
1968				

续表

年份	种数（种）	总印张数（千印张）	总印数（万册）	备注
1969				
1970				
1971	33	18115	731	
1972	105	69300	2932	
1973	186	118386	3351	
1974				
1975				
1976				

附表四 1949—1976 年文艺期刊部分年度出版规模

年份	种数（种）	总印张数（千印张）	总印数（万册）	备注
1949	51	42035	2685	
1950	61	55101	2274	
1951	63	81883	3653	
1952	71	133763	6168	
1953	85	172868	8416	
1954	120	183527	7805	
1955	153	192567	8716	
1956	162	226641	10027	
1957	98	187439	8350	
1958	59	69927	2027	
1959	61	66001	1954	
1960	64	83061	2330	
1961	80	138494	3374	
1962	71	135870	3404	
1963	3	2382	42	
1964	20	110636	1339	
1965	26	128348	2272	
1966	71	306296	6981	

年份	种数（种）	总印张数（千印张）	总印数（万册）	备注
1967	129	467413	12209	
1968	265	1119692	25348	
1969	437	1635666	42595	
1970	451	1461308	38091	
1971	479	1525511	37592	
1972	510	1635306	40850	
1973	639	2144252	50940	
1974	676	1648770	42205	
1975	694	1831931	48413	
1976	665	1765867	46064	

附表五　1949—1976 年文化教育期刊部分年度出版规模

年份	种数（种）	总印张数（千印张）	总印数（万册）	备注
1949	38	28597	1643	
1950	28	35435	1669	
1951	33	50878	2208	
1952	42	61506	2816	
1953	57	61835	2652	
1954	62	63347	2975	
1955	91	67466	3566	
1956	90	80850	4096	
1957	35	74980	3812	
1958	33	23257	1507	
1959	33	24156	1658	
1960	37	34932	2081	
1961	46	58533	3954	
1962	56	95591	6199	
1963				
1964	5	10042	414	
1965	25	70313	2400	

续表

年份	种数（种）	总印张数（千印张）	总印数（万册）	备注
1966	29	64019	2549	
1967	97	253608	17157	
1968	179	421746	12312	
1969	259	635282	20918	
1970	306	674440	23486	
1971	318	1053722	42139	
1972	372	1155140	45755	
1973	471	1246425	49842	
1974	564	1228239	52302	
1975	632	1287739	34652	
1976	644	1189962	31666	

以上附表一至附表五的数据整理自中国出版网：《1949—1999 全国期刊统计（二）》，http：//www. chuban. cc/cbtj/dlcbtj/ndcbtj/200702/t20070214_ 21014. html。

附表六 1949—1966 年文艺期刊创刊、复刊、停刊情况

1949—1955 年 10 月创刊情况				
刊名	周期	出版单位	出版地	备注
文艺报	半月刊	人民文学出版社	北京	
人民文学	月刊	人民文学出版社	北京	
解放军文艺	月刊	人民文学出版社	北京	
民间文学	月刊	通俗读物出版社	北京	
译文	月刊	人民文学出版社	北京	1959 年改为《世界文学》
文艺学习	月刊	中国青年出版社	北京	1954 年 6 月创刊
北京文艺	月刊	北京大众出版社	北京	
新港	月刊	河北文学出版社	天津	
文艺月报	月刊	新文艺出版社	上海	
少年文艺	月刊	少年儿童出版社	上海	1953 年创刊
河北文艺	月刊	河北人民出版社	保定	
山西文艺	月刊	山西文艺社	太原	
内蒙古文艺	月刊	内蒙古人民出版社	呼和浩特	
文学月刊	月刊	辽宁人民出版社	沈阳	
辽宁文艺	半月刊	辽宁文艺社	沈阳	
旅大文艺	月刊	旅大文艺社	大连	
吉林文艺	半月刊	吉林省文联出版	长春	

续表

刊名	周期	出版单位	出版地	备注
黑龙江文艺	半月刊	黑龙江文艺社	哈尔滨	
陕西文艺	月刊	陕西文艺社	西安	
工人文艺	月刊	西安市文学艺术界联合出版	西安	
甘肃文艺	月刊	甘肃人民出版社	兰州	
江苏文艺	月刊	江苏人民出版社	南京	
安徽文艺	月刊	安徽人民出版社	合肥	
山东文学	月刊	山东人民出版社	济南	1950 年创刊
山花	月刊	山花月刊社	贵阳	1950 年创刊

1956 年创刊、复刊、停刊情况

刊名	周期	出版单位	出版地	备注
浙江文艺	月刊	浙江人民出版社	杭州	
河南文艺	半月刊	河南省文联	郑州	
湖北文艺	月刊	湖北文艺编辑部	武汉	
长江文艺	月刊	湖北人民出版社	武汉	
工人文艺	月刊	湖北人民出版社	武汉	
湖南文艺	月刊	湖南人民出版社	长沙	后改名为《新苗》
江西文艺	月刊	江西省美术工作室	南昌	
广东文艺	月刊	华南人民出版社	广州	
作品	月刊	华南人民出版社	广州	
工农兵	月刊	工农兵文艺月刊编辑室	汕头	
广西文艺	月刊	广西人民出版社	南宁	
西南文艺	月刊	重庆出版社	重庆	后改名为《红岩》
群众文艺	月刊	重庆市人民出版社	重庆	
贵州文艺	半月刊	贵州省文联出版	贵阳	
长春	月刊	中国作家协会吉林分会	长春	10 月创刊
火花	月刊	山西省文联主办、火花月刊社	太原	10 月创刊
延河	月刊	延河文学月刊社	西安	
青海湖	月刊	青海湖文学月刊社	西宁	原为月刊，自 1962 年 7 月起改为双月刊
天山	月刊	新疆人民出版社	乌鲁木齐	1962 年 1 月停刊
东海	月刊	浙江人民出版社	杭州	10 月创刊
四川文学	月刊	四川人民出版社	成都	
边疆文艺	月刊	边疆文艺出版社	昆明	1 月创刊
萌芽	月刊	上海市作家协会主办、萌芽杂志社	上海	7 月创刊

续表

1957 年创刊、复刊、停刊情况				
刊名	周期	出版单位	出版地	备注
收获	双月刊	收获社编、人民文学出版社出版	北京	
诗刊	月刊	人民文学出版社	北京	
蜜蜂	月刊	蜜蜂文学月刊社编、河北人民出版社出版	保定	
激流之歌	双月刊	激流之歌编辑部编、山西人民出版社出版	太原	
花的原野	月刊	花的原野委会编、内蒙古人民出版社	呼和浩特	
草原	月刊	草原月刊社编、内蒙古人民出版社出版	呼和浩特	
鸿雁	月刊	内蒙古群众艺术馆鸿雁编委会编、内蒙古人民出版社出版	呼和浩特	
花蕾	半月刊	花蕾杂志社	呼和浩特	蒙古文
处女地	月刊	处女地文学月刊社编、辽宁人民出版社出版	沈阳	原名《文学期刊》
春雷	月刊	春雷杂志社	沈阳	
鞍山文艺	月刊	鞍山市文艺工作者联合会编、鞍山市群众艺术馆出版	鞍山	1961 年 2 月停刊
五月	月刊	五月编辑部	抚顺	
海燕	月刊	海燕文学月刊社	大连	1961 年 3 月停刊
江城	月刊	江城编委会编、江城月刊社出版	吉林	
阿里郎	月刊	阿里郎月刊社	延吉	朝鲜文
陇花	月刊	甘肃省文联陇花编委会编、甘肃省人民出版社出版	兰州	
青海湖	月刊	青海湖文学月刊社编、青海人民出版社出版	西宁	
曙光	月刊	新疆人民出版社	乌鲁木齐	哈萨克文
塔里木	月刊	新疆人民出版社	乌鲁木齐	
雨花	月刊	雨花编委会编、江苏人民出版社出版	南京	

续表

1957 年创刊、复刊、停刊情况				
刊名	周期	出版单位	出版地	备注
热风	月刊	热风月刊社编、福建人民出版社出版	福州	
奔流	月刊	奔流文学月刊社编、河南人民出版社出版	郑州	
牡丹	月刊	牡丹编委会编	洛阳	
桥	月刊	桥文艺月刊编委会编、湖北人民出版社出版	汉口	
星火	月刊	星火文学月社	南昌	
群艺	月刊	武汉市群众艺术馆	汉口	
漓江	月刊	漓江月刊社编、广西人民出版社出版	南宁	
星星	月刊	星星编委会编、四川人民出版社出版	成都	
绿洲	月刊	绿洲文艺社	乌鲁木齐	1961 年 4 月停刊

1958 年创刊、复刊、停刊情况				
刊名	周期	出版单位	出版地	备注
云岗文艺	月刊	云岗文艺社	大同	1961 年 4 月停刊
北方文学	月刊	北方文艺月刊社	哈尔滨	原名《北方》，1958 年 9 月创刊

1959 年创刊、复刊、停刊情况				
刊名	周期	出版单位	出版地	备注
文学评论	双月刊	人民文学出版社	北京	原名《文学研究》，1957 年 3 月创刊，1959 年 2 月改为现名
世界文学	月刊	世界文学出版社	北京	1 月创刊，原名《译文》
上海文学	月刊	上海文艺出版社	上海	原名《文艺月报》，1953 年 1 月创刊，1959 年 10 月改为现名
安徽文学	月刊	安徽文学出版社	合肥	1 月创刊，原名《江淮文学》

	1959 年创刊、复刊、停刊情况			
刊名	周期	出版单位	出版地	备注
湖南文学	月刊	湖南人民出版社	长沙	1 月创刊，原名《新苗》
文艺红旗	月刊	文艺红旗月刊社	沈阳	原名《处女地》，1 月创刊，1962 年 10 月改名《鸭绿江》
鞍山文艺	月刊	鞍山文艺月刊社	鞍山	7 月创刊，1961 年 2 月停刊
太原文艺	月刊	太原人民出版社	太原	1 月创刊，1961 年 4 月停刊
安庆文艺	月刊	安庆人民出版社	安庆	1 月创刊，1961 年 3 月停刊
皖西文艺	月刊	皖西人民出版社	六安	7 月创刊
芜湖文艺	月刊	芜湖人民出版社	芜湖	1 月创刊，1961 年 3 月停刊
阜阳文艺	月刊	阜阳文艺出版社	阜阳	3 月创刊
武汉文艺	月刊	武汉市群众艺术馆	武汉	1 月创刊，原名《群艺》
北大荒	月刊	黑龙江铁道兵垦局政治部	虎林	1 月创刊
春苗	月刊	本溪文联	本溪	1 月创刊，1960 年改名为《本溪文艺》，1961 年 3 月停刊
文学新兵	月刊		抚顺	原名《五月》，1958 年停刊，1959 年 1 月复刊改为现名
松花湖	半月刊	松花湖半月刊编辑室	吉林	1 月创刊
海鸥	月刊	青岛市文联	青岛	1 月创刊
赣江	月刊	赣州市文联	赣州	1 月创刊，1961 年 3 月停刊
峨眉	月刊	四川人民出版社	成都	10 月创刊
奔腾	月刊	重庆出版社	重庆	10 月创刊

续表

1959 年创刊、复刊、停刊情况				
刊名	周期	出版单位	出版地	备注
山西文化	半月刊	山西省文化局	太原	6 月创刊，前身为《文化周刊》
安徽群众文化	月刊	安徽群众文化社	合肥	7 月创刊
湖南群众文化	半月刊	湖南群众艺术馆	长沙	
俱乐部	半月刊	贵州人民出版社	贵阳	1 月创刊，原名《农村俱乐部》
1960—1961 年创刊、复刊、停刊情况				
刊名	周期	出版单位	出版地	备注
河北文学	月刊	河北文学出版社	天津	
草原	月刊	草原月刊社	呼和浩特	1960 年 6 月停刊，1961 年 6 月复刊
甘肃文艺	月刊	甘肃人民出版社	兰州	原名《红旗手》1958 年 9 月 10 日创刊，1961 年 3 月停刊
宁夏文艺	月刊	宁夏文艺编委会	银川	前身《群众文艺》，1960 年 1 月由原报纸型改为杂志型、6 月停刊后改为现名，1962 年第三季度起改为季刊
安徽文学	双月刊	安徽文学社	合肥	2 月停刊，7 月复刊
奔流	月刊	河南人民出版社	郑州	1960 年 10 月停刊，1961 年 7 月复刊
长江文艺	双月刊	长江文艺编委会	武汉	1960 年 8 月停刊，1961 年 8 月复刊

1960—1961 年创刊、复刊、停刊情况				
刊名	周期	出版单位	出版地	备注
文艺哨兵	月刊	文艺哨兵月刊社	天津	1960 年 9 月创刊,1961 年 4 月停刊
长城文艺	月刊	张家口市文联《长城文艺》编辑部	张家口	1960 年创刊,1961 年 2 月停刊
唐山文艺	月刊	唐山文艺月刊社	唐山	1961 年 2 月停刊
1962 年创刊、复刊、停刊情况				
刊名	周期	出版单位	出版地	备注
新疆文学	月刊	新疆人民出版社	乌鲁木齐	1962 年 1 月创刊
作品	月刊	广东人民出版社	广州	1960 年 7 月起停刊,1962 年 1 月复刊
1963—1966 年创刊、复刊、停刊情况				
刊名	周期	出版单位	出版地	备注
儿童文学	月刊		北京	1963 年 10 月创刊

后 记

　　书稿虽已杀青，心情却仍在欣慰和忐忑间起伏不安。本书是《中国期刊史》的第三分卷，也是时间跨度最短、体量较小、时代特质最像政治生态史的一部分；从私人角度说，是个人关于中国期刊发展史研究的第一部完整作品，也是遗憾甚多的大型"作业"。因个人学力才分所限和诸多客观因素掣肘，对本书不敢忝称学术，亦不能坦然说创新。

　　首先要强调的一点，本书确为抛砖引玉之作。在构架、理论、观点和案例选择诸方面，自知主观性多有，材料亦不够周全，因此谨完全保持待完善待改进的开放状态，冀望不断吸收新资料和各方建议，以便在不断修订补充中形成成熟体系。

　　其次，对本书的基本思路略作说明。在中国期刊协会关于这部期刊通史的编撰总则之下，基于1949—1978年中国社会形态和期刊媒介生态特点，在角度选择和总体构架上，采用以点带面、横排竖写、突出典型期刊个案的方针；在叙论比重和行文策略上，总体以史带论，个案以论串事。在撰写中尽力做到客观全面，点面均衡。本书将中华人民共和国成立后近三十年的期刊史，大致分为1949—1956年、1957—1965年、1966—1976年三个特点不同的阶段，但这三个时期只作为期刊发展演变的参考背景，而非期刊性质判断的僵化标尺。

　　再次，关于本书的理论维度和学科学术方向归属。在初始的写作构想中，本书性质意指当代文化史框架中的期刊媒介文化史，并吸收知识社会学理论关于期刊媒介作为知识生产、组织、传播和保存的角色，多方阐释期刊发展史，而避免传统出版史的平面化弊端。但本书编撰定位为期刊出版行业通史，强调中国期刊发展的整体线性发展脉络，偏重于传统史学的叙事传统而非现代期刊阐释史。根据通史总纲要求,结合 1949—1978 年中国历史发展的社会与政治特殊性,并限于期刊原刊的研读深度,本书现有文本大致形成了叙论结合、稍偏个论的期刊发展史特点。

复欠,对本书主体内容的补充说明。基于个人知识领域限制和总则要求,本书在科技期刊研究板块,总体略写,未展开个案研究,今后当做进一步充实。另外,各章总叙论和每个个案展开的写作要素,并不完全统一,一方面由于个人对不同类型期刊性质的认知不够,另一方面则因资料所限,有待逐渐完善与合理化。

最后,衷心致敬并感谢中国期刊学会老会长张伯海先生,现任会长兼本书主编石峰先生,以及章红、段艳文老师等领导和同人对本书写作的有力引领、指导和协助。感谢李频、吴永贵及刘兰肖教授在写作过程中真诚无私的合作与启发。

在此一并致谢所有对本书写作给予鼓励的亲友及同事!

范继忠
2016 年 8 月 18 日于北京大兴

责任编辑：邵永忠　王　萍
封面设计：王红卫　赵　晖
责任校对：吕　飞

图书在版编目（CIP）数据

中国期刊史 . 第三卷，1949—1978 / 石峰 主编；范继忠 著 .
—北京：人民出版社，2017. 12
ISBN 978 - 7 - 01 - 017244 - 6

Ⅰ . ①中… Ⅱ . ①石… ②范… Ⅲ . ①期刊—新闻事业史—中国—1949 -
1978 Ⅳ . ①G239. 29

中国版本图书馆 CIP 数据核字（2016）第 319610 号

中国期刊史　第三卷（1949—1978）
ZHONGGUO QIKANSHI

石　峰　主编　范继忠　著

人 民 出 版 社 出版发行

（100706　北京市东城区隆福寺街 99 号）

北京墨阁印刷有限公司印刷　新华书店经销

2017 年 12 月第 1 版　2017 年 12 月北京第 1 次印刷

开本：710 毫米 ×1000 毫米 1/16　印张：19. 75

字数：320 千字

ISBN 978 - 7 - 01 - 017244 - 6　定价：65. 00 元

邮购地址　100706　北京市东城区隆福寺街 99 号

人民东方图书销售中心　电话（010）65250042　65289539